한반도평화연구원 총서 15

한국사회 공동체성에 대한
현재와 미래

대표 편저자
장혜경

공동 저자
김선욱
오준근
이기홍
박치현
백소영
정재훈
김성천
윤덕룡
정영식

한국사회 공동체성에 대한 현재와 미래

제1쇄 펴낸 날 2020년 2월 18일

지은이 장혜경, 김선욱, 오준근, 이기홍, 박치현, 백소영, 정재훈, 김성천, 윤덕룡, 정영식
펴낸이 박선영
디자인 전수연

펴낸곳 명인문화사
등 록 제2005-77호(2005.11.10)
주 소 서울시 송파구 백제고분로 36가길 15 미주빌딩 202호
이메일 myunginbooks@hanmail.net
전 화 02)416-3059
팩 스 02)417-3095

ISBN 979-11-6193-027-5
가 격 18,000원

이 도서의 국립중앙도서관 출판예정도서목록(CIP)은 서지정보유통지원시스템 홈페이지(http://seoji.
nl.go.kr)와 국가자료종합목록 구축시스템(http://kolis-net.nl.go.kr)에서 이용하실 수 있습니다. (CIP제
어번호 : CIP2020005698)

간략목차

세부목차

도해목차

표

도표

발간사

한반도평화연구원은 안으로의 성찰 없이 주장만 난무하는 시대적 문제를 극복하고자 성찰시리즈를 기획하여 진행해왔다. 그 일환으로 지금까지 '통일에 대한 기독교적 성찰', '평화에 대한 기독교적 성찰', '용서와 화해에 대한 성찰'을 세상에 내 놓았다. 이번에는 성찰시리즈의 네 번째 책으로 '우리 사회의 공동체성에 대한 성찰'을 담아내었다.

우리는 2018년과 2019년의 한반도 비핵화 평화체제 논의과정, 2차례의 북미정상회담 진행과정 등을 지켜보면서 한반도 평화여정이 긴 호흡의 꾸준한 준비와 노력이 요구됨을 다시 한 번 실감했다. 그 가운데 보다 분명해지고 있는 것은 큰 틀에서 새로운 한반도 체제의 필요성이다. 새로운 시대로의 전환이 보여줄 구체적 모습은 결국 우리 사회가 얼마만큼의 역량과 성숙함을 가지고 있는가에 따라 달라질 것이라는 점도더 확연히 깨닫게 되었다.

한반도평화연구원은 '한국 사회는 한반도 평화를 향한 공동체성이 있는가?'에 대한 성찰을 주제로 2018년과 2019년 두해에 걸쳐 연구를 진행했다. 대결과 양극화가 첨예화되고 있는 작금의 환경에서 남과 북이 하나 될 수 있는 내적 공동체성을 확인하고 싶었기 때문이다. 한반도평화를 향한 한국사회의 준비가 그 어느 때보다도 절실하기 때문에 공동체의 하나 됨을 모색하는 시도이기도 하다. 이를 위해 한반도평화연구원은 '한국사회 공동체성에 대한 현재와 미래'라는 주제하에 우리 사회에서 갈등을 빚고 있는 경제적 문제, 사회적 문제, 교육의 문제 그리고 양성갈등의 문제까지 다양한 분야에서 한국사회의 공동체성을 조명해 보았다. 확인된 사실은 분야별로 차이는 있었지만 우리 사회 각 분야에서 공동체성을 위협하는 상당한 갈등이 존재한다는 것이다.

　공동체성의 기반은 포용과 배려이다. 포용과 배려는 크건 작건 내어 줌과 열어줌을 필요로 한다. 이러한 준비 없이 통일을 이야기하고 평화를 기대하는 것은 공허한 기원이다. 구성원들이 함께 공동체적 미래를 소망하고 준비할 때에만 한반도의 평화는 현실이 될 수 있다. 이러한 문제의식을 배경으로 우선적으로 관심을 가져야 할 분야들 중심으로 갈등의 내용을 분석하고 극복방안을 함께 고민하고 토론하였다. 제한된 시간과 지면 때문에 그 중 일부만 책으로 담았다. 이 내용들을 통해 '우리가 바라는 사회'와 '우리가 살고 있는 사회'의 간극을 극복하는데 도움이 될 수 있기를 기대한다. 연구책임과 집필, 발표와 토론 등으로 참여해주신 전문가 분들의 열정과 헌신에 깊이 감사드린다.

　한반도평화를 향한 여정은 늘 새로운 가능성과 예상치 못한 문제가 교차한다. 이 변화들이 때로는 희망으로 우리를 들뜨게 하고 때로는 실망으로 우리를 낙담시키기도 한다. 그럼에도 우리 사회가 견고하게 평화를 위해 나아갈 수 있으려면 한반도가 든든한 평화의 공동체가 되어야 한다. 이 책이 평화의 공동체 건설에 기여할 수 있기를 소망한다. 한반도평화연구원은 앞으로도 통일과 북한, 우리 사회의 평화를 위한 노력을 지속해 나갈 것이다.

2019년 12월
한반도평화연구원 원장 윤덕룡

서문

한반도평화공동체 접근에 왜 우리 사회의 공동체성 성찰이 중요한가

지난 반세기 동안 한국의 정치·경제발전, 사회변화, 문화변동에 있어 '공동체'의 역할은 매우 핵심적이었다. 가정, 사회단체, 지역, 국가 등 모든 영역에서 공동체성은 사회통합과 발전의 촉진제 역할을 하였다. 그러나 그러한 공동체 기반에서 성장 동력으로서의 경쟁은 연대와 이타 주의 등의 가치들과 균형을 이루지 못하고 글로벌 사회화의 물결 속에 우리 사회를 공동체성 상실이라는 위기에 직면하게 하였다. 다양하게 표출되는 갈등의 폭력화는 대표적인 위기의 모습이라 할 것이다. 개인 이나 가족, 국가가 모두 생존주의로 뒤덮여 있는 황량한 들판에 놓여있 고, 함께 더불어 살아가는 평화로움이 사라지고 있다. 평화로움은 가족, 친구, 동료, 이웃과 소통하는 방법인데 현재 이러한 우리 사회의 현실은 한반도평화공동체를 꿈꾸게 하지 못할 것만 같다. 그럼에도 불구하고 우리는 평화로움을 적극적으로 추구한다. 에라스무스가 평화를 이루는 가장 중요한 요소를 "온 마음을 다해 평화를 염원하는 것이다"라고 하 였듯이 평화에 대한 간절한 소망, 이런 소망의 마음들이 결집되어 하나의 뜻이 될 때 평화에 이르는 길은 열리게 될 것이다 (박경수, 2019). 우리는 안과 밖으로 하나님의 손길로 화해가 되는 역사, 나뉜 것을 회복시키시는 평화의 하나님을 붙든다. "그리스도는 우리의 평화이십니다. 그리스도께서는 유대사람과 이방사람이 양쪽으로 갈라져 있는 것을 하나로 만드신 분이십니다. 그분은 유대 사람과 이방 사람 사이를 가르는 담을 자기 몸으로 허무셔서, 원수된 것을 없애시고"(엡 2:14, 표준새번역 개정판).

한반도평화공동체는 '신한반도체제'라는 정부의 한반도 비핵·평화체제 구축전략, 대북·통일정책 및 외교안보정책, 그리고 국가발전 전략을 융합하는 종합전략의 성격 속에서 그 의미를 찾아 볼 수 있는데, 인간안보(human security)가 실현되는 포용국가의 완성이라고 할 수 있다 (조한범, 2019). 이는 한반도에서 전쟁 및 안보위협과 민족갈등구조의 해소를 넘어 분단체제로부터 비롯된 정치, 경제, 사회문화적 차원의 비정상성을 해소함으로써 삶의 질이 보장되는 것이라 할 것이다. 한반도 평화공동체에 접근하기 위해서는 한국사회 내 관계, 남북관계, 그리고 동북아 및 국제관계 차원에서 다각도로 조명되어야 하는데 우선적으로 한국사회 내 관계로서 한국사회의 자기완성과 통일을 위한 내적 역량의 강화에 있다고 해도 과언이 아니다. 우리는 한국사회의 자기완성과 통일을 위한 내적역량 강화를 새로운 공동체성의 회복에 있다고 생각한다. 우리 사회의 공동체성에 대한 성찰을 통해 우리는 평화를 꿈꾸기 위해 이 책을 만들었다.

이 책이 나오기 까지

이 책은 이러한 문제의식으로부터 우리 사회 현안에 대한 성찰의 필요성에서 출발하였다. 지금 이대로의 한국사회에서 사람의 모습, 사람과 사람 간 관계의 모습을 보았다. 사람은 기술 혜택의 양극화와 전통적 가족관계의 해체, 그리고 기술통제력의 약화, 글로벌 사회화와 기존 사회질서의 해체 등에 이미 노정되어 있다. 사람과 사람과의 관계는 성장지체와 분배약화, 갈등의 심화(이념, 문화, 세대, 젠더 등), 개인중심 및 경쟁중심, 그리고 정치 불신 심화 속에서 소용돌이치는 가운데 기존 공동체들을 변화 또는 붕괴에 직면하도록 하고 있다. 산업화와 풍요, 민주화 속에 그려진 대한민국의 품격은 사라지는 것 같고 사람에게서와 사람들 간 관계에서 공존과 평화의 부재는 아픈 사회임을 단적으로 말해주고 있다 (이재열, 2019). 한국사회의 현주소이다. 통일과정과 통일한 반도가 평화공동체로서의 지향은 요원해 보이는 것 같다. 남북의 차이를 논하기 전에 남남 구성원들 간 차이가 너무 극명하게 드러나고 있어 우리 사회의 실질적인 문제에 대한 열어놓음과 치유와 봉합은 그 어느 때보다 절실한 상황이다. 무엇보다도 교회가 이러한 사회적 문제들에 대해 어떻게 접근하여 말씀 안에서 우리 사회의 평화에 기여할 수 있을까?를 우리는 던진다. 이 책의 세부주제들은 향후 한반도평화공동체에 대한 접근 길 위의 지점들이다.

한반도평화연구원(KPI: Korea Peace Institute)은 한반도평화와 통일을 생각하고 준비하는 기독교 싱크탱크이다. 연구원은 2018년 기획주제로 '공동체성'을 설정하고 세부주제들은 원장단과 운영위원들과의 수차례 협의를 거쳐 도출하였다. 이 책의 세부주제들은 사람, 사람과 사람간의 관계가 소용돌이 치고 있는 우리 사회의 현실을 대표한다. 먼저 우리에게 공동체란 무엇인가와 국가를 조명하였는데 독자들은 이 글들을 통해 공동체 개념에 대한 구체적인 접근과 공법적 질서의 국가공동체를 살펴볼 수 있을 것이다. 그리고 이러한 개념들과 관점으로 세대, 젠더, 복지, 교육, 경제, 가족 등을 어떻게 접근할 수 있을까를 고민해 볼 수 있을 것이다. 한국사회의 공동체성에 현실에 대해서는 의식조사, 청년세대 및 젠더와 복지 등으로 접근하고 미래를 위한 대안들로 교육과 경제, 가족을 제안하였다. 이러한 세부주제들은 현재 한국사회를 관통하는 키워드들이며 시급한 현안들임은 아무리 강조해도 지나치지 않을 것이다.

연구원은 2018년부터 2019년 상반기까지 총 세 차례의 공개포럼을 시행하였으며 이 책의 내용들은 각각의 발제자들이 공개포럼에서 발표되었던 내용들을 수정·보완하여 엮은 것이다. 특별히 젠더와 가족 주제는 급부상함으로써 우리 사회가 우선적으로 바뀔 것이 요구되는 주제들이다. 젊은 세대들에게 더욱 그렇다. 마태복음 2:45-56은 이미 예수님의 죽음으로 새로운 시대를 알렸고 여러 가지 사건들은 예수님의 죽음이 지닌 깊이를 드러내고 끝까지 예수님 곁을 지킨 사람들이 여인들이었다는 사실에서 새로운 시대의 질서를 예고한 바 있다. 젠더, 가족문제는 우리 사회가 당면하고 변화를 받아들여야할 핵심 사안이 될 것이다. 이 책이 주목되는 이유의 하나가 여기에 있다.

이 책이 발간되기까지 수고한 많은 분들이 있다. 원고를 준비하여 주신 저자들과 귀중한 토론으로 발제내용을 풍부하게 하신 토론자들(김시천 상지대학교 교수, 손화철 한동대학교 교수, 최경희 샌드연구소 박사, 박명규 서울대학교 교수, 김규륜 통일연구원 석좌선임연구위원, 정병오

오디세이학교 교사, 김연희 대구대학교 교수, 편주현 고려대학교 교수), 그리고 명사회로 포럼을 이끌어주신 사회자들(김선욱 숭실대학교 교수, 이재열 서울대학교 교수)께 깊은 감사를 드린다. 또한 이 프로젝트가 진행될 수 있도록 격려와 아낌없이 지원해 주신 김지철 이사장님과 역대 원장님들께(윤영관 서울대 명예교수, 이장로 고려대학교 명예교수, 전우택 연세대학교 교수) 깊은 감사를 드린다. 무엇보다도 이 책이 만들어지기까지 불철주야 수고하여 주신 KPI 이창현 사무국장과 임경민 간사, 출판을 적극적으로 맡아주신 명인문화사, 그리고 책의 표지에 심혈을 기울여주신 성락성결교회 디자인팀 손지윤 집사님께 깊이 감사드린다.

각 장에서 다루어진 내용들

각 장의 주요 내용들은 다음과 같다.

1장 우리에게 공동체란 무엇인가?

그간 소원하였던 남한과 북한 사이에 대화의 여건이 형성되면서 그동안 통일을 위해 노력해 온 많은 교회나 단체들, 또 개인들은 남북의 미래 관계를 상상하는 가운데 '공동체'적 관계의 형성에 대한 기대가 커지고 있다. 이 글은 이런 배경에서 에치오니, 롤스, 샌델 등의 공동체에 대한 논의를 살펴보고, 몽테스키외와 아리스토텔레스, 천라이 등이 다루고 있는 덕성 및 행위의 원리들에 대한 논의를 검토하여, 결코 정적이지 않고 역동성이 넘치는 모습을 지니게 될 남북이 연합한 공동체에 필요한 중요한 점들을 다룬다. 한국교회가 공동체 개념에 주목하며 공동체

문제에 접근하려고 하는 것은 교회 자체가 공동체로서 가지고 있는 경험에 의거한 바가 크다. 하지만 교회의 덕목을 사회에 그대로 내어 놓고 따르도록 요구할 수는 없는 것이 현실이다. 오히려 우리에게 요구되는 것은 남북이 소중히 여기고 있는 현존 가치에 대한 전면적인 반성과 기독교적 가치에 바탕을 둔 새로운 가치관의 정립에 대한 숙고이다. 이런 과정을 통해서만 사회적 통합을 가능케 할 시민적 덕성을 실질적으로 형성해 낼 수 있을 것이다. 이는 시민인 크리스천이 추구할 과제 가운데 하나일 것이다.

2장 한반도 국가공동체 공법적 질서의 조명과 과제

이 글은 한반도 공동체 중 '국가라는 정치공동체'를 공법적 질서의 측면에서 조망하고, 이를 기초로 한반도 평화공동체 실현을 위한 전략과 과제를 도출해 내고자 하였다. 2019년 현재 한반도에는 남쪽과 북쪽에 두 개의 정치적 공동체가 존재한다. 우리가 현재 살고 있는 대한민국이라는 국가공동체는 「대한민국헌법」과 이 헌법을 구체화한 법률들이 총체적으로 구성하는 공법적 질서를 그 근간으로 하고 있다. 대한민국 국가공동체의 통치구조는 '권력분립'의 원칙에 의하여 수평적 및 수직적으로 구조화되어 있다. 국가의 구성요소 중 가장 핵심이 되는 요소는 국민이다. 국민이 주인이고 대통령을 비롯한 모든 통치조직은 국민이 설치한 것이고, 이들이 행사하는 권한은 국민이 부여한 것이며, 이들은 모든 권한 행사의 목적을 최대다수의 국민의 최대 행복을 위한 것이어야 한다. 이글은 위와 같은 전제 아래 대한민국의 공법적 질서를 조망하였다. 즉, 대한민국의 국회는 공동체적 입법을 하고 있는가? 대한민국의 대통령은 공동체를 위하여 봉사하는 지도자인가? 법원은 공동체를 바로 세우기 위한 정의를 실현하고 있는가? 대한민국의 정당은 공동체의 의사 형성에 적합한가? 대한민국의 지방정치는 지방공동체를 형성하고 실현하기에 적당한가? 등을 살펴보았다. 필자는 기독교인으로서 국가공동체는 지상에 발현된 천국의 모형이어야 하고, 국가공동체의 통치자는 국민 전체에 대한 사랑의 봉사자가 되어 자신과 자신의 집단에 대한 사리사욕을 철저히 배제한 채 국민 전체에 대한 특히 사회적 약자와 소외받은 사람들을 위한 지극한 사랑으로 통치하여야 한다고 생각해 왔다. 대한민국이라는 국가공동체가 총체적으로 공정성, 투명성과 신뢰성이라는 큰 틀 속에서 융합되어 발전하면서 미래세대가 더욱 행복하고 북한주민들과 해외동포들이 대한민국의 틀 안으로 조속히 통합되기를 열망하는 나라로 성숙되어갈 수 있기를 기도한다.

3장 2018년 KPI 한국사회 공동체성에 대한 탐색적 분석

이 글은 KPI의 의뢰를 받아 (주)지앤컴이 2018년 10월에 실시하고 가중치를 주어 작성한 한국사회 공동체성 조사의 기술 통계 분석 결과물의 일부를 정리한 것이다. 그 조사에서는 소속감 또는 정체성 단위, 대북 인식, 한반도 평화를 위한 정책, 정치 성향, 공동체의식을 중점적으로 다루었다. 주요 발견 사항 등을 요약하면 다음과 같다. 첫째, 응답자들은 생활의 터전에 해당하는 작은 지리적 단위보다 국가 수준의 정체성을 강하게 느끼는 것으로 나타났다. 둘째, 대북 인식과 정치 성향에 대한 주관적 평가에 대해서는 나이가 중요한 독립 변수인 것으로 드러났다. 셋째, 한반도 평화정책에 대해서는, 응답자들이 북한 비핵화, 이산가족 면회소 설치, 남남갈등 해결 등의 구체적 과제를 우선적으로 해결해야 한다고 했다. 넷째, 공동체의식에 대해서는 연령대 별로 다양한 상관관계가 발견되었다.

4장 청년세대의 생존주의적 능력주의와 사회평화의 가능성

이 글은 이화여대 항쟁이 신자유주의 20년이 지난 보수화 국면에서 협소해진 학생운동의 지평 속에서 메리토크라시 이상(理想)을 가장 잘 보여주는 사회운동의 사례로 고찰해 보았다. 그것은 평등주의적 부담을 과도하게 떠안고 있는 한국 대학체제의 이상과 실제 초라한 현실 간의 현격한 괴리 속에서 탄생했다. 그리하여 가장 현실에 부합하는 적절한 전략과 운동방식을 보여주었고, 유례없이 성공적인 결과를 산출하였다. 체제 내 유토피아를 상정하는 메리토크라시적 기준에 입각한 운동은 익명성, 직접민주주의, 동질적 연대, 조직화의 실패, (기억의 정치가 아닌) 망각의 정치 등 독특한 특성을 보여주었다. 극심한 경쟁과 평범하게라도 살고 싶은 청년세대의 생존주의는 능력주의와 결합하여 사소한 능력 차이조차 사회구성원을 등급화하고 구별 짓는 기제로 활용되고 있는 듯하다. 이런 측면에 한국 교회는 주목할 필요가 있다. 많은 한국 교회들이 세속적 기준에 따른 등급화 논리를 오히려 하나님의 은혜를 보태가면서 강화하고는 한다. 교회가 해야 할 가장 시급한 책무는 교회가 청년들이 경쟁에서 어느 정도 벗어나 쉴 수 있는 공동체가 되는 것이다. 나아가 메리토크라시 체제의 피말리는 작동을 조금이나마 완화할 수 있는 힘을 갖는 것이다.

5장 너의 의미, 젠더 평화의 출발

이 글은 생존과 성장을 함께 하는 공동체 건설의 한 방편으로, 최근 대중적인 이슈로 불거진 페미니스트 특히 영페미니스트들의 의미를 읽어내었다. 근대화의 전개 과정이 다른 사회에 비해 빨랐던 대한민국 사회의 특수성이 영페미니스트들의 혼정 전략들과 어떻게 맞물려 있는지를 분석하였고, 이를 새로운 정체성을 구성해나가는 과정으로서 긍정적으로 평가하였다. 그러나 일부 영페미니즘의 전개 과정에서 발견되는바, 경계를 굳건히 한 기존의 사회제도적 산물 간의 혼종성은 부조리한 사회를 해체하지도 새로운 공동체적 관계망을 형성하지도 않는다는 점에서 비판적으로 보았다. 필자가 이해하는 페미니즘은 공동체적 상호작용의 방식을 다시 짜는 시선이요 실천이다. 바야흐로 후기근대를 지나는 인류는 자본주의와 과학기술의 콜라보가 만들어낸 근대적 생산품들로 인해 생존의 위협을 받는 '위험 사회'로 진입했고, 결국 각자의 이익을 위해 담론을 생산하고 운동성을 발휘하는 그룹들은 후기 근대적 위험 생산의 중단과 위험에 노출된 사람들의 (재)배치라는 공통의 과제를 함께 생각하는 방식으로 각자의 과제를 수행해야 한다. 이를 위해 페미니스트라는 특수성을 희생하지 않으면서도 공동의 과제를 수행할 수 있는 근거로 인간의 존재론적 능력인 '존재의 기공성'과 기독교적 교회론의 원칙인 '서로가 함께'를 제시하였다.

6장 누가 네 이웃인가: 사회지표로 본 한국인의 공동체의식

한국사회의 공동체의식에 대해 공동체에 대한 개념 규정과 연대의 원리 및 차원에 따른 공동체의 모습으로 조명하였다. 공동체는 단일하지 않으며 다양한 차원에서 구성된다. 여기에서는 미시적, 중도적, 거시적 세 가지 차원에서 공동체의 의미를 제시하였다. 그리고 이렇게 분류한 공동체의 모습이 한국사회에서 어떻게 나타나는지 구체적 사회지표를 활용하여 현실을 파악하고자 하였다. 사회지표로서 표현할 수 있는 각 공동체의 모습을 반영해본 결과 공동체로서 한국사회가 되기 위해서는 모든 사람들이 함께 사는 삶 그 자체가 인정되고 그러한 삶에 대한 법적·정책적 배제를 없애 나가는 것이 중요하다. 그리고 자발성에 기초한 공동체 형성이 중요한데 여기에는 교회의 역할이 결정적이다. 한국사회에서 진정한 이웃으로서 살아가는 삶이 무엇인지 성찰하고 실천하는 작업을 교회가 앞장서서 해야 할 것이다. 또한 '고부담·고복지, 중부담·중복지, 저부담·저복지' 구도에서 시작하여 어떤 모습의 거시적 공동체가 한국사회의 모습이 될 지에 대해 사회적 합의를 도출할 수 있는 과정이 시작되어야 할 것이다.

7장 공동체 패러다임 전환을 위한 교육정책의 방향과 과제

우리나라 교육은 경쟁의 가치를 중시하면서 공동체성이 약화되고 있다. 교육문제를 바꾸기 위해서 역대 정권 차원의 다양한 시도가 있었지만 큰 성과를 거두지 못했으며, 고질적인 문제가 해소되지 않고 있다. 김영삼 정부 때 발표한 5·31 교육개혁안의 틀에서 벗어나지 못했다는 점에서 한국교육의 비전과 목표, 방향을 새롭게 설정해야 한다. 우리나라 교육은 입시경쟁 양상과 표준화, 획일화의 성격을 지니는데 이러한 시스템에 대한 근본적 변화가 필요하다. 혁신학교와 혁신교육은 국가에서 기획한 정책이 아니고 현장의 주체들이 스스로 변화를 추구했고, 그것이 네트워크를 통해서 확산 과정을 거쳤다는 점에서 그 의의를 확인할 수 있다. 그렇다면 우리는 어떤 교육의 변화를 추구해야하는가? 개혁의 단위, 교육목적, 모델학교, 핵심가치, 대입제도의 기준, 교육비용, 교육과정 구성 원리를 제시하였다. 끝으로 공동체 패러다임 전환을 위하여 국가와 시장모형에서 공동체 모형으로 전환, 학교공동체와 학교자치의 복원, 구성원들의 학습공동체 형성과 운영, 네트워크 공동체 구축, 지역공동체 구축, 세계시민공동체를 제언하였다.

8장 공동체의 경제적 조건

우리나라는 경제성장을 통한 가난극복 이후 새로운 공동체적 지향을 제시하지 못하고 있다. 공동체적 비전이 부재한 상황에서 시장질서의 일관성 있는 관리가 이루어지지 못하여 최근에는 경제성장률이 둔화되고 경제적 양극화의 진행이 공동체적 결속을 해치는 상황에까지 이르렀다. 우리나라가 갖추어야할 공동체로서의 경제적 조건은 다음과 같이 정리할 수 있다. 첫째, 모든 구성원의 생존과 생활을 보장하는 시스템의 구비, 둘째, 경제적으로 지속가능한 성장시스템 구축, 셋째, 경제적 성과의 효율적 배분 메커니즘 도입이다. 미국의 민주당에서 시행한 해밀턴 프로젝트와 독일의 사회적 시장경제 사례들은 우리나라에게 대안의 정책으로서 다음과 같은 시사점을 제시한다. 첫째, 새로운 공동체적 경제비전의 설정이다. 독일과 미국의 두 사례는 경제성장과 사회적 책임을 연계한 비전을 제시하고 있다. 그래야 구성원 전체의 비전이 될 수 있기 때문이다. 둘째, 지속성장을 위한 메커니즘의 도입이 필요하다. 구체적인 산업정책이나 프로젝트가 아니라 '시장의 경쟁 활성화와 인센티브의 사회화'와 같은 시스템적 접근으로 지속성장 동력을 모든 제도 속에 내재화하는 방안을 모색해야 한다. 셋째, 시장의 성과가 사회구성원을 보호하고 최대한 많은 구성원에게 분배될 수 있도록 사회적 책임을 구체화할 필요가 있다. 한국경제와 한국사회는 이제 신흥경제(Emerging Economy)의 단계를 지나 일인당 소득이 3만 불을 넘어섰다. 다양화된 사회경제적 환경을 고려할 때 공동체의 경제적 조건을 충족시키기 위한 정책의 도입이 용이하지 않은 과제이다. 그러나 초저출산과 고령화, 성장잠재력 저하 등은 위험수준에 도달한 우리나라의 공동체성을 보여주고 있다. 지금 우리 사회가 맞고 있는 도전을 성공적으로 극복해야 한국사회의 공동체성 강화와 지속성장, 더 나아가 향후 남북한 간 통일을 실현할 수 있는 기반을 확보하게 될 것이다.

9장 새롭게 의미되어지는 공동체로서 가족의 소통과 관계

이 글에서는 한국사회에서 이미 가족개념 자체가 견고한 하나의 사람, 집단중심이 아니 외형이 없는 개인들의 점들이 연결되는 무수한 선들로 변화하고 있는 유연성을 가진 다양한 관계로 정의되고 있는 것을 파악했다. 가족의 변화가 가족의 해체를 가져오는 것이 아니라 가족 자체가 자기보존을 위해 변화의 요구를 적절히 수용하고 재구조화함으로써 사회적 도전에 유연하게 대처해나간다고 보았다. 가족이 다양한 형태를 나타내면서 여전히 소통과 관계를 하고 있는 모습은 사회변화(기술변화, 정보화 등) 가운데 정상가족, 표준가족에 대한 재구성을 요구하고 있는 것이며 이에 따른 새로운 가족소통방식이 출현하고 있는 것이라고 할 수 있다. 새로운 소통과 관계의 증진은 삶의 현장에서 나타나는 다양한 가족들과 그 구성원들이 갖는 가치관에 대한 인정과 공존의 삶이다. 가족의 변화는 부모세대, 자녀세대 등 모두에게 가족에 대한 다른 개념과 사유체계를 갖도록 하고 있다. 현상적으로 드러나는 n개의 가족형태들이 다양한 소통방식과 관계를 요구하면서 개인들의 연대를 통한 소통 가능성을 열어두고 있는 것이다. 따라서 소통과 관계 중심의 새로운 가족관계와 문화를 창출해 가는 노력이 무엇보다 중요하게 다루어져야 할 것이다. 어떠한 가족도 소외되지 않으며 의사소통이 가능하도록 함으로써 기존 가족질서의 회복이 아닌 새롭게 의미되어지는 공동체로서의 가족을 그려야 한다.

2019년 12월
저자를 대표하여
장혜경

❖ 참고문헌

박경수.『인물로 보는 종교개혁사』. 서울: 장로회신학대학교 출판부, 2019.
이재열.『다시 태어난다면 한국에서 살겠습니다』. 파주: 21세기북스, 2019.
조한범. "신한반도체제의 비젼과 목표."2019 KINU 학술외의 자료집,『신한반도체제의 비젼과 과제』pp. 13–29, 통일연구원 2019.

1부

공동체와
한반도

1장

우리에게 공동체란
무엇인가?

공동체의 정치철학적 기초와 개념

김선욱(숭실대 철학과 교수, KPI 연구위원)

1. 서론

최근 북한과 미국 사이의 대화가 진행이 되고, 남한과 북한 사이에서도 긴밀한 대화들이 오가면서 평화로운 한반도 통일 혹은 통합에 대한 기대가 높아졌다. 이와 더불어 통일을 위해 노력해 온 많은 교회나 단체들, 또 개인들은 남북의 미래 관계를 상상하면서 '공동체'라는 표현을 빈번하게 활용하고 있다. 이들이 공동체라는 표현을 사용하는 데는 남과 북이 보다 낮은 단계에서 서로 간에 어려움을 보살피고 도와야 한다는 취지가 깔려있다. 낮은 단계란 고도의 정치적 조직의 차원에서가 아니라 남북의 민중들을 포괄하는 한민족 혹은 동포라는 의식을 바탕으로 개인 혹은 민간의 차원에서 도움을 나눌 수 있는 차원을 말한다.

기독교 싱크탱크인 한반도평화연구원(KPI)에서 2018년 10월에 진행한 한국사회의 공동체성 조사[1]는 이러한 기대에서 시작되었다. 이 조사에 따르면, "북한은 친구(10)인가? 적(0)인가?"라는 질문에 대해 10점에서 0점의 스케일로 답하게 한 결과 응답자들은 평균적으로 중간적 자세(5.44)를 보였다. 특별히 강한 공동체성을 보이지도 않았고 적대적 감정을 드러내지도 않았던 것이다. 이 내용을 좀 더 자세히 연령별로 보면, 20대 이하의 응답자(5.07)와 60대 이상의 응답자(4.97)가 다른 연령대에 비해 북을 적으로 생각하는 경향이 강했다. 30대~50대가 북한에 대해 좀 더 우호적으로 보고 있는 것이다. 세금이 복지에 쓰인다면 더 낼 의향이 있는가라는 질문은 공동체적 지원에 대해 재정적 지출 여부를 묻는 실질적 질문인데, 이 질문에 대해 응답자들은 평균적으로 중간적 자세(5.31)를 보였다. 그러나 연령별로 보면 (6)20대 이하의 응답자(4.91)와 30대의 응답자(5.04)가 다른 연령대에 비해 그럴 의향이 낮음이 드러났다.[2] 우리에게는 북한에 대해서 혹은 남한 사회 내부에 대해서 모두 강력한 공동체의식을 드러내지는 않고 있는 것이다. 이런 상황에서 어떻게 공동체성을 바탕으로 통합된 남북의 사회를 만들어갈 것인가는 우리에게 심각한 문제가 된다.

　서울대 평화통일연구원이 수행한 2018년 남북한 통일의식 조사[3]에 따르면, 탈북자들을 대상으로 심층조사를 진행한 결과 북한은 남한에 대해 협력 혹은 지원을 해 줄 대상으로 생각하는 비율(65.5%)이 경쟁, 경계, 적대의 대상으로 생각하는 비율(34.4%)보다 훨씬 높았다.[4] 오히려 북한의 경우는 공동체적 의식에 기반을 둔 기대치를 더 높게 가지고 있는 것이다. 통합된 남북의 사회에서 경제력을 위주로 한 도움이 남쪽으로부터 올 수 있다는 기대감은 남북 모두가 할 수 있다. 그런데 실제로 남한이 공동체적 의식에 바탕을 둔 지원을 할 의향과 의지가 있는지를 질문할 때, 남쪽 사회의 공동체의식은 그리 긍정적인 숫자로 나타나지 않는다. 마크로밀 엠브레인이 실시한 "2017 공동체의식 및 사회적 갈등 관련 인식 평가조사"[5]에 따르면 "나는 우리나라 사람들과 더불어 함께 살아간다는 느낌을 가지고 있다"는 질문에 "그렇다"고 응답한 사람의 비율이 2012년의 55%에서 2017년 31%로 감소되었고, "우리나라 사람들은 어려운 일에 처해 있을 때 내 일처럼 돕는다"는 질문에 대해 "그렇다"고 대답한 사람의 비율이 2012년의 46%에서 2017년 34%로 감소되었다. 이처럼 남한 사회에서의 공동체적 의식은 시간이 갈수록 감소되어가는 것으로 보인다.

공동체를 강조할 때 우리는 우리가 지게 되는 공동체적 부담(communitarian burden)에 대해 깊이 성찰할 것이 요구된다. 한국사회의 발전에 방해가 되었던 잘못된 관행인 지역주의, 연고주의는 공동체를 중시하는 태도에서 파생되어 나온다. 공동체의 강조는 그 공동체가 오랫동안 소중히 여겨온 전통과 관행에 대한 존중과 계승을 요구하는 태도를 요구한다. 따라서 공동체적 사고는 해당 공동체에서 오랫동안 권력을 누려온 자들이 선호하는 사고방식일 가능성이 높다. 그러므로 공동체를 중심으로 사회를 이해하려할 때 전통이 현실을 왜곡하고 억압하는 구조에 대한 반성이 없어서는 권위적이고 강압적이며 복고적인 힘을 사회적 관계에 도입하려 한다는 의심을 면하기 어렵다. 이는 공동체주의에 대한 자유주의적 비판이 필요하다는 말이다. 자유주의는 개인주의를 동반하고 이는 공동체적 의식의 약화를 수반한다. 따라서 개인화가 가속되어 온 한국사회에서 공동체의식이 약화되는 것은 한 편으로는 필연적이라 할 수 있다.

그렇다고 해서 우리가 공동체주의를 포기하고 개인주의적 성향을 지닌 자유주의를 전적으로 수용해야만 한다는 것은 아니다. 자유주의적 개인주의가 낳은 많은 문제들, 특히 사회의 파편화(fragmentation)의 문제는 인간이 본질적으로 공동체적 차원을 지니고 있다는 점을 이해하고 그 이해를 바탕으로 사회적 활동을 기획할 때 해결된다는 주장은 설득력이 있다.[6] 따라서 우리는 공동체적 가치가 어떤 관점에서 유효하고

의미 있는지를 점검해야 한다. 나아가 남북 통합시에 필요한 공동체의
식도 이러한 점검을 기초로 해야만 한다.

우리의 궁극적인 목표는 통일 혹은 통합된 한국사회에서는 교회가
어떤 공동체적 가치를 주장하고 추구할 것인지를 탐색하는 데 있다. 그
전 단계로서 이 논문은 공동체의 어떤 측면 때문에 우리가 공동체 개념
에 주목하는지를 살펴볼 것이며, 또한 공동체에만 주목하는 태도가 어
떤 문제가 있는지를 철학적으로 살펴보는 데 집중할 것이다. 나아가 우
리가 공동체적 가치를 추구하고 공동체가 소중히 여기는 덕목을 강조한
다고 할 때 무엇에 주목해야 할 것인지를 점검해 볼 것이다. 결국 우리
는 구체적인 덕목을 과감하게 제안하는 태도가 아니라, 우리에게 필요
한 덕목을 고민하는 과정이 더욱 중요하다는 결론에 도달하게 될 것이
다. 이것이 시민인 그리스도인들이 통합을 이룬 한국사회에서 기울여야
할 가장 중요한 노력이 될 것이다.[7]

2. 공동체주의와 자유주의 논쟁을 통해서 본 공동체 개념

공동체주의와 자유주의의 논쟁은 롤스(John Rawls)가 1970년에 『정
의론』을 출간한 뒤 그 저서를 중심으로 개인의 자유와 자율 혹은 개인의
공동체성에 대한 논쟁이 유발됨으로써 이루어졌다. 흔히 자유주의는 개
인의 자유 및 자율성을 가장 중요한 가치로 삼으며, 이때 자유란 선택의
자유를 중심으로 이해된다. 공동체주의자들의 자유주의에 대한 비판은
존 롤스에만 머물지 않으며 롤스보다 더 급진적으로 개인의 자유를 주
장하는 노직(Robert Nozick)을 강력하게 비판하며, 아울러 현대 미국

사회가 처한 여러 문제들의 근원으로 자유주의를 지목하기도 한다.

샌델(Michael Sandel)이나 테일러(Charles Taylor)가 흔히 공동체주의자로 불리지만 이들을 통상적인 공동체주의자는 아니다. 이들도 인권 등과 같은 자유주의적 가치를 중요시하며 자유와 자율의 중요성을 충분히 인정하기 때문이다. 통상적인 공동체주의는 '공동체 강령'을 만들어 정치운동으로 이어가려 한 에치오니(Amitai Etzioni)에게서 잘 표방된다. 샌델과 테일러는 모두 자신을 공동체주의라 부르는 것을 거부한다. 그들은 자유적 공동체주의자(liberal communitarian)이라 불리기를 원한다.

자유주의와 공동체주의 모두는 그 개념을 명료하게 설정하기가 어렵다. 하지만 우리의 논의를 위해 에치오니의 공동체 개념과 롤스의 자유주의, 그리고 샌델과 테일러의 자유적 공동체주의를 중심으로 공동체 개념을 살펴보려고 한다.

1) 에치오니의 책임적 공동체 개념

에치오니는 좋은 사회(the good society)라는 개념을 중심으로 기독교와 유대교의 정신에 입각한 바람직한 공동체상을 정립한다. 그는 유대인으로서 이스라엘에서 공부했고, 이스라엘의 키브츠를 이상적 공동사회로 생각하고 있다.[8] 좋은 사회란 사회적 질서와 개인의 자율을 균형 있게 유지할 수 있는 사회이다. 사회에는 사회적 질서(social order)를 통해 사회적 통합을 이루려는 구심력과, 개인의 자율성을 존중하는 가운데 개인으로서의 권리를 확보하려는 원심력이 동시에 작용하고 있다. 이런 사회를 이룩하려면 개인은 사회적 책임을 의식하고 이를 적극적으

로 인정하고 주장하여야 한다.[9]

책임이란 공동체가 구성원의 진정한 필요에 응답한다는 것을 의미한다. 책임 사회(responsive society)의 일차적 책무는 구성원의 필요에 응답하는 것이다. 책임적이라는 말 responsive의 1차적 의미는 "응답하는", "부응하는"이다. 이 단어에는 책임을 진다는 의미보다 더 근본적인 의미로서 동사형 respond의 뜻을 지니고 있다. 물론 필요에는 참된 필요와 거짓된 필요가 구분되어야 하며, 사회는 진정한 필요에만 응답하면 된다. 사회적 책임은 이 선에서 제한된다. 공동체는 상대적으로 고도의 책임성(responsiveness)을 그 특징으로 가져야 한다. 공동체는 자신의 구성원들을 억압해서는 안 되며, 그의 일부의 개인이나 계급, 일부의 집단의 필요에만 부응해서도 안 되며, 전체 구성원의 진정한 필요에 부응해야 한다.[10]

공동체는 개인들 사이에 서로 영향을 주는 관계의 망을 갖고 있다. 이 관계는 단순한 일대일 관계나 개인적 관계의 연쇄라기보다는, 종횡으로 상호 교차하는 성격을 가지며 서로 보강하고 강화하는 성격을 갖는다. 또한 공동체는 공동의 가치와 규범, 의미 등에 참여할 것을 요구하며, 이는 공동의 역사와 공동의 정체성에의 참여를 말한다. 즉 공동체는 공동의 문화를 가지고 있다는 말이다. 개인의 단순한 집합체가 아니라 집합적이고 역사적인 요인을 가지고 있는 이런 공동체는 그 자체의 정체성과 목적을 가진 집합체이며, 하나의 단위로 행동할 수 있다. 따라서 공동체는 역사의 추진체가 될 수 있고, 그 사회에 속한 개인의 행위가 가능하게 하는 맥락들을 규정하게 된다.[11]

공동체는 '우리'를 중심으로 형성되므로 '우리'에 포섭되지 않는 자들, 즉 그 구성원이 아닌 자들에 대해 갖는 배타성을 극복해야 한다. 공동체들 간의 갈등은 개인이 속한 다양한 공동체들에 대한 중첩적 충성심을 통해 경감시킬 수 있다. 세계적으로 존재하는 민족분쟁이나 갈등은, 세계적으로 존재하는 다양한 공동체들이 귀속되는 포괄적인 공동체를 생각하고 거기에 대한 충성심을 중첩적으로 확산하는 방식으로 해결을 모색할 수 있다.[12]

에치오니는 사회적 문제에 대한 공동체주의적 해법을 다음과 같이 제시한다. 첫째, 공동체가 포용하는 가치가 민주적 과정을 통하여 이르렀다면, 이러한 가치는 흠은 있지만 최선이라는 정치적 과정의 합법성을 띠게 된다. 가치에 대한 갈등을 야기시키는 문제들, 예컨대 낙태, 소수자우대법, 심지어는 적자를 줄이는 방법 등에 대해 공동체가 어떤 절차를 선택하여, 이러한 이슈와 주제에 대해 적절하게 숙고하는 절차를 밟아서 자유롭게 참여하는 투표를 통해 결론에 도달한다면, 이러한 민주적 과정의 최종 결과는 다른 어떠한 방식보다도 도덕적으로 더 우월한 것이다. 둘째, 하지만 이러한 민주적 검증이 충분한 것은 아니다. 다수결이 궁극적인 정당성의 근거가 될 수 없기 때문이다. 무엇이 옳은가를 결정하기 위해 다수에 의존하는 공동체는 개인과 소수의 권리를 침해하거나 공동체 전 구성원의 51%의 규범적 판단을 모두에게 부과하기 쉽다. 요컨대 다수의 지지가 공동체로 하여금 특별한 일련의 가치를 반영하는 행동을 따르게끔 하지만, 반드시 규범적으로 강제하는 것은 아니며, 그러기 위해서는 또 다른 기준이 필요하다. 에치오니는 공동체에 기반한 또 하나의 과정, 즉 공동체의 규범적 결론에 책임감을 더하는 과정을 강조하는데, 이것이 바로 합의의 형성 과정이라고 이해한다. 이것이 '참된' 또는 '창조적인' 합의라고 한다.

에치오니는 1991년에 '공동체주의 강령(The Communitarian Platform)'을 제정하여 공동체주의적 사고와 이념을 대학의 울타리를 넘어 지역 및 사회 전체로 확대하고자 시도함으로써 공동체주의를 새로운 차원으로 발전시키려 하였다. 이 공동체주의 강령은 일차적으로는 미국인들을 향해 쓰인 것이며, 이를 전체 지구적 공동체의 차원으로까지 그 적용 범위를 확장하려 한다. '공동체주의 강령'의 총론은 다음과 같은 내용을 담고 있다.[13]

첫째, 미국의 남성과 여성, 아이들은 수많은 공동체에 소속된 구성원들이다. 사람들은 독립적이면서도 중첩적으로 존재하는 이러한 다양한 공동체에 속하지 않고는 인간적 삶을 유지할 수 없다. 이렇게 볼 때 공동체를 떠난 사적 이익의 배타적 추구는 우리 모두의 삶이 의존하고 있는 사회적 환경을 침식하며 민주주의적 자치라는 우리의 공통된 실험에 파괴적이다. 따라서 개인의 권리는 공동체주의적 관점이 없이는 오래도록 잘 유지될 수 없다. 공동체주의적 관점은 개인의 존엄성과 인간 존재의 사회적 차원을 모두 인정한다. 공동체주의적 관점은 개인의 자유를 유지하는 것은 시민들이 자신에 대한 존중뿐 아니라 타인에 대한 존중을 배우게 되는 시민사회의 다양한 제도들을 적극적으로 활용하고 유지하는 데 달려있다는 점을 인정한다. 공동체주의적 관점은 공동체와 정치체제는 구성원들의 주장과 요구에 적극적으로 응해야하며 그들로 하여금 사회적, 정치적 삶에 적극적으로 참여하고 사고하도록 장려할 의무가 있다는 점을 인정한다.

둘째, 미국사회의 다양한 공동체들은, 갈수록 이기적이고 자기중심적이 되며 욕망과 특정한 이익 그리고 뻔뻔스러운 권력에의 추구에 의해 분열되어 가고 있는 사회가 유념해야할 도덕의 목소리의 중요하고 풍부한 원천이다. 이 도덕의 목소리는 물리적 강제보다는 교육과 설득을 통해서 그 효력을 발휘하며 이는 곧 우리의 이성적 판단 능력과 유덕한 행위 능력에 호소하는 것이다. 우리가 공동체주의 사회운동을 통해서 이러한 도덕의 목소리에게 원래의 의미와 역할을 회복시켜줄 절박한 필요성을 느끼는 것은, 개인의 자의적인 선택의 영역도 아니고 정부에 의한 통제의 영역도 아닌 이 소중한 도덕적 영역이 지금까지 너무나 간과되고 무시되어 왔기 때문이다.

셋째, 개인과 전체, 권리와 책임, 그리고 국가, 시장, 시민사회 간의 균형을 추구하는 공동체주의의 노력은 일관되고 지속적으로 시도되고 있다. 그러나 이러한 조화와 균형의 추구는 구체적인 역사와 다양한 사회적 맥락 안에서 이루어지는 것이므로, 무엇이 적절한 도덕적 입장인가에 대한 평가는 결국 구체적인 시간과 공간의 상황에 따라 다양하게 나타날 수 있다. 만일 우리가 현재 중국에 있다면 우리는 더 많은 개인의 권리를 열정적으로 요구할 것이며, 반면 현재의 미국에 있다면 우리는 개인적, 사회적 의무와 책임을 강조할 것이다.

넷째, 공동체주의자는 다수결주의자가 아니다. 무제한의 방종이 아닌 질서 잡힌 자유로운 사회에서 민주주의의 성공 여부는 타인의 권리에 대한 존중과 개인적, 시민적, 그리고 집단적 의무의 수행을 강조하는 공통의 가치, 습관 및 관행을 수립할 수 있는가에 의해 결정된다. 따라서 종교의 이름으로, 애국의 이름으로, 또는 그 밖의 다른 명분을 통해 반대자들을 억압하면서 특정한 시민적, 도덕적 가치들을 강요하는 자들에게 그러한 방법은 결코 효과적이지 못하고 유해하며 도덕적으로도 용납될 수 없다. 서로 다른 다양한 도덕적 입장들이 반드시 사회의 불협화음으로 귀결되는 것은 아니다. 오히려 진지한 대화를 통해 맑고 아름다운 화음이 창출될 수 있으며 우리의 공통의 열망과 가치가 무엇인지를 확인할 수 있을 것이다.

공동체주의자는 정부가 공동체의 모든 구성원들을 보다 적절히 대변하고 보다 적극적으로 참여하고 그들의 요구에 보다 많은 관심과 주의를 기울이려 한다. 그리고 시민들에게 더 많은 정보, 더 많은 발언의 기회를, 더 자주 줄 수 있는 방법을 찾으려한다. 동시에 우리는 정부의 역할과 기능에서 사적인 자금과 특정한 이해 그리고 부패와 무능이 영향력을 행사하지 못하도록 하려고 한다.

공동체주의는 집단 그 자체를 찬양하지도 않고 특정한 집단적 가치를 그것이 공동체로부터 연유한다는 이유로 옳다고 주장하지도 않는다. 오히려 공동체주의는 특정 집단의 공유된 가치는 인간의 공통적 경험에 근거한 보편타당한 외적 기준에 의해 평가되어야 한다고 주장한다.

공동체는 그것의 도덕적 가치와 기준이 모든 공동체 구성원의 기본적인 인간적 욕구를 반영하는 것이어야 한다. 공동체는 엘리트 집단, 소수 집단, 또는 다수 집단의 의사만을 반영해서는 안 되며 모든 구성원과 그들의 기본적 욕구를 반영해야 한다. 이를 위해 공동체의 도덕적 가치는 모든 구성원에게 무차별적이어야 하며 동등하게 적용되어야하며, 상식적으로 쉽게 이해될 수 있는 차원에서 일반화되고 정당화 될 수 있어야 한다. 또한 공동체의 도덕은 특정한 분야에 초점을 맞추기보다는 인간의 기본적인 욕구와 가치를 모두 포괄할 수 있어야한다.

이와 같은 에치오니의 공동체 개념은 각각의 공동체가 지닌 특수한 가치와 규범을 인정하고 존중할 뿐 아니라 그것을 더욱 적극적으로 도모함으로써 공동체 구성원의 필요에 응답하고 책임을 지는 좋은 사회를 지향한다는 점에서 우리에게는 꼭 필요한 개념으로 느껴지게 만든다. 에치오니는 "좋은 사회는 환경에 대한 보호, 취약한 자들에 대한 자선,

혼자 사는 삶 보다는 결혼, 자녀 갖기, 어린이와 노인에 대한 특별한 배려 등과 같은 실질적인 가치들을 칭송할 수 있다"[14]고 한다. 하지만 이러한 특수한 가치들은 공동체마다 다르게 강조될 수 있으며, 이런 공동체의 특수성은 보편적 가치로 인정되는 것은 아니다. 에치오니의 공동체주의는 공동체가 복수로 존재하고 한 공동체가 다른 공동체에 대해 절대적 우위임을 자명하게 인정받지 못한다면, 우리가 지니고 있는 공동체적 가치의 타당성을 어떻게 다른 사람에게 입증함으로써 공동의 노력의 대상으로 삼을 수 있을지를 다시 고민해야 하는 문제가 있다.[15]

2) 존 롤스의 자유주의와 공동체

자유주의 사상은 서양근대와 더불어 시작한다. 데카르트(R. Descartes)와 칸트(I. Kant)로 이어지는 서구 근대사상의 핵심 개념은 이성이며, 이성을 진리검증의 기준점으로 삼아 전통적 주장들을 비판하고 미래를 이성의 기획에 따라 이루어가려는 태도를 갖는 것이 자유주의의 기본적 태도이다.

자유주의의 자유주의적 일반적 관점은 다음과 같다. 정부는 시민의 덕성이나 인성을 육성하거나 교화하려 해서는 안 된다. 정부는 정책, 법률을 통해 '좋은 삶'이 무엇인지에 대해 특정한 개념 규정을 해서는 안 된다. 좋은 삶이 무엇인지에 대한 것은 전적으로 개인의 선택에 달려있다. 정부는 시민들이 가치관과 목표를 자유롭게 선택할 수 있도록 중립적 권리 체계 제공하는 역할만을 하여야 한다. 자유에는 다양한 개념이 있을 수 있지만, 자유주의적 입장에 따르면 자유는 오직 선택의 자유만이 강조될 뿐이다.

존 스튜어트 밀은 『자유론』에서 해악(위해)의 원리(Harm Principle) 또는 자유의 원칙(Liberty Principle)을 다음과 같이 제시함으로써 자유주의적 자유 개념의 명확한 틀을 제시한다.

인간 사회에서 누구든 — 개인이든 집단이든 — 다른 사람의 행동이 자유를 침해할 수 있는 경우는 오직 한 가지, 자기 보호를 위해 필요할 때뿐이다. 다른 사람에게 해를 끼치는 것을 막기 위한 목적이라면, 당사자의 의지에 반해 권력이 사용되는 것도 정당하다고 할 수 있다. 이 유일한 경우를 제외하고는, 문명사회에서 구성원의 자유를 침해하는 그 어떤 권력의 행사도 정당화될 수 없다. 본인 자신의 물리적 혹은 도덕적 이익을 위한다는 명목 아래 간섭하는 것도 일절 허용되지 않는다. 당사자에게 더 좋은 결과를 가져다주거나 더 행복하게 만든다고, 또는 다른 사람이 볼 때 그렇게 하는 것이 현명하거나 옳은 일이라는 이유에서, 본인의 의사와 관계없이 무슨 일을 시키거나 금지시켜서는 안 된다. 이런 선한 목적에서라면 그 사람에게 충고하고, 논리적으로 따지며, 설득하면 된다. 그것도 아니면 간청할 수도 있다. 그러나 말을 듣지 않는다고 해서 강제하거나 위협을 가해서는 안 된다. 그런 행동을 억지로라도 막지 않으면 다른 사람에게 나쁜 일을 하고 말 것이라는 분명한 근거가 없는 한, 결코 개인의 자유를 침해해서는 안 되는 것이다. 다른 사람에게 영향을 주는 행위에 한해서만 사회가 간섭할 수 있다. 이에 반해 당사자에게만 영향을 미치는 행위에 대해서는 개인이 당연히 절대적인 자유를 누려야 한다. 자기 자신, 즉 자신의 몸이나 정신에 대해서는 각자가 주권자인 것이다.[16]

자유주의와 공동체주의의 비판적 조우를 중심으로 볼 때 존 롤스의 『정의론』이 자유주의 사상의 중심에 서 있다. 이 책에서 롤스는 정의를 '공정성' 개념을 중심으로 설명하며, 공정성이 어떤 인간관을 배경으로

하여 구체적으로 사회에 제도화될 수 있는지를 보여준다.

공정으로서의 정의 개념의 핵심에는 원초적 상황과 무지의 베일이라는 상상적 장치를 통해 설명되는 인간관의 특성이 있다.[17] 롤스는 예컨대 떡 한 덩어리를 배고픈 두 사람이 나누어 먹는다고 했을 때 가장 공정하게 나눌 수 있는 방법은 한 사람이 떡을 둘로 나누고 다른 사람이 먼저 선택하게 한다는 것이다. 여러 명이 나눌 경우에도 자신이 어느 조각을 가지게 될 것인지를 모른다면 나는 공정하게 자르게 될 것이다. 원초적 상황이란 정의의 원칙을 도출하기 위해 모든 사람이 자신의 특수한 모습(남자인지 여자인지, 부자인지 가난한 사람인지, 어느 지역 출신인지 등)을 모르는 상황을 가정하여, 정의의 원칙이 자신에게 적용되었을 때 자기에게 이득이 될지 해가 될지를 알지 못하는 상황에서 공정성을 담보할 정의의 원칙을 정할 수 있게 되는 상황을 말한다. 원초적 상황은 사람들이 자유롭고 평등한 존재로 간주되어야 한다는 생각을 구현하는 장치이다. 이를 위해 롤스는 무지의 베일이라는 상상적 장치를 동원한다. 우리는 이미 어떤 특별한 모습을 가지고 있고 또 그것에 대해 의식을 하고 있다. 그러나 이런 모습들은 모두 우연적인 모습이며, 공정성을 구현하는 데 장애가 될 수 있으므로, 우리의 상상력을 통해 내게 무엇이 좋은 것인지를 모르는 상황을 가정해야만 한다. 그래서 우리는 스스로가 자신의 '우연적 특수성'에 대한 인식을 모르게 되는 무지의 베일을 덮어쓰고, 오직 이성적인 사고만을 하는 사람으로서 원칙을 설정해야 한다. 이렇게 하여 도출된 정의의 두 원칙은, (1) 모두가 자유로운 존재라는 평등한 권리의 원칙과, (2) 사회적 및 경제적 불평등은 (2-a) 최소 수혜자에게 가장 득이 되며 (2-b) 균등한 기회가 주어져야 한다는 조건이 갖추어진 상황에서 정당화될 수 있다는 차등의 원칙이다.

첫 번째 원칙은 기본적인 권리의 의무의 할당에 있어 평등을 요구하는 것이며, 반면에 두 번째 것은 사회적 경제적 불평등, 예를 들면, 재산과 권력의 불평등을 허용하되 그것이 모든 사람, 그 중에서도 특히 사회의 최소 수혜자에게 그 불평등을 보상할 만한 이득을 가져오는 경우에만 정당한 것임을 내세우는 것이다.[18]

롤스의 자유주의적 정치관에는 다음과 같은 인간관이 전제되어 있다.[19] 첫째, 인간은 무지의 베일이라는 상상적 장치를 통해 원초적 입장에 서게 됨으로써 자신이 지닌 특정한 가치로부터 물러나 공정한 관점에서 정의의 원칙을 수립할 수 있는 존재이다. 우리는 우리가 믿는 특정한 가치로부터 자유롭게 생각할 수 있는 능력을 가지고 있다. 둘째, 인간이 자유롭고 평등한 존재로 간주되어야 한다는 주장은 문화를 초월하여 적용될 수 있는 보편적 가치이다. 이 보편성은 무조건적이다.

롤스에 따르면, 인간이 자유롭다는 것은 몸에 대한 구속뿐만 아니라 정신적인 구속으로부터도 자유롭다는 것을 의미한다. 원초적 상황에서 사람들은 자신이 속한 공동체와 그 가치 및 자신이 소중하게 여기는 가치에 대해서도 잊을 수 있으며, 그런 망각 상태에서 정의의 원칙들을 찾아낼 수 있다고 보는 것이 자유주의적 인간관의 귀결이다. 우리가 어떤 사람인지, 우리가 어떤 믿음의 체계를 가지고 있는지, 우리가 우리의 삶에서 소중하게 여기는 것이 무엇인지에 대해 안다는 말은 우리가 좋은 것 즉 선(the good)에 대한 관념을 갖고 있다는 것을 의미한다. 한편 우리가 자유롭고 평등한 존재라는 것을 바탕으로 우리가 무엇이 옳은 것인지 즉 옳음(the right)에 대한 관념을 가지는 것이 중요하다는 것이 자유주의의 입장이다. 따라서 자유주의는 선 관념에 대해 옳음에 대한 관념이 우선한다(the priority of the right over the good)고 주장한다.

우리가 어떤 사회에 살고 있는가에 따라 우리 스스로가 자신에 대해 갖고 있는 자기이해 및 선 관념이 달라질 수 있다고 믿는 것은 인간이 가진 능력에 대한 자유주의적 신념에 반하며, 인간이 자기에 대한 이해와 자신의 삶의 방식 및 가치체계를 선택할 수 있는 가능성을 무시하는 것이라고 자유주의자는 간주한다. 따라서 자유주의자들은 공동체의 가치와 그에 대한 충성심이 사회적 이념의 중심이 될 경우 파시즘, 인종주의, 전체주의로 나아갈 수 있다고 우려한다.[20] 공동체는 자유와 평등의 권리를 중심으로 형성된 사회에서 그 원리를 중심으로 만들어낸 결속체로 간주해야 하며, 공동체의 전통적 가치를 중심으로 공동체가 작동해서는 안 된다고 본다.

이처럼 자유주의자들이 생각하는 공동체에는 항상 개인이 앞서며, 자신이나 타인이 공동체의 특정 목적을 위한 수단으로 사용될 가능성을 배제한다. 자유주의는 공동체적 삶에 적극적으로 참여하면서 진정으로 풍요로운 삶을 누릴 수 있다는 생각을 거부하며, 개인과 국가의 관계도 이런 방식으로 생각해서는 안 된다고 생각한다.

3) 마이클 샌델의 자유적 공동체주의와 공동체

샌델이 말하는 자유적 공동체주의의 자유란 자치(self-government)를 말한다. "시민들에게 공동선(the common good)에 대해 고민하게 만들며 정치공동체의 운명을 만들어 가도록" 하는 것이며, 이를 위해 나 자신의 목표 선택에 대한 고민을 넘어서 "타인에게도 똑같은 권리가 있음을 존중"하도록 하고, "공적 사안에 대한 지식"과 숙고를 요구하며, "전체에 대한 소속감과 책임감", 그리고 "현재 기로에 놓여 있는 공동체와

의 도덕적 유대"를 필요로 한다고 주장한다.

오늘날 자유란 대체로 선택의 자유를 말하며, 우리에게 자유로운 선택의 기회가 주어진다면 우리가 자유로운 존재임을 확인할 수 있다고 생각하는 경향이 있다. 이는 서양의 영향을 받은 오늘의 우리가 생각하는 경향이지만, 마이클 샌델은 이런 선택으로서의 자유개념과 그에 기반을 둔 자유주의 정치개념이 일반적 관념으로 형성된 것은 그리 오래지 않다고 말한다. 이를 시기적으로 정리해 보면 다음과 같다.[21]

미국 국가 건설 당시, 미국의 공산물 수요를 유럽에서 생산된 제품을 수입하면서 해결했다. 그래서 미국에 대규모 제조업을 육성하여 농업 중심의 경제를 제조업 중심으로 전환하여 미국 내의 수요를 충족시키는 것이 바람직할 것이라는 주장이 제기되었다. 이때 토마스 제퍼슨은 이러한 주장에 대해 반대하면서, 농업중심의 생활 방식과 제조업에 수반되는 삶의 방식이 다르며 그것이 각각 요구하는 시민의식이 다르다고 주장했다. 즉 농업중심의 삶은 독립적인 반면, 공업 중심의 삶은 자신을 종속관계에 넣음으로써 아첨과 굴종을 생활화한다는 것이었다. 제퍼슨의 주장은 받아들여지지 않았지만, 우리는 생활 방식의 변화가 시민의식에 영향을 준다는 점과, 어떤 시민의식이 중요한가라는 것 자체가 정치적 논쟁의 주제가 될 수 있다는 점에 주목할 필요가 있다. 19세기 말에 미국에 대기업이 생겨나면서 대기업에 의해 이루어진 거대한 권력의 집중과 지방 공동체의 자율성 축소가 동시에 나타났다. 이러한 변화에 대해 정치권에서는 한편에서는 경제 권력 분산과 민주적인 통제를 통해 자치를 보존하려고 했고, 다른 한편에서는 경제 권력의 집중을 국가적인 민주제도의 권한 확대를 통해 통제할 길을 모색하였다.

경제 대공황에 대응하였던 뉴딜정책의 기간 동안에는 프랭클린 D.

루즈벨트 대통령이 반독점주의적 정책과 계획경제 정책 등을 골고루 시험을 해 보았다. 그런데 결국 미국의 경제 회복은 정부지출의 증가에 힘입어 이루어졌고, 케인즈 경제학을 통해 정부가 좋은 사회에 관한 다양한 관점 중 하나를 고르지 않고도 경제를 통제할 방법을 찾았다. 이는 공화주의 노선의 소멸과 현대 자유주의의 도래로 이어졌다. 이제 정책 입안자들 사이에서 어떤 사회를 지향할 것인가, 어떤 삶이 좋은가에 대한 토론과 의견합일을 하지 않고서도 성장 중심의 경제정책이 추진될 수 있었고, 정부는 절차주의에 입각하여 중립적인 입장을 취하면 되었고, 개인은 자유롭고 독립적인 자아로서 삶의 목표를 스스로 결정하는 자아로 존중이 되는 사회가 만들어진 것이다. 1960년대에 들어와서도 자유란 우리가 개인으로서 자신의 가치와 목표를 독립적으로 선택하는 능력으로 이해되었다.

샌델에 따르면, 자유주의적 이상이 미국의 정치를 지배하던 시기는 미국이 국제정치의 패권을 장악하던 시기와 맞물려 있고 미국이 빛을 발한 때였다. 그러나 패권에 위기가 발생한 시기, 즉 베트남전쟁과 빈민가 폭동, 대학에서의 분규 등이 발발하였을 때는 자유주의가 제시한 선택의 자유라는 이상은 자치 상실의 현실과 대조되어 사회적 힘을 발휘하지 못했으며 자유주의적 절차주의에 함몰된 정부는 무기력한 모습을 보였다. 샌델은 오늘날 미국에는 공화주의적 자유 개념의 부활, 즉 시민의 자치로서의 자유를 다시 살려내려는 시도가 필요하다고 주장한다.

샌델은 정치가 절차적 자유주의를 고수할 때 파생되는 문제들에 주목한다. 자유주의적 정신에 입각한 정치에서 가치에 대한 논의가 배제되고 도덕성이 유보될 때, 공공생활을 통해 더 큰 의미를 주는 삶을 추구하는 입장이 결국 바람직하지 않은 방향으로 자신의 모습을 드러내게 된다는 것이다. 미국에서 기독교연합(Christian Coalition) 혹은 종교우파(Religious Right)와 같은 근본주의적 종교집단이 공개된 광장에서 편협한 도덕주의를 적극적으로 표명한다거나, 공무원의 개인적 악덕에 대한 추문과 물의 등으로 도덕적 에너지가 집중되게 된다는 것이다. 이로 인해 사회에는 도덕적 진공상태가 초래되어, 사회가 오히려 잘못된 도덕주의로 나아갈 위험에 처하게 된다는 것이다.

샌델은 자신의 입장을 에치오니와 같은 공동체주의와 명확히 구분한다. 그는 이렇게 말한다. "저는 찰스 테일러나 마이클 월쩌와 마찬가지로 제 자신을 공동체주의자라고 부르기를 꺼려합니다. 일반적으로 공동체주의란 오직 자기 나라나 민족만을 중심으로 생각하는 방식이라고 정의를 내립니다. 그래서 다른 공동체가 가진 도덕적 정치적 주장에 대해 무시하는 경향이 있습니다. 이런 입장에 대해서 저는 반대합니다. 이런 점에서 저는 공동체주의자가 아닙니다. 관습과 전통의 가치는 시험의 대상이 되어야 합니다. 민족주의적 공동체주의의 협소함 때문에 순수보편주의가 대안으로 제시되기도 합니다. 이 입장에 따르면 특정한 정체성이나 전통을 전적으로 무시하고 지구적 관점에서 세계시민적 태도를 가질 것을 요구합니다. 이것은 적절한 대안이 될 수가 없다고 봅니다. 저는 자유주의는 많은 점에서 오류에 빠져 있다고 생각합니다. 물론 지구적 관점에서의 윤리 교육은 필요합니다. 그러나 그와 동시에 자신이 속한 특정 정체성의 발현과 존중이 함께 이루어져야 합니다."[22]

롤스의 입장에 견주어 샌델의 자유적 공동체주의의 특성들을 다음과 같이 정리할 수 있다. 첫째, 정의와 좋음은 서로 상관적이며, 인간은 선에 대한 이해의 영향을 근원적으로 받는 존재이다. 따라서 선은 옳음에 앞선다(the priority of the good over the right). 자유주의가 말하는 대로 좋은 삶의 개념을 가정하지 않고 권리의 존재만 정당화하는 것은 불가능하다. 사회의 기본 구조를 규제하는 정의의 원칙은 서로 대립적인 시민의 도덕적 및 종교적 확신과 무관하게 중립을 지키며 존재할 수 없고, 정당화될 수도 없다. 전통적 공동체주의는 "정의의 원칙의 도덕적 힘은 특정 공동체 혹은 전통에서 채택된, 폭넓게 공유된 가치에서 나온다"고 생각한다. 이는, 정의란 공동체가 받아들일 때만 정의가 될 수 있으며, 공동체 전통에 함축되어 있으나 실현되지 않은 이상에 호소할 때 정당화될 수 있다는 입장이다. 자유적 공동체주의는 이 생각에 반대한다. 자유적 공동체주의는 정의 및 권리의 정당화가 그것이 기여하는 목적의 도덕적 중요성에 달려 있다고 여긴다. 따라서 그 목적에 대한 실질적인 도덕적 판단에 따라 정의와 권리가 정당화될 수 있다는 입장을 취한다.

둘째, 샌델에 따르면, 개인은 그가 속한 공동체의 구성원이 공유하고 있는 역사적 기억(historically burdened memory)을 공유하고 있고, 그 기억은 언어 가운데 녹아들어가 있으며, 우리가 언어를 사용하지 않고서는 사유가 불가능하다. 우리의 사유가 가치, 역사, 전통 등으로 이미 제약이 이루어져 있는 가운데 진행이 되고 있으므로, 이를 스스로 완전히 반성적으로 돌아보며 교정할 수 있다는 것은 해석학적으로 볼 때 불가능한 과업이라고 지적한다. 전통으로부터 자유롭게 생각할 수 있고 선택할 수 있는 자유주의적 자아 개념을 샌델은 '부담을 지지 않는 자아' 혹은 '무연고적 자아(the unencumbered self)'라고 불렀다. 샌델은 이런 자아는 실제로는 불가능하다고 주장하는 것이다. 따라서 우리가 논리적 사유를 통해 전통을 반성할 수는 있어도 우리가 공동체적 가치, 역사, 전통 등으로부터 완전히 자유로운 상태에서 완전한 선택의 자유

를 누리는 것은 불가능하다.[23]

샌델은 전통적 공동체주의와 자유주의 사이에 자신의 입장을 수립하고 있다. 완전한 선택의 자유란 불가능한 것이라는 점에서 롤스의 원초적 상황 및 무지의 베일이라는 상상력의 한계를 지적하지만, 그럼에도 여전히 이성이 전통에 대해 제기하는 자유와 평등의 권리의 주장은 보편적 가치를 인정한다. 보편적 가치에 대한 인정은 공동체주의자들에게서는 기대할 수 없는 것이기도 하다. 다음은 2005년에 있었던 샌델과의 인터뷰에서 지역주의와 학벌주의와 같은 연고성이 우리나라처럼 전통이 강한 나라에서는 장애요인으로 작용할 수 있다는 지적을 했고, 그에 대해 샌델은 다음과 같이 대답하였다.

저는 자유주의를 비판하면서 거기에 전제된 무연고적 자아 개념을 비판하였습니다. 한국과 같은 사회는 전통사회이고 오히려 연고성이 더욱 문제가 되고 있다고 생각할 수 있습니다. 이런 문제점을 극복하기 위해 한국의 학자들이 자유주의적 전통에 힘입어 절차적 정의를 갖춘 제도를 옹호하고 이를 위해 노력해 왔다는 사실을 이번 여행을 통해 배웠습니다. 제 연구는 미국사회를 배경으로 하고 있기 때문에 미국에서는 자유주의적 폐해가 큰 이유에서 제 연구의 방향이 설정되었던 것입니다. 미국의 사회는 서양의 특징인 자유민주주의적 특성을 갖고 있습니다. 그런데 여기에 내재된 극단적 개인주의에 반대하는 것이 제 입장입니다. 시장의 힘이 극대화되었고, 소비주의가 만연하며 모든 것이 개인의 선택에 놓여 있는 것처럼 되었습니다. 그런 점에서 한국에서 활동한 자유주의자들의 노력과 미국에서 활동하는 저의 공동체주의적 노력이 서로 연결될 수 있다고 봅니다. 우리는 서로 같은 목적을 위해 활동하고 있으니까요. 저는 미국의 정치문화에 대한 반대를 하는 가운데 공동체와 시민적 덕, 사회적 통합성, 공동의 이해 등을 강조하는데, 이를 통해 사회적 균형을 얻고자 하는 것입니다. 그런데 제가 세계 여러 나라를 여행하면서 느낀 것은 많은 사회에서 전통적 자아 이해가 너무 강하기 때문에 그와 반대로 나아갈 위험이 있다는 것입니다. 즉 자기가 부정적으로 반응했던 것들을 전적으로 거부하는 경향이 있다는 것이지요. 전통이 강한 이스라엘이나 인도, 일본, 그리고 한국에서 그런 성향을 보았습니다. 지나친 연고성의 강조가 문제가 될 때 그 연고성에 대해 비판적 반성을 할 수 있어야 하면 이를 통해 진정한 공동선을 위한 방향으로 사회적 정향을 할 수 있을 것으로 보입니다.[24]

이상의 논의에서 우리가 수용할 만한 부분을 정리해 보면 다음과 같다. 첫째, 해석학적으로 볼 때 자유주의적 자아 개념은 주장하기 어렵다. 둘째, 인간의 본래적 공동체성을 고려할 때, 그런 공동체성을 적절히 실현한 도덕이론과 사회이론 및 정치이론이 현실성을 가질 수 있다. 셋째, 전통적 가치의 옹호는 그 자체로 설득력을 가질 수 없고 이성적 반성과 공동체 구성원들 간의 동등하고 열린 입장에서의 토론을 통해 수정 가능한 방식으로만 정당화될 수 있다. 넷째, 공동체적 부담이 주는 권위주의적 힘을 경계해야 한다.

3. 공동체와 덕의 원리

공동체로서의 사회에는 실제로 그 사회를 이끌어가는 덕목이 작용하고 있다. 덕들은 공동체 구성원들의 행위를 이끌어가는 원리로서 작용할 수 있다. 실제로 그 구성원들이 따르고 있는 원리들이 있는가하면, 바람직한 공동체를 위해 따라야 할 원리들이 있다. 행위를 이끌어가는 원리라는 개념은 몽테스키외를 통해 배울 수 있고, 이것이 공동체의 덕목을 통해 어떻게 작용할 수 있을지 우리는 상상할 수 있어야 한다. 덕목, 즉 여러 덕들은 서로 통합적 관계를 이룬 조합으로서 작용하며 그 중심에 어떤 원리가 관통하고 있는 것으로 볼 수 있다. 따라서 우리는 공동체성을 생각할 때 그 공동체가 따르는 덕목과 함께 중심 원리가 무엇인지 또 무엇이 되어야 하는지를 세 단계를 통해 생각보자.

1) 공동체의 행위의 원리

몽테스키외(Charles-Louis de Secondat Montesquieu)는 『법의 정신』에서 정치체제를 군주제, 공화제, 폭정 세 가지로 요약하며, 이들 각각은 서로 다른 원리에 따라 작동한다고 보았다.[25] 여기서 원리(principle)이란, 한나 아렌트에 따르면, 사물을 움직이고 고무하는 것을 말하며, 고대 그리스 철학자들이 만물의 시초가 무엇인가를 물었을 때 사용했던 단어 즉 아르케(archē, 동사형은 archēin)과 연결되는 의미를 갖는다고 해석했다. 행위의 원리들은 행위의 심리학적 동기들과 혼돈되어서는 안 된다. 원리란 공적 영역의 모든 행위들을 단순한 부정적 잣대인 합법성을 넘어 판단하고, 지배자와 피지배자 모두의 행위를 고무하는 지도적 기준들이다.

　몽테스키외는 공화정에서 행위를 고무하는 것은 덕(virtue)이고, 군주제에서는 명예(honor)이며, 폭정에서는 공포(fear)라고 했다. 물론 공화국에서는 덕이 행위의 원리라고 해서, 군주제에서는 덕에 대해 알지 못한다거나 공화국에서는 명예가 무엇인지 모른다는 것은 아니다.

덕은 평등에 대한 사랑에서, 명예는 차이에 대한 사랑에서 나온다. 이러한 사랑은 정부의 구조와 그 정치체의 행위를 결합시키는 끈이다. 평등에 대한 근본적인 경험은 공화정의 법에서 적절한 정치적 표현을 발견하고, 덕에 대한 사랑은 공화국 내의 행위를 고무한다. 군주제에 대한 근본적인 경험과 귀족제나 다른 위계적 정부 형태에 대한 근본적인 경험을 통해, 우리는 태생적으로 서로 다른 우리 자신을 분리시키고, 우리의 자연적인 혹은 사회적인 차이를 드러내려고 애쓴다. 명예란 군주제에서 신민의 차별을 공적으로 인정하는 데 이용되는 특성이다. 명예가 정치체의 행위 원리일 때 활동을 고무하며 이끄는 것은, 자기 자신이 될 가능성, 그 이전에도 존재하지 않았고 결코 다시 반복되지도 않을 고유한 개인이 되어 자신의 인생의 행보에서 그러한 존재로 인정받을 가능성을 모든 신민에게 부여하는 것이다. 개인들은 결코 모든 다른 사람들과 특징이 없고 서로 구별가능하지도 않은 대중으로서 직면하지 않는다는 것이 군주제적 정부의 특별한 장점이다. 이에 반해 공포는 반정치적 원리이다. 공포는 시민 권력의 부재에서 출현하며, 이러한 공포를 바탕으로 다른 사람들을 복종시키는 폭군의 의지 그리고 지배를 지속적으로 감내해 가는 신민의 태도가 나온다. 공포와 상호 불신은 시민의 공동 행위 및 그에 기초한 시민적 권력 형성을 불가능하게 만든다. 폭정은 인간을 서로 고립시켜 인간의 다양한 삶의 모습을 파괴하려고 한다. 그러나 폭정은 인간의 함께함을 파괴하기 때문에 결국 망한다.[26]

이상과 같은 몽테스키외와 아렌트의 논의는 우리로 하여금 우리 사회에서 행위를 고무하는 원리가 무엇인지에 대하여 반성적 및 분석적으로 살펴볼 수 있게 한다. 이 작업은 일차적으로는 처방적(prescriptive)이라기보다 서술적(descriptive) 성격을 갖는다. 우리의 경우를 적용해 보면, 이미 민주주의를 이루고 평등한 삶의 법적 여건을 갖춘 남한 사회의 주도적인 행위의 원리는 부의 추구에 있다고 말할 수 있다. 개인의 가치가 재산의 규모로 평가받고, 거주지의 값을 올리기 위한 아파트 매매가 담합을 하거나, 집값이 떨어지지 않도록 장애인 교육 혹은 복지시설이나 쓰레기 소각장, 심지어 소방서 신규 설치와 빗물 펌프장 설치를 반대하는 님비현상이 범람하는 등 이 사회는 이미 맘몬의 원리가 지배하는 사회이다. 우리가 통합을 이룬 한반도에서 공동체적 삶을 이루려고 한다고 할 때, 우리가 바라는 공동체의 원리는 공동체적 응집력이 서로 돕고 지원하는 힘으로 작용하는 것이다.[27] 따라서 우리는 통합된 한반도가 경제적 부에만 몰두하는 사회여서는 곤란하며, 공동체적 삶을 의미 있게 만드는 원리에 대한 철학적 고민을 수행해야 한다.

2) 공동체와 덕목

공동체가 존중하는 행위의 원리가 보다 구체적으로 표현된 것은 덕(virtue)이다. 덕목이란 그 공동체의 구성원이 바람직하다고 여기면서 행동으로 옮기고 반복적으로 실천하는 덕들을 의미한다. 아리스토텔레스는 행복을 위해서는 공동체적 삶에 필요한 덕목을 실천해야 한다고 주장하고 『니코마코스 윤리학』에서 자세하게 그 덕목에 대해 설명하고 있다. 그가 제시하는 덕목은 용기, 절제, 온화함, 자유인다운 삶의 태도, 통이 큰마음, 큰 포부, 진실성, 재치 있음, 친절함, 부끄러워할 줄 앎, 의로운 분노 등이다.[28]

이 덕목들에 대한 아리스토텔레스의 설명 가운데 주목할 것은 이 덕목의 바탕에서 '명예'가 중요하게 간주된다는 점이다. 예를 들면, 그가 가장 중요시 한 덕인 용기에 대해 다음과 같이 말한다. "불명예 같은 것은 마땅히 두려워해야 하며, 또 그렇게 하는 것이 고귀한 것이고 그렇게 하지 않는 것은 부끄러운 일이기 때문이다. 이런 것을 두려워하는 사람은 훌륭하고 부끄러움을 아는 사람인 반면, 두려워하지 않는 사람은 파렴치한 사람이니까." 명예는 앞서 군주제와 관련하여 설명되었던 것과는 다르게 공동체 시민들로부터 받는 칭송에 의존한다는 점에서 차이가 나며, 이 명예는 공동체 의존적이다.

아리스토텔레스가 삶의 목적으로 규정한 '행복(eudaimonia)'은 개인의 주관적이고 심리적인 행복감을 의미하는 것이 아니다. 이 행복은 한 개인의 삶이 자신의 잠재력을 온전히 공동체 내에서 발휘되어, 공동체가 함께 번영하는 가운데 그 개인도 더불어 풍요로운 삶을 살아가는 것을 말한다. 그래서 그리스어 eudaimonia를 '행복(happiness)'이라고 번역하기보다는 '번영(flourishing)'이나 '좋은 삶(well-being)'으로 번역하는 것이 더 나은 번역이라고 주장하기도 한다. 아리스토텔레스는 개인의 행복이 사회의 번영과 반드시 함께 가야만 한다는 것을 이론으로 보여준 사람이고, 이를 위해 개인이 갖추어야 할 것이 덕목이며, 덕목은 이론적으로 배우는 것이 아니라 품성적으로 습득되어야 하는 것이라고 했다. 이론을 통해 명확한 지향점을 갖고 반복된 노력을 통해 몸에 체득되어야 하는 것이 덕이라는 말이다. 그리고 그 덕목을 관통하는 것이 명예에 대한 존중이다.

아리스토텔레스가 말하는 덕목을 갖춘 사람들의 공동체는 분명 바람직한 모습을 갖춘 공동체일 것이다. 아리스토텔레스 자신도 이런 공동체가 당시의 다른 어떠한 공동체들보다도 우월한 것이라는 믿음이 있었다. 그런데 이런 덕목이 오늘의 한국사회에도 그대로 적용될 수 있을 것인가? 만일 그렇다고 생각한다면 그것은 시대착오적인 복고적 생각에 사로잡힌 것일 수밖에 없다. 왜냐하면 아리스토텔레스가 그렸던 공동체는 당시의 사회적 상황과 시대상을 배경으로 할 수밖에 없기 때문이다. 오늘의 한국사회는 아리스토텔레스의 시대와 다른 구조와 정향을 갖고 있으며, 그에 걸맞은 덕목은 새롭게 고안되어야 한다. 물론 온고지신(溫故知新)은 항상 중요하지만 말이다. 이런 관점에서 현대의 다른 사회에서 강조되는 덕의 예로서 중국의 사례를 살펴보자.

중국의 천라이(陳來) 교수는 마이클 샌델의 사상과의 비판적 대화를 시도하는 가운데, 현대 중국사회가 갖고 있는 특이성을 강조한다. 이는, 중국은 오랫동안 전통적 가치를 유지해 온 사회라는 점, 하나의 국민국가가 결코 아니며 문명국가로 보아야 타당하다는 점, 수십 개의 민족 집단의 결합으로 이루어진 복합적 국가라는 점, 그리고 제국주의에 맞선 투쟁의 역사를 지니고 있다는 점 등이다.

중국의 이 같은 특이점들을 고려할 때 천라이는 중국에서 필요한 공화주의는 공동의 사회적 선, 사회적 책임, 공익에 이로운 덕목을 강조하는 것이어야 하며, 개인과 그 권리에 우선권을 둘 수 없다고 주장한다. 서구에서 발달한 인권 의식은 종교 박해와 계급 갈등, 해방 투쟁 등과 같은 서구의 역사와 밀접하게 연결되어 있지만 이는 중국과는 무관하며, 따라서 인권 중심의 사상이 중국사회에 곧바로 적용될 수 없다는 것이다. 따라서 중국에서는 사회에 대한 헌신과 질서, 윤리, 도덕 등이 중요한 역할을 해야 하며, 나아가 정치 활동도 1인 1표제의 정치 게임으로 바꾸어져서는 안 된다고 천라이는 주장한다. 천라이는 마이클 샌델의 자유주의적 공동체주의에 녹아 있는 자유주의적 요소를 비판하며, 중국의 정치를 그로부터 보호하려고 하는 것이다. 이런 배경에서 천라이는 현대 중국사회에서 요구되는 덕목을 다음과 같이 제시한다.[29] 이 덕목 가운데 처음 두 모둠은 사적인 덕에 해당하고 세 번째 모둠은 공적인 덕에 해당한다.

인애, 도의,
성실, 신뢰성,
효도, 화목,

자강, 근면,
용기, 정직,
신실, 염치,

애국, 준법,
집단이익 지향, 예의,
공적 사안에 참여, 직업에 대한 헌신[30]

우리의 관점에서 천라이의 주장을 살펴볼 때 우리는 이 덕목의 저변에 존재하는 행위의 원리, 즉 현대 중국이 추구하는 가치가 무엇인지를 물어 보아야 한다. 그리고 이 덕목을 제시하는 주체가 국가를 대표하는 학자의 입장에 서 있다는 점, 그리고 인민들을 훈육하는 의도를 담아 제시하는 덕목이라는 점을 염두에 두어야 한다. 이 기획에 나타나는 국가주의적 의도를 잘 읽어내야 하는 것이다.

아리스토텔레스가 제시하는 덕목이 가진 교육적 의도와 천라이가 제시하는 덕목이 가진 교육적 의도는 분명히 차이가 난다. 아리스토텔레스의 덕목은 철학적인 보편성에 호소하는 방식으로 구성된 반면, 천라이의 덕목은 국가주의적 기회에 의거한 것이기 때문이다. 따라서 후자는 현존하는 국가의 형태와 의도에 크게 제한된다. 우리가 어떤 공동체를 바라는가를 물을 때 어떤 덕목을 소중하게 여길 것인가를 고려해야 하는데, 이때 우리가 덕의 목록을 긴급한 문제를 해결하기 위한 의도로 구성할 것인지 보다 근본적인 가치정향에 따라 구성할 것인지를 반성할 수 있어야 한다.

위의 덕목들의 제시가 처방적(prescriptive) 특성을 가지고 있다면, 우리의 시민의식을 드러내는 덕목을 서술적(descriptive)으로 보여주는 연구가 있다. 표 1.1[31])은 덴마크와 핀란드, 그리고 우리나라의 가정에서 자녀를 교육할 때 각각 강조하는 덕목에 관한 것이다.

여기서 우리는 덴마크와 핀란드와 더불어 우리나라도 의무의식을 강조하고 있지만, 그밖에 우리의 가정에서 특히 강조하고 있는 덕목으로

표 1.1 가정교육에서 자녀에게 강조하는 덕목

	덴마크	핀란드	한국
독립	70.0%	51.8%	57.8%
열심히 일함	4.8%	6.9%	64.3%
의무의식	80.5%	89.6%	87.8%
상상	32.1%	23.8%	14.5%
관용과 타인존중	86.6%	86.3%	40.8%
절약과 저축	9.7%	23.5%	65.1%
투지와 인내	26.8%	47.2%	54.5%
종교적 믿음	7.6%	9.3%	25.0%
이기심 없음	64.3%	26.7%	10.5%

출처: 세계가치관조사(2012) 및 유럽가치관조사(2008).

'열심히 일함', '절약과 저축', '투지와 인내'가 두드러져 보인다. 그런데, '관용과 타인의 존중'은 높은 시민성 수준을 가진 덴마크와 핀란드에 비해 우리나라에서는 현저히 약한 것으로 나타난다. 여기에 대해 김석호는 다음과 같이 말한다. "이 결과는 한국의 시민들이 열심히 일하면서 근검절약하는 정신을 강조하는 반면 공동체와 공익을 위한 삶에 대해서는 상대적으로 덜 중요하게 생각하고 있음을 보여준다. 열심히 일하고 저축하는 등 개인적 부와 성공에 관한 덕목이 강조되고 관용이나 타인 존중 같은 공동체 지향적인 가치와 공동선이 간과되는 문화에서는 시민성과 시민 역량이 지속적으로 재생산될 것이란 기대를 갖기 어렵다."[32] 이는 우리나라에 있어서 바람직한 공동체의 형성의 길은 아주 멀다는 것을 보여준다. 이런 현실을 처방해 줄 우리의 덕목은 무엇인지를 우리는 어떻게 알 수 있으며, 또 어떻게 그것을 구현할 수 있을까.

4. 결론: 무엇을 지향할 것인가

에치오니는 책임성 있는 사회를 만들기 위해 공동체의 자율적 모습에 방점을 찍고 있다. 롤스는 이성적 사유를 통해 자유와 평등이 넘치는 사회의 그림을 그리고 있다. 샌델은 공동체적 존재로서의 인간의 모습은 인정하지 않을 수 없는 요소이므로 시민적 덕성을 갖춘 이들이 자신의 정치공동체의 도덕적 가치를 지속적으로 토론하며 노력하는 모습을 요청한다. 몽테스키외는 어떤 공동체이든 그 구성원의 행위를 고무하는 원리가 존재한다고 보았다. 아리스토텔레스는 개인과 공동체가 모두 번영하는 행복한 삶을 위해 명예가 관통하는 덕목을 요청하였다. 그런데 한국

사회는 개인적 부와 성공이 목표가 되어 열심히 달리는 삶을 살고 있다.

통합을 이룬 한반도를 상상해 보면 남북이 연합한 공동체는 결코 정(靜)적이지 것이며 역동성이 넘치는 공동체가 될 것이다. 공동체가 정적인가 동적인가에 따라 그 공동체에서 작용하는 윤리의 모습이 다를 수 있다. 황경식 교수는 덕을 중심으로 하는 윤리는 "전통사회와 같이 외부세계와의 교섭이 적고 변화의 속도가 더딘, 다소 폐쇄적이고 정태적인 사회"에서 발달한다고 보았다. 이런 사회는 "그 나름의 사회 관습이나 관행 등 규범체계가 대체로 고정되고 안정된 사회"로서 그 규범체계의 정당화문제가 심각히 제기되지는 않고 "그러한 규범체계를 실행하는 성향과 실천하는 품성을 함양하고 동기화하는 데 집중"하는 성향을 갖는다. 그런데 사회적 변동이 심해지고 이로 인해 전통사회가 해체되는 경험을 하는 사회에서는 "성원의 행동을 결속하고 유대를 공고히 해줄 행위규범의 존재근거 자체가 흔들리고 그에 대한 인식근거 또한 불확실성을 면할 수 없게 된다." 이런 사회에서는 "행위규범의 정당근거와 적용 범위, 인식근거 등 이른바 도덕의 정당화 문제"가 핵심문제로 부각된다는 것이다. 전자의 경우의 사례로는 아리스토텔레스나 공맹의 덕윤리를 들 수 있고, 후자의 경우는 칸트나 공리주의를 들 수 있다.[33] 한국사회는 전통성과 변화가 동시에 강력하게 작동한 역동성 속에 있다. 공동체를 지향하는 우리의 사회는 정당성의 의식이 강한 상태에서 공동체적 행위규범의 설정이 요구되고 있고, 한국사회의 공동체성의 해체는 이런 규범을 지향하는 노력의 결여에 기인한 바가 크다고 평가할 수 있다.

현 상태가 지속되는 상황에서 통합이 이루어질 경우 한반도에서는 공동체적 규범이 해체된 남과 공동체성의 바탕에서 통합적 힘이 요구되는 북한 사이에서 융합될 수 없는 사회적 가치들의 불균형과 갈등을 경험할 수밖에 없을 것이다. 한국교회가 공동체 개념에 주목하며 이 문제를 접근하려고 하는 것은 교회 자체가 공동체로서 가지고 있는 경험에 의거한 바가 크다고 생각된다. 하지만 교회의 덕목을 사회에 그대로 내어놓고 따르도록 요구할 수는 없는 것이 현실이다. 오히려 우리에게 요구되는 것은 남북이 소중히 여기고 있는 현존 가치에 대한 전면적인 반성과 기독교적 가치에 바탕을 둔 새로운 가치관의 정립에 대한 숙고이다. 그리고 이는 대화와 숙고의 반복을 통해 가능하게 될 것이다. 자유주의적 개인주의가 지배하는 사회에서는 공동체가 해체되어 불안과 불만이 사회에 넘칠 수 있다고 찰스 테일러와 마이클 샌델 등 인간의 공동체성을 제대로 인식하고 있는 자들의 경고이다.[34] 따라서 자연스럽게 우리의 삶에 녹아내린 개인주의가 우리의 사회적 삶을 전적으로 지배하도록 내버려두어서는 불안과 불만의 강도는 점차 강화될 것은 자명하다. 여기에 교회의 경험한 사랑의 원리의 작용이 중요하다.

우리가 공동체의식을 중심으로 통합된 한반도를 위해 먼저 생각해야 하는 것은 통합된 사회를 움직일 근본적 원리이다. 이 원리의 형성은 현재의 남과 북이 실제로 따르고 있는 가치에 대한 근본적인 반성을 바탕으로 남북을 통합적으로 추동할 공동체적 중심 가치를 찾는 가운데 이루어질 것이다. 이런 가치의 발견은 민주성을 바탕으로 하며, 이성적 비판의식을 갖춘 자율성을 요청할 기본 원리의 발견으로 이어질 것이다. 어쩌면 우리에게는 이런 결과물보다는 그런 결과를 지향하면서 실제로 수행해야 하는 대화와 토론의 기회를 갖는 것 자체가 필요하다고 할 수 있다. 이런 과정을 통해서만 사회적 통합을 가능케 할 시민적 덕성을 실질적으로 형성해 낼 수 있기 때문이다. 시민인 크리스천이 추구할 과제 가운데 하나가 바로 여기에서 발견된다.

❖ 주

1) 유기홍 (2018) 참조. 이 조사는 (주)지앤컴에 의뢰하여 3,000명의 웹페널을 대상으로 수행한 것이다.
2) 유기홍 (2018) pp. 38-45 참조.
3) 김병로 (2018) 참조. 이 조사에 대한 자세한 내용은 정동준 외, 『2018 통일의식조사』서울대 통일평화연구원 통일학연구 42, 2019 참조.
4) 김병로 (2018) pp. 67-74 참조.
5) 전국 1000명, 온라인 조사, 2017년 8월 시행. 목회데이터연구소 주간리포트 제4호 2019.07. 03호 참조.
6) 찰스 테일러, 송영배 역, 『불안한 현대사회』이학사, 2000, pp. 139-153.
7) 그동안 한국의 학자들이 공동체 문제에 대해 적지 않은 관심을 갖고 연구를 해왔다. 이들 가운데는 정치활동에 대한 강한 의욕을 가진 이들도 포함되지만 순수한 학문적 의도에서 관심을 가진 이들도 적지 않았다. 이들의 연구 결과물은 현실 인식과 미래의 한국사회에 대해 실질적인 가치지향에 대해 다루고 있으므로 잘 다루어질 필요가 있다. 공동체에 대한 정치철학적 논의는 소위 자유주의와 공동체주의의 논쟁이라는 이름으로 많이 이루어졌으며 중요한 결론들은 이미 이루어진 상태다. 우리의 탐구는 이 논의들을 잘 활용함으로써 진행될 것이다.
8) 김태수 (2007), p. 18.
9) Etzioni (1996a), pp. 46-48, pp. 129-130 참조.
10) Etzioni (1996b), pp. 1-2.
11) 공동체에 대한 이하의 논의는 Etzioni (1993), pp. 123-125, pp. 226-240 참조.
12) Etzioni (1996a), pp. 9-10.
13) 이하는 Etzioni (1995) pp. 11-34를 요약한 내용임.
14) Etzioni (1999), p. 91.
15) 아리스토텔레스는 아테네 공동체의 우월성은 자명한 것으로 전제하고 있다. 이런 점에서 『니코마코스의 윤리학』에서 논의하는 덕의 보편성을 따로 입증할 필요가 없었다. 에치오니도 미국이라는 공동체의 탁월성을 이처럼 자명한 것으로 여기고 있는 것으로 보인다. 이런 점에서 한승완 (2002)이 "이것이 특정한 전통에서 출발하면서도 민주적 논의 구조를 갖춘 미래 한국의 '민주공동체'의 이론적 모델일 수 있을 것이다."라고 에치오니의 입장을 평가하는 것은 성급하다.
16) 밀 (2018), pp. 22-23.
17) 뮬홀 (2001), pp. 33-38.
18) 롤스 (2003), p. 49.
19) 롤스의 정의론에 전제된 인간관에 대해서는 뮬홀 (2001), pp. 40-44 참조.
20) 히틀러의 나치 정권이 독일 국민들을 향해 외친 구호 가운데 "이익사회가 아니라 공동체(Gemeinschaft statt Gesellschaft)"라는 것이 존재하고 있다는 점에서 이런 우려는 의미가 있다. 위의 구호는 독일 뉘른베르크에 있는 나치전당대

회장에 전시되어 있는 포스터에 쓰여 있는 글귀이다.

21) 미국에 대한 샌델의 논의는 샌델 (2016)의 제1장 "미국의 공공철학을 돌아보며"를 정리한 것이다.

22) 김선욱 (2008), pp. 328-329.

23) 마이클 샌델의 이러한 입장에 대한 철학적 정당화는 그의 아들인 애덤 샌델이 저술『편견이란 무엇인가』를 통해 이루어진다.

24) 김선욱 (2008), pp. 330-331.

25) 몽테스키외 (2007), pp. 43-52.

26) 위의 내용은 아렌트 (2007), pp. 96-102 참조.

27) 신희주 (2017) 참조, p. 10. 신희주는 때때로 이런 응집력이 '지역사회의 일탈이나 범죄행위'를 저지하는 데 방해가 될 수도 있으므로 우리는 단단한 결속력이 공동체의 범죄적 행위와 같은 것을 '통제할 수 있는 집합적 자원들을 생산'하는 방향으로 나아갈 수 있도록 해야 한다고 지적한다. 이 후자의 요소를 가리켜 '비공식적 사회적 통제(informal social control)'이라고 하며, 사회적 응집력과 비공식적 사회적 통제를 결합한 것을 '집합적 효능감(collective efficacy)'라고 한다. 이러한 집합적 효능감이 제대로 구현되는 공동체가 우리가 원하는 공동체가 될 것이다.

28) 아리스토텔레스 (2011), p. 453.

29) 천라이 (2018), pp. 123-142.

30) 천라이 (2018), p. 136.

31) 이 표는 세계가치관조사(2012) 및 유럽가치관조사(2008)를 활용하여 만든 것으로 김석호(2018)에서 인용한 것임.

32) 김석호 (2018), p. 224.

33) 황경식 (2012), pp. 16-17.

34) 마이클 샌델은 유대인으로서 유대교에 대한 깊은 인식을 갖고 있으며, 그의 사상도 유대교적 공동체주의의 영향을 보여준다. 찰스 테일러는 독실한 가톨릭 신자로서 교황 요한바오로 2세의 철학고문이기도 했다. 종교적 성향이 강한 이 두 사람에게서 합리적이고 건전한 방식의 공동체에 대한 고민이 나왔다는 점을 고려할 때, 우리는 오늘의 한국교회가 통합된 한반도를 위해 기도하면서 공동체적 접근으로 문제를 해결하려는 목적을 위해 이들 사상의 유용성에 특히 주목할 이유가 있게 된다.

❖ 참고문헌

김병로. "2018년 남북한 통일의식 조사결과와 분석." 여론조사결과분석 발표자료, 『한반도 평화를 위한 공동체적 접근: 우리 사회는 공동체인가?』 한반도평화연구원 간행 제59차 KPI 한반도평화포럼 자료집, pp. 37-51 (2018. 10. 29).

김석호. "한국인의 습속과 시민성, 그리고 민주주의." 윤평중 외. 『촛불너머 시민사회와 민주주의』. 서울: 아시아, 2018.

김선욱. "마이클 샌델과의 인터뷰: 자기해석적 존재를 위한 정치철학." 『자유주의와 공동체주의』. 서울: 철학과현실사, 2008.

_____. 『아모르 문디에서 레스 푸블리카로: 한나 아렌트의 공화주의』. 서울: 아포리아, 2015.

김선욱. 『한나 아렌트의 생각』. 파주: 한길사, 2018.

김수중 외. 『공동체란 무엇인가』. 서울: 이학사, 2002.

김태수. "좋은사회론이 개념적 토대: A. 에치오니를 중심으로." 『서울행정학회 학술대회 발표논문집』. 서울행정학회, 2007.

마이클 샌델 외. 김선욱 외 역. 『마이클 샌델, 중국을 만나다』. 서울: 와이즈베리, 2017.

마이클 샌델. 김선욱 외 역. 『정치와 도덕을 말하다: 좋은 삶을 향한 공공철학 논쟁』. 서울: 와이즈베리, 2016.

_____. 안규남 역. 『민주주의의 불만』. 서울: 동녘, 2012a.

_____. 이양수 역. 『정의의 한계』. 서울: 멜론, 2012b.

목회데이터연구소. 『주간리포트』 제4호, 2019. 07. 03.

샤를 드 몽테스키외. 하재홍 역. 『법의 정신』. 서울: 동서문화사, 2007.

스테판 뮬홀 외. 김해성 외 역. 『자유주의와 공동체주의』. 서울: 한울 아카데미, 2001.

신희주. "동네(neighborhood)는 어떻게 사람들의 일상에 힘을 발휘하는가? – 한국의 지역공동체 회복을 위한 고찰." 『사회와 철학』 34집 (2017).

아리스토텔레스. 강상진 외 역. 『니코마코스 윤리학』. 서울: 도서출판 길, 2011.

애덤 샌델. 이재석 역. 『편견이란 무엇인가』. 서울: 와이즈베리, 2015.

윤평중 외. 『촛불너머의 시민사회와 민주주의』. 서울: 아시아, 2018.

이기홍. "2018년 한국사회 공동체성/공동체의식 조사결과와 분석." 여론조사결과분석 발표자료, 『한반도 평화를 위한 공동체적 접근: 우리 사회는 공동체인가?』 한반도평화연구원 간행 제59차 KPI 한반도평화포럼 자료집, pp. 55-78 (2018. 10. 29).

존 롤스. 황경식 역. 『정의론』. 서울: 이학사, 2003.

존 스튜어트 밀. 서병훈 역. 『자유론』. 서울: 책세상문고 고전의 세계 43, 2018.

천라이. "유가적 관점에서 본 샌델의 『민주주의의 불만』." 마이클 샌델 외. 『마이클 샌델, 중국을 만나다』. 서울: 와이즈베리, 2018.

한나 아렌트. 김선욱 역. 『정치의 약속』. 서울: 푸른숲, 2007.
한승완. "'전통 공동체'에서 '민주공동체'로: 서구 근대에서 공동체 기획의 두 가지 모델." 김수중 외. 『공동체란 무엇인가』. 서울: 이학사, 2002.
황경식. 『덕윤리의 현대적 의의: 의무윤리와 결과윤리가 상보하는 제3윤리의 모색』. 서울: 아카넷, 2012.

Etzioni, Amitai. *Sprit of Community: The Reinvention of American Society*. New York, A Touchstone Book, 1993.
_____. *Rights and the Common Good: The Communitarian Perspective*. New York: St. Martin's Press, 1995.
_____. *The New Golden Role: Community and Morality in a Democratic Society*. New York: Basic Books, 1996a.
_____. "The Responsive Community: A Communitarian Perspective" in *American Sociological Review* 61(1) (1996b).
_____. "Debate: The Good Society" in *The Journal of Political Philosophy* 7(1) (1999).

2장

한반도 국가공동체 공법적 질서의 조명과 그 과제

오준근(경희대 법학전문대학원 교수, KPI 연구위원)

1. 서론

2019년은 한반도 국가공동체에 있어 매우 특별한 100주년이 되는 해이다. 100년 전인 1919년에는 한반도에 국가공동체가 중단된 상태였다. 일본제국에 의하여 한반도가 강점된 상태에서 3월 1일 독립이 선포되었지만 강제로 진압되었고, 한반도가 아닌 중국 상해에서 임시정부가 수립되었다. 1945년에 일본이 물러갔지만 한반도에 통일된 정부가 수립되지 못한 채 오늘에 이르고 있다. 이 시점에서 '한반도의 변화와 평화공동체적 접근과 과제'가 논의되는 것은 매우 중요한 의미가 있다고 생각한다.

이 글은 위의 KPI 대주제 아래 그려지고 있는 거대한 모자이크 그림의 작은 한 조각에 해당한다. 한반도 공동체 중 '정치공동체'를 공법적 질서의 측면에서 조망하고, 이를 기초로 한반도 평화공동체 실현을 위한 전략과 과제를 도출해 냄을 연구의 목적으로 한다.

'국가'가 '공동체'인가에 대하여는 학자마다 생각이 다를 수 있다.[1] 필자는 '국가'는 공동체에 해당하고 또 해당하여야 한다고 생각해 왔다. '국가'라는 공동체가 성립하기 위해서는 몇 가지 기본 요소가 있다. 한반도의 경우 일본제국에 의하여 강점된 기간이 있고 남한과 북한으로 분단된 특수한 상황이 존재하기 때문에 국가의 요소를 구체적으로 점검할 필요가 있다.

'국가'는 '통치'를 필요로 한다는 점에서 필연적으로 '정치적 공동체'에 해당한다. 정치란 무엇인가? 사전적 의미로 '정치'란 '국가를 다스리는 일'이다. 국어사전에는 "국가의 권력을 획득하고 유지하며 행사하는 활동으로, 국민들이 인간다운 삶을 영위하게 하고 상호 간의 이해를 조정하며, 사회 질서를 바로잡는 따위의 역할을 한다"고 정의되어 있다.[2]

2019년 현재 한반도에는 남쪽과 북쪽에 두 개의 정치적 공동체가 존재한다.

우리가 현재 살고 있는 대한민국이라는 국가공동체는「대한민국헌법」과 이 헌법을 구체화한 법률들이 총체적으로 구성하는 공법적 질서를 그 근간으로 하고 있다. 대한민국 국가공동체의 공법적 질서를 지배하는 기본 이념이 무엇인가를 점검하는 것은 정치공동체의 조망을 위해 필수불가결한 일이다.

대한민국 국가공동체의 통치구조는 '권력분립'의 원칙에 의하여 구조화되어 있다. 권력분립은 수평적 권력분립과 수직적 권력분립으로 크게 나눌 수 있다. 수평적 권력분립이란 국가권력을 국가에 속한 권력기관 상호간에 나누어 견제와 균형을 이룩하도록 하는 것이다. 입법권은 국회에, 행정권은 대통령과 정부에, 사법권은 헌법재판소를 포함하는 사법부에 각각 부여되어 있다. 수직적 권력분립은 중앙정부와 지방정부간에 권력을 나누는 것이다. 이들 국가기관들이 헌법에 의하여 주어진 이념에 따라 정의롭게 국가권력을 행사하고 있는가를 조망할 필요가 있다. 위와 같은 조망을 기초로 한반도 평화공동체 실현을 위한 전략과 과제를 제시하고 이 글을 마무리하고자 한다.

2. 국가공동체 공법적 질서의 기본 요소와 원리

1) 국가공동체 공법적 질서의 기본 요소

'국가'의 기본요소,[3] 국가의 개념 등에 관하여 시대마다, 지역마다, 주장
하는 학자마다 조금씩 다르지만, 정치학 대사전에 정리되어 있을 정도
로 일반화된 국가의 3요소로 영토, 국민(사람), 주권(정부) 세 가지가 요
구된다.[4] 위와 같은 3요소를 기반으로 하고 국가가 '공동체'임을 전제로
할 때, 국가의 개념을 '일정한 영역과 국민을 다스리는 배타적 국가조직
과 국가권력을 가지고 있는 공동체'[5]라고 정의할 수 있다. 일반적인 '국
가공동체'의 경우 그 기본요소인 영토, 국민, 주권은 갖추어져 있음을
전제로 한다. 그러나 1919년 100주년을 기념하는 한반도 공동체의 경
우는 다른 국가들의 경우와는 다른 특수성이 있다.

(1) 국민

국가는 '국민'을 기반으로 하는 '공동체'이다. '국민'은 '해당 국가의 공
동체의 형성에 참여하고 있는 인간의 집단'을 의미한다.[6] 대한민국의 국
민의 요건은 「국적법」에 설정되어 있다. 기본적으로 혈통에 의하여 국
민의 자격이 부여된다. 즉 출생 당시에 부(父)또는 모(母)가 대한민국의
국민인 자의 자녀는 자동적으로 대한민국 국민이 된다. 대한민국 국민
의 혈통을 이어받지 아니하였더라도 인지, 귀화 등의 방법으로 대한민

국 국민이 된다.[7] 헌법 제3조가 명시한 바와 같이 대한민국의 영토는 한반도와 그 부속도서에 미치므로 북한주민들은 그 자체로 잠정적인 대한민국 국민이며, 북한을 떠나 대한민국에 도착한 순간부터 대한민국 국민의 자격을 회복한다.

국가형성의 주체로서 '국민'과 '민족'은 구별되어야 한다. '민족'은 '언어, 영토, 경제생활 및 문화공동체 내에 구현된 심리구조 등을 지닌 역사적으로 진화한 안정된 공동체' 즉 '시간적으로 구성된 공동체'에 해당한다.[8] 그러나 국가를 구성하는 공동체로서의 국민이 반드시 '민족'일 필요는 없다. 구성원들이 서로 다른 언어와 종족, 문화 등의 특성을 가지고 국가구성과 그 형태에 동의할 수 있다면 하나의 '국민'으로서의 정치적 공동체를 형성할 수 있기 때문이다. 대한민국에 있어 '한민족' 공동체는 매우 중요한 의미를 지닌다. 그러나 결혼과 이주로 현재 '다문화 공동체'를 형성하고 있는 대한민국에 있어 '단일민족'을 주장하고 이를 강조하는 것은 결코 바람직하다고 할 수 없다. 국가형성의 주체로서의 '국민'은 기본적으로 '국적'을 그 기본 단위로 하며 해당 국가에 거주하는 외국인은 포함되지 않는다. 그러나 '지구촌'으로 불리는 현 상황에 있어 대한민국의 국적을 가지고 있지는 않지만 대한민국을 생활의 근거로 하며, 이 땅에서 가족을 이루고 함께 거주하는 '정주외국인'에 대한 특별한 관심은 불가피하다.

'현재의 국민' 못지않게 우리가 주목하여야 할 것은 '역사적인 국민'이다. 북한 주민은 모두 대한민국의 '역사적인 국민'이다. 이들이 북한을 떠나 대한민국의 실질적 지배력에 의탁한 경우 바로 대한민국의 국민의 지위를 회복한다. 일본이 잠시 대한민국의 영역을 지배하는 동안 그들의 통치에 의하여 어떤 방식으로든지 대한민국을 떠나 중국, 러시아 등으로 이주한 까닭에 대한민국 국민의 지위를 상실하였던 사람들 역시 넓은 의미의 '역사적 국민'에 해당된다. 이들이 대한민국으로 돌아와서 다시 정주하고자 할 경우 일반적인 외국인과는 다른 특별한 지위가 부여되어야 한다.[9]

(2) 영토

국가는 '국경으로 구분된 일정한 영역'을 기본 단위로 하는 공동체이다. 정치학대사전에서 언급된 바와 같이 현재 국경을 초월한 다양한 교류가 활발하게 이루어지고 있으며 또한 영토의 의미를 갖지 않는 지구온난화 등의 글로벌 이슈도 많아져 국가의 핵심요소인 영토가 가지는 비중이 많이 약해져 있기도 하다.[10] 「대한민국헌법」 제3조는 "대한민국의 영토는 한반도와 그 부속도서로 한다"로 한다고 규정하고 있다. 이 헌법 규정은 대한민국은 한반도 전체가 하나의 국가임을 전제로 한다. 제4조가 "대한민국은 통일을 지향하며, 자유민주적 기본질서에 입각한 평화적 통일 정책을 수립하고 이를 추진한다"고 규정함으로써 하나의 국가인 대한민국에 두 개의 정부가 수립되어 있는 현황을 인정하는 한편, 통일을 국가적으로 지향하여야 할 과제라고 설정하고 그 과제를 해결하기 위하여 '자유민주적 기본질서에 입각한 평화적 통일정책을 수립하고 이를 추진'하여야 할 의무가 헌법을 집행하는 모든 기관과 사람들에게 부여되어 있음을 명시하고 있다.

한반도의 특별한 상황과 관련하여 전종익의 글을 주목할 필요가 있다.[11]

"만약 대한제국기 이후에도 대한 인민들 사이에 계속하여 자체적인 국가 수립의 목적에 대한 합의가 존재하였고 식민지 정부의 권력기관이 관여된 것 이외에 자생적인 의사소통수단과 의사 결정을 위한 자체적인 질서가 형성될 수 있었다면 상층의 정부가 일제에 의하여 운영되었다 하더라도 그것은 일시적인 사고에 불과하고 대한의 국가는 계속하여 존재하고 있었다고 할 수 있다. 대한민국 임시정부의 성립 이후의 상황 역시 국가로서의 대한이 존재하며 다만 권리능력이 인정되나 정부가 해외 망명 임시정부의 형태로 존재했다는 점에서 제한된 행위능력만 가지고 있었던 것으로 보는 것이 가능해진다" 필자는 전종익의 위와 같은 의견에 전적으로 동의한다.

전종익은 "이러한 국가 존속에 대한 관점은 남북 분단의 상황에 대한 설명과 헌법 제4조 통일 규정에 대한 해석에도 적용될 수 있다. 만약 분단 이후 60년이 넘는 시간이 지난 현재의 상태에서 여전히 남북 인민들이 하나의 공동체를 형성하고 있다면 통일은 존속하는 국가의 정상화에 해당될 것이나, 만약 남북 인민들이 현재로서는 단일한 국가 수립의 목표를 공유하는 공동체를 형성하고 있지 않다면 통일은 서로 다른 국가들의 결합에 해당할 것이다"고 정리하고 있다. 대한민국 헌법은 지금까지 단 한 번도 한반도와 그 부속도서가 대한민국의 영토임을 부인한 적이 없다. 한반도가 평화공동체로서 평화적 통일이 이룩되는 순간이 '비정상의 정상화'가 되는 순간이라고 생각한다.

(3) 주권

국가의 또 다른 구성요소인 '주권'은 국민과 영역에 대한 본원적인 지배력을 총칭한다.[12] 국가의 지배력은 국민주권국가에 있어 국민으로부터 나오는 '본원적'인 것이다. 국가는 국민과 영역을 실효성 있게 통치하기 위하여 구속적인 규율을 제정하고, 일방적으로 명령하고, 금지하며, 필요한 경우 강제력을 행사한다. 「대한민국헌법」 제37조 제2항은 국가안전보장, 질서유지 및 공공복리로 총칭되는 국가적 이익을 위하여 국민의 자유와 권리를 법률이 규정하는 바에 따라 제한할 수 있는 강제력을 국가에 대하여 명시적으로 부여하고 있다. 이 규정은 국가 권력 행사의 두 가지 원칙을 명시적으로 제시하고 있다. 그 중 하나는 국가권력의 행사는 오직 '법률'에 근거하여 행사되어야 한다는 것과, 다른 하나는 오직 국가적 이익을 위하여만 행사될 수 있을 뿐, 통치권을 위임받은 권력자의 '사적 이익'에 활용되어서는 아니 된다는 것이다.

2) 국가공동체 공법적 질서의 기본 원리

국가공동체의 지배력은 '영토와 국민을 다스리는 배타적 국가조직'을 일컫는 '정부'에 의하여 행사된다. 정부는 국가적 이익을 달성하기 위하여 필연적으로 '강제력'을 행사한다. 이 경우 국가의 '공적 강제력'은 '사적 폭력'과 구별되어야 한다. '공적 강제력'은 오직 '국가안전보장', '질서유지' 및 '공공복리'라는 국가적 목적을 달성하기 위하여 필요한 경우에 한하여 최소한으로 행사되어야 한다. 다른 한편, 개인 또는 그들의 집단이 사적 이익을 추구하기 위하여 국가공동체의 안전과 질서 및 공공의 복리를 불법적으로 침해함을 방어하는 장벽으로 작용하여야 한다.

「대한민국 헌법」과 이에 근거하여 제정된 법률은 국가적 통치조직을 형성함과 그 통치조직이 국가권력을 행사함에 있어 지켜야 할 기본 원리들을 설정하고 있다.

국가공동체의 기본 원리는 학자들에 따라, 관점에 따라 매우 다양할 수 있다. 필자는 이들 기본 원리를 크게 두 가지의 범주로 구분할 수 있다고 생각한다. 한 가지는 국가권력을 행사함에 있어 준수하여야 할 기본적인 '틀'을 형성하는 기본 원리이고, 다른 한 가지는 근본적인 '내용'을 담는 기본 원리이다. 평화와 통일을 내다보는 관점에서 국가공동체의 공법적 기본 원리가 무엇인지, 어떻게 작동하는지를 살펴보는 것 또한 중요한 의미가 있다. 그 핵심적인 내용을 정리해 보고자 한다.

(1) 국가권력을 행사함에 있어 준수하여야 할 기본적 '틀'을 형성하는 기본 원리

국가권력을 행사함에 있어 가장 중요한 근본적인 틀은 「대한민국헌법」이다. 헌법에는 국가의 기본이념과 국가의 구성요소 및 그 상호관계에 관하여 규정하고 있다. 국가의 구성요소 중 가장 핵심이 되는 요소는 국민이다. 헌법에 국민의 기본적 권리와 의무가 가장 먼저, 가장 중요하게 정리되어 있다. 국가를 통치하는 기구를 열거하고 그 한계를 정하는 것도 헌법의 역할이다. 대한민국의 인구는 5,000만을 넘는다.[13] 직접민주주의 방식으로 주권자인 국민 모두가 일일이 정책형성에 참여할 수 없기에 '대의민주주의'제도를 채택하고 있다. 즉 국가권력은 국민이 선출한 대표자에게 위임하여 행사하도록 제도화되어 있다. 대의민주주의를 시행함에 있어 권력분립제도를 근간으로 한다. "권력은 부패할 수 있다. 절대적 권력은 절대적으로 부패 한다"는 명제에 근거하여 권력을 나누고, 나누어진 권력 상호간에 견제와 균형을 이루도록 하고 있다. 이에 입각하여 대통령과 정부, 국회, 법원과 헌법재판소 등의 기구의 설치 근거와 각각의 권한과 한계를 상세히 규정하고 있다. 헌법은 국가기구의 설치가 법률에 근거하여야 함을 설치한다. 아울러 헌법 제37조 제2항은 "국민의 모든 자유와 권리는 국가안전보장·질서유지 또는 공공복리를 위하여 필요한 경우에 한하여 법률로써 제한할 수 있으며, 제한하는 경우에도 자유와 권리의 본질적인 내용을 침해할 수 없다"고 규정하고 있다. 이 규정은 국가권력을 행사함에 있어 반드시 '법률'이라는 틀을 갖추어야 함을 선언한 것이다. 이 원칙은 '법치국가원리'로 총칭된다.[14)]

(2) 국가권력을 행사함에 있어 준수하여야 할 기본적 '내용'을 형성하는 기본 원리

국가공동체를 형성하는 정치제도는 헌법과 법률에 의하여 설치되어 있다. 「대한민국헌법」 제1조는 "대한민국은 민주공화국이다. 대한민국의 주권은 국민에게 있고, 모든 권력은 국민으로부터 나온다"고 규정한다. 이 규정은 대한민국이 '국가를 단위로 하는 공동체'임을 선언한 것이다. 국민이 주인이고 대통령을 비롯한 모든 통치조직은 국민이 설치한 것이고, 이들이 행사하는 권한은 국민이 부여한 것이며, 이들은 모든 권한행사의 목적을 최대다수의 국민의 최대 행복을 위한 것이어야 한다는 점을 헌법에 명시한 것이다. 법치국가원리의 경우도 '형식적' 법치국가원리 즉 국가조직의 설치 및 그 권한의 범위와 한계를 설정하는 것이 단지 법률에 의하여야 할 뿐만 아니라 '실질적' 법치국가 원리 즉 법률이 국민을 주인임을 그 중심에 놓고, 법률의 모든 내용이 국민의 행복추구권을 극대화함을 지향하여야 함을 의미하는 것으로 이해되어야 한다.

3. 대한민국 국가공동체 공법적 질서의 조명

앞서 언급한 바와 같이 국가공동체 형성을 위한 정치제도는 헌법과 법률에 의하여 설치되어 있다. 이들이 존재하는 이유, 이들의 권한을 행사함에 있어 그 근간을 삼아야 하는 것은 '국민주권주의'이다. "이들이 과연 국민을 주인으로 섬기고 있는가, 모든 국민의 기본적 인권이 최대한 신장되고 발휘됨을 목적으로 그 권한을 행사하고 있는가?"이다. 긍정적인 답변이 이루어지면 '나라다운 나라'라고 할 수 있다. 그 반면에 부정적인 답변이 나온다면, 즉 대통령과 통치조직이 스스로를 주인으로 생각하고 있고, 국민을 규제와 제재의 대상, 행정서비스와 복지서비스의 대상으로 보아 모든 정책을 '자신들의 생각'대로 결정하고 더 나아가 권력을 개인 또는 그 집단의 사적 이익을 위하여 행사하는 경우 '나라답지 않은 나라'라고 할 수 있을 것이다.

이와 같은 국가공동체의 근본원리에 근거하여 대한민국 국가공동체 형성을 위한 정치제도를 조명해 보고자 한다.

1) 국회와 입법: 대한민국의 국회는 공동체적 입법을 하고 있는가?

「대한민국헌법」에 있어 통치조직 중 가장 먼저 등장하는 것이 '국회'이다. 헌법 제40조는 "입법권은 국회에 속한다"고 규정하고 있다. 국회에는 입법권 이외에도 예산안 확정권, 국정감사권, 탄핵소추권 등 대통령과 정부 및 다른 국가기관을 견제할 수 있는 다양한 권한이 부여되어 있다. 국회의 핵심기능은 입법기능이다. 그런데 대한민국의 국회가 국민을 주인으로 모시고 국가공동체 전체를 향하여 그 기능을 집중하여 행사하고 있는가를 필자에게 묻는다면 긍정적으로 답변하기가 참 어렵다.

법제처 홈페이지에 들어가면 2018년 12월 31일 현재 국회가 제정한 법률의 수는 1440건에 달한다.[15] 이들 법률의 90% 이상은 행정기관을 구성하고 그 기관의 권한을 행사함의 근거가 되는 '행정법'에 속한다.

대한민국의 행정법의 현 주소는 민법이나 형법이 대한민국의 모든 국민과 국가기관에 공통적인 효력을 발휘하는 경우와는 달리 특정 행정부서, 특정 국, 특정 과의 업무 집행의 근거를 형성할 수 있도록 철저히 분법화되어 있다. 이는 국회의 구조가 행정부의 부처와 대응할 수 있도록 상임위원회로 나누어져 있고, 입법권을 상임위원회에서 시작하여 법제사법위원회, 본회의를 거쳐 행사하도록 제도화되어 있는 것과 연결되어 있다.

다시 말해서 국회를 통과하는 대부분의 법들은 경우에 따라 대한민국의 법이 아니라 특정 행정부, 특정국, 특정과의 법으로서의 역할에 집중하게 '파편화'되어 있고 그러다 보니 같은 사안을 놓고 법률 상호간의 모순과 충돌이 발생한다.[16)]

국가적으로 '규제'기능을 놓고 여러 부서가 자신의 기능이라고 다투고 법률이 서로 경쟁적으로 여러 개가 제정되어 있고 각각 경쟁할 수 있도록 규정하고 있는 경우 '규제개혁'은 매우 어렵다. 정부 부처 상호간에 대통령의 중재 하에 기능을 조정한다 하더라도 국회가 입법을 미루어 두고 있으면 한 발자국도 앞으로 나갈 수 없다.

국회가 국가적인 현안과 관련한 입법기능을 행사함에 있어 그 계획과 과정이 투명하지 않은 것도 문제다. 정부입법은 매년 모든 정부부처에 사전에 '입법계획'을 수립하고 철저하게 준비할 것을 요구한다. 입법계획에 따라 입법을 하더라도 국민이 입법으로 인한 '기습'을 당하지 않을 수 있도록 철저하게 사전에 입법예고하고 국민이 의견을 개진할 수 있도록 제도화되어 있다. 그러나 국회의 경우에는 국민을 대표하는 대의기관임에도 불구하고 입법계획에 따라 움직이지 않는다. 국회는 정부가 제출한 입법안을 2년 이상 처리하지 않고 묵혀두기도 하고, 의원 몇 명이 나서서 서둘러 처리하기도 한다. 입법예고가 의무화되어 있지도 아니하고, 국민의 참여를 촉구하고 보장하기 위한 강제적 장치도 포함하고 있지 아니하다. 국회의원들에 대한 비난 여론 중 의미심장한 것은 국회의원들 중 상당수는 당선과 동시에 자신의 재선을 위하여 선거구에 집중하고, 자신이 속한 정당을 이롭게 하기 위하여 정쟁을 일삼을 뿐 그 본분인 입법기능은 등한시한다는 것이다.[17)

2) 대통령: 대한민국의 대통령은 공동체를 위하여 봉사하는 지도자인가?

대한민국헌법 제69조는 대통령은 취임에 즈음하여 "나는 헌법을 준수하고 국가를 보위하며 조국의 평화적 통일과 국민의 자유와 복리의 증진 및 민족문화의 창달에 노력하여 대통령으로서의 직책을 성실히 수행할 것을 국민 앞에 엄숙히 선서 합니다"고 선언하여야 한다. 대통령의 선서는 국가공동체를 향한 엄중한 약속이다. 대한민국의 대통령이 과연 '대통령답게' 국가공동체를 향하여 그 역할을 수행하였는가? 적어도 지난 10년간은 그렇지 않았다는 것이 전직 대통령에 대한 형사재판의 판결문에 드러나 있다.

2018년 10월 5일 오후 2시 이명박 전 대통령에게 제1심 법원인 서울중앙지방법원은 징역 15년의 벌금 130억 원의 유죄판결을 선고하였다.[18)] 박근혜 전대통령에게 2018년 4월 6일 서울중앙지방법원은 징역 24년 및 벌금180억 원의 유죄판결을 하였고,[19)] 2018년 8월 24일 제2심 법원인 서울고등법원은 징역25년 및 벌금200억 원의 유죄판결을 하였다.[20] 2017년 3월 10일 박근혜 전대통령의 파면을 결정하는 헌법재판소의 탄핵결정이 있었다.[21] 이들 각급 법원의 판결에 공통적으로 적용되는 성경말씀이 헌법재판소의 결정문에 인용되어 있다. "오직 공법을 물같이, 정의를 하수같이 흘릴지로다 (아모스 5장 24절)." 이 성경말씀을 안창호 헌법재판관은 "불법과 불의한 것을 버리고 바르고 정의로운 것을 실천하라는 말씀이다"고 해석하고 있다. 이들 세 판결의 공통점은 "대통령이 국민 모두에 대한 '법치와 준법의 상징적 존재'임에도 헌법과 법률을 중대하게 위반한 행위"를 처벌의 대상으로 하고 있다는 점이다. 이세 건의 판결이 집중하고 있는 것은 대통령이 국가권력을 사적인 이익을 추구하기 위하여 사용한 결과 국가공동체의 근본 질서가 무너졌고, 이를 방치할 경우 정경유착과 같은 고질적인 정치적 폐습이 확대·고착될 우려가 있다는 점이었다. 특히 헌법재판소는 탄핵결정문에 "비선조직의 국정개입, 대통령의 권한남용, 정경유착과 같은 정치적 폐습은 현재의 헌법질서에 부정적 영향을 주는 것일 뿐만 아니라 우리 헌법이 지향하는 이념적 가치와도 충돌하고 최근 부패방지관련법 제정에서 나타난 '공정하고 청렴한 사회를 구현하려는 국민적 열망'에도 배치된다"고 질타한 부분은 국가공동체 질서와 관련하여 주목할 필요가 있다.

3) 사법권: 법원은 공동체를 바로 세우기 위한 정의를 실현하고 있는가?

사법권은 구체적인 쟁송 사건이 발생하였을 경우 특정한 국가기관인 법원이 법률이 정한 절차에 따라서 "무엇이 옳은가?"를 선언하는 국가작용을 말한다. 입법권이 법을 정립하고, 행정권은 법을 집행하는 작용이라면 사법권은 법을 선언하는 작용이다. 「대한민국 헌법」은 국가 권력 기관의 부패로 인하여 공동체적 질서가 훼손되는 것을 방지하기 위하여 입법권과 집행권 및 사법권이 서로 견제와 균형의 역할을 감당하도록 제도화하고 있다.

「대한민국 헌법」 제101조는 "사법권은 법관으로 구성된 법원에 속한 다"고 규정하여 사법권은 국회나 행정부로부터 독립한 '법원'이라는 국 가기구에 속함을 명시하고 있다. 「대한민국 헌법」 제103조는 "법관은 헌법과 법률에 의하여 그 양심에 따라 독립하여 심판한다"고 규정하여 법관이 구체적인 쟁송 사건을 재판함에 있어 입법권과 집행권뿐만 아니 라 사법권 내부로 부터도 독립하여 재판하여야 함을 명시하고 있다.

국가공동체 내부에서 분쟁이 발생하는 일을 피할 수는 없다. 분쟁 당 사자 사이에서 합의에 이르지 못하여 국가적인 재판기구로 사건이 넘어 왔을 때 사건을 담당한 법관은 법과 양심에 입각하여 최대한 올바르게 심판할 수 있어야 한다. 사법권은 공동체를 바로 세우기 위한 정의를 실 현하는 곳이어야 한다.

그런데 과연 사법권이 "공동체를 바로 세우기 위한 정의를 실현하는 기능을 바르게 행사하고 있는가?"에 대한 질문에 대하여 긍정적인 답 변을 하기 어렵다. 2018년에는 양승태 전 대법원장이 사법행정권을 남 용한 소위 '사법농단' 사건으로 인하여 법원행정처 차장을 필두로 다수 의 대법관이 수사를 받았다. 사법부의 수장인 대법원장이 행정부의 수 장인 대통령과 재판과 관련한 거래를 하였다는 점, 법원행정처가 판사 의 블랙리스트를 작성하고 세월호 사건 등 민감한 사건과 관련한 재판 부의 배당 기준을 삼고, 법원행정처의 방침과 어긋나는 재판을 한 경우 인사상의 불이익을 가했다는 점 등에 대한 검찰의 수사는 2019년까지

이어져 왔고 결국 양승태 전 대법원장의 구속으로까지 이어졌다.[22] 사법권의 공정성에 의문을 갖게 하는 일은 2018년에 국한된 것이 아니었다. '유전무죄, 무전유죄'라는 조롱에 가까운 사법부의 공정성에 관한 의혹은 해당 법원에서 직전에 퇴직한 판사가 개업한 변호사 사무실에 사건을 의뢰할 경우 승소율이 높다는 소위 '전관예우'에 관한 의혹과 함께 오랜 동안 제기되어 왔다. '부러진 화살' 사건은 영화화되기도 하였다.[23]

양승태 사법농단 사건에 대한 수사 및 재판과 함께 사법조직의 개편에 관한 논의가 무성하다. 사법조직의 개편 논의의 핵심은 "사법조직의 획기적인 개편을 통해서 보다 근본적인 사법개혁을 성공시킬 때 비로소 국민의 사법에 대한 신뢰를 회복할 수 있다"는 관점에 기인한다.[24] 사법개혁의 필요성을 법원이 스스로 인식하고 있고, 적극적으로 추진하는 것은 매우 바람직하다. 다만, 사법개혁을 위한 구체적인 방안이 결코 부서로서의 '사법부'의 독립적 위상을 공고히 하는 데 집중되어서는 아니 된다. 판사 한명 한명이 국가공동체의 바른 미래를 위하여 독립하여 법률과 양심에 따라 '사법적 정의'를 실현함을 충분히 보장할 수 있도록 그 개혁 방향이 설정되어야 할 것이다.

4) 정당: 대한민국의 정당은 공동체의 의사형성에 적합한가?

「대한민국헌법」 제8조는 "정당은 그 목적·조직과 활동이 민주적이어야 하며, 국민의 정치적 의사형성에 참여하는 데 필요한 조직을 가져야 한다"고 규정하고 있다. 이 규정에 근거하여 「정당법」과 「정치자금법」등이 제정·시행되고 있다. 헌법이 규정한 바와 같이 정당의 목적은 민주적이어야 한다. 국민이 정치적 의사를 형성하고 이를 실현함이 그 목적

이어야 한다. 그 활동이 민주적이어야 한다. 국민의 정치적 의사형성에 참여하는 데 필요한 조직을 가져야 한다.

대한민국에 이와 같은 헌법적 근거에 부합하는 정당이 있는가라고 필자에게 질문한다면 "글쎄요"라고 대답할 수 밖에 없다. 대한민국에 있어 국회의원(당협위원장)과 지방의회의원(의원후보자)으로 형성된 사람들의 집단은 분명히 존재한다. 그러나 이들이 헌법이 의미하는 정당인지가 불분명한 이유는 참 많다.

첫째, 대한민국의 정당이 국민을 기반으로 하고 있다고 말하기 어렵다. 정당이 국민을 기반으로 하고 있다는 뜻은 당원인 국민을 최대한 확보하고 있어야 하며, 또 당원의 확보를 위하여 항시적인 노력을 기울여야 한다는 의미이다. 그런데 선거권자의 총 수에 비교하여 정당원의 수는 매우 적다. 정당원 중 당비를 납부하는 당원의 비율도 매우 적다.[25]

둘째, 정당의 조직과 활동이 민주적이라고 하기 어렵다. 2018년 6월 13일에 있었던 지방자치선거에서 지방의회 의원의 후보자를 내는 과정에서 지역의 당원이 주도적 역할을 하였는가 아니면 당협위원장이 일방적으로 자신의 차기 국회의원 당선에 충성을 다할 사람을 지명하였는가를 반문할 필요가 있다. 지난 국회의원선거에서 '진박'공천에 따른 '공천학살' 논쟁이 있었던 것은 국민인 당원이 주인이 되어 국회의원 후보자를 스스로 선택하고 그 결과를 정당이 추인한 결과인가를 반문하게 한다.

셋째, 정당이 국민의 의사형성에 참여하는 데 필요한 조직을 갖고 있다고 하기 어렵다. 주택정책과 같이 국민의 생활에 직접 영향을 미치는 의사의 형성에 있어 대한민국의 정당이 과연 당원의 참여를 요구하였는가, 구체적으로 그들의 의견을 수렴하여 정책을 형성하고 이를 입법과 그 집행과정에 반영하고 있는가를 질문할 때 결코 긍정적인 답변을 하기 어렵다.

5) 지방자치: 대한민국의 지방정치는 지방공동체를 형성하고 실현하기에 적당한가?

'지방자치'는 '풀뿌리 민주주의'를 실현하는 '민주주의의 학교'에 해당한다. 주민과 가장 가까운 거리에서 주민의 자기 지배의 원리를 실현하고자 하는 제도로서 국가 권력의 적극적 분권이 요구된다. 권력분립의 이상으로 볼 때, 지방자치는 중앙정부와 지방자치단체 사이의 수직적 권력분립을 통하여 국민의 기본적 인권을 보장하는 제도이다. 수직적 권력분립이란 중앙정부와 지방자치단체가 그 권력을 중앙과 지방을 기준으로 나눈다는 뜻이다. 다시 말해서 지방의 사무에 대하여는 지방자치단체에 전적으로 포괄적인 권한을 부여하여야 하고, 지방이 할 수 없는 사무, 전국적 통일성이 필요한 사무를 중앙이 보완적으로 처리하는 구조가 되어야 한다.

대한민국의 경우 지방의회가 1994년에 구성되었고, 지방자치단체장의 선거가 1996년에 실시되기 시작하였으므로 대한민국의 지방자치는 성년의 기준인 20년을 훌쩍 넘어섰다. 그러나 현행 헌법의 불충분성으로 인하여 지방자치법과 지방재정법을 필두로 하는 현행 법률이 지방자치를 충분히 뒷받침하지 못하고 있다. 현행 헌법상의 지방자치 규정은 지방자치단체의 존재, 지방자치단체의 사무, 지방의회의 설치 세 가지만을 규정하고 있다. 지방자치단체의 종류, 조직과 운영 등 다른 모든 사항은 국회가 제정한 법률에 위임하고 있어 지방자치에 관하여는 중앙의 입법기관인 국회의 입법형성에 의존하게 하고 있다. 즉 대한민국의 지방자치는 수직적 권력분립의 이상에 따라 지방자치단체에 우선적으로 포괄적인 권한을 부여하고 전국적인 통일성이 필요한 사무를 중앙이 보완적으로 처리하는 것이 아니라, 중앙정부가 모든 사무를 포괄적으로 우선적으로 처리하고, 지방자치단체는 국회가 제정한 법률이 허용하는 한도 안에서 사무를 처리하도록 헌법과 법률이 제도화되어 있다.

이런 의미에서 대한민국의 지방자치는 "불완전하며 불충분하다" 지방자치단체에는 자치입법권, 자치재정권, 자치계획권, 자치인사권, 자지조직권 등 자치권이 보장되어야 하지만 현행 헌법과 법률이 허용하는 한도 안에서만 부분적으로 부여되어 있을 뿐이다.[26]

4. 한반도 평화공동체 실현을 위한 공법적 질서의 바른 방향

이 글에 대한 발제를 마친 후 여러 차원의 토론이 이루어졌다.

첫째, 2019년 현재의 대한민국은 식민지, 전쟁, 가난, 분단, 군사독재를 모두 극복하고 민주화와 경제발전, 복지국가와 세계화를 모두 이룩한 매우 특별한 나라라는 사실을 인식하고 감사하여야 한다는 점이 언급되었다.

둘째, 생존주의적 능력주의 및 평등주의가 팽배해지면서 교회와 가족, 기업 등 중간공동체가 붕괴하고 있는 문제점에 대한 지적이 있었다.

셋째, 소통의 부재와 개인과 집단의 탐욕이 공동체의 이익보다는 사리사욕을 추구하는 것으로 연결되는 것이 공동체성 붕괴의 원인이라는 지적이 있었다.

2019년 부활절에 예수 그리스도의 십자가의 희생을 생각한다. 나는 기독교인으로서 하나님 나라의 백성이라는 믿음으로 살고 있다. 하나님 나라는 내가 영생을 누릴 곳이기도 하지만, 현실에서 이미 실현되어야 할 곳이기도 하다. 국가공동체는 하나님 나라의 모형이어야 한다는 생각을 가지고 있다. 예수 그리스도는 하나님 나라를 통치하신다. 예수 통치의 모형은 '십자가'였다. '십자가'는 "왕 되신 분이 자기를 낮추어 종의 모습을 가지고 희생과 봉사를 하였으며 자기 이익을 위하여 세상의 권력을 농단하던 사람들의 시기에 의하여 희생당하였지만 부활하시고 궁극적으로 승리하신 표본"이라고 이해하고 있다. 결국 예수 그리스도의 십자가는 하나님 사랑과 이웃 사랑을 궁극적으로 드러내신 것이라고 생각한다.

국가공동체가 지상에 발현된 천국의 모형이라고 생각할 때, 국가공동체의 통치자는 국민 전체에 대한 사랑의 봉사자가 되어야 한다. 자신과 자신의 집단에 대한 사리사욕을 철저히 배제하여야 하며 국민 전체에 대한 특히 사회적 약자와 소외받은 사람들을 위한 지극한 사랑으로 통치하여야 한다. 국가공동체의 공법적 질서는 이러한 의미에서 국가를 통치함에 있어 공정성, 투명성과 신뢰성을 확보하고 있어야 한다. 국민이 국가의 주인이고 통치를 하는 사람들은 '청지기'로서 통치를 위임받은 사람들이라고 생각할 때, 국민들과 충분히 소통할 수 있어야 한다. 즉 국민의 참여와 설득의 과정이 국가 시스템 안에서 충분히 보장되어 있어야 한다. 이 것이 한 국가의 공법적 질서의 바른 방향으로 설정되어야 한다고 생각한다.

위와 같은 시각에서 이 글을 요약하며 정리해 보고자 한다.

'한반도 평화공동체'라는 말 속에는 '남과 북 전체를 아우르는 한반도', '전쟁을 배제한 평화', '공동체'라는 세 가지 요소가 복합되어 있다. 언젠가 실현될 한반도의 평화적 통일에 따른 단일국가의 형성을 전제로 하고 있다고 할 수 있다.

'국가공동체'는 권력분립의 원리에 따라 각각의 기능을 분담한 기관들이 헌법과 법률에 규정된 바에 따라 그 기능을 질서 있게 수행하는 공동체가 되어야 한다.

국회는 '진정한 의미의 입법기관'으로 자리 매김을 하고 있어야 한다. 1987년에 개정된 「대한민국 헌법」은 30년을 넘는 기간 동안 운영되어 오면서 그 개정을 위한 방향과 내용에 대한 토론이 꾸준히 이어져 왔다. 인공지능, 빅데이터, 로봇 등 소위 4차 산업혁명의 산물들이 보편화되는 2020년대를 맞이함에 있어 문제가 될 수 있는 헌법의 조항들과 법률들을 총체적으로 점검하고 개선하는 일에 국회의 모든 구성원들이 힘을 모아야 한다. 특히 융합의 시대임에도 불구하고 정부의 각 과별로 파편화되어 있는 법률들을 융합하고 통합함으로써 법률로 인하여 개혁과 혁신을 하지 못하도록 막는 일이 최소화되어야 한다.

정당은 '국민에게 사랑으로 봉사하는 정치인'들을 선발하고 양성하는 무대로 성장하여야 한다. 지역을 기반으로 사리사욕을 챙기기 위하여, 속된 말로 '한자리 해 먹기 위하여' 모인 사람들이 명예와 자리와 이권을 누가 차지할 것인가를 놓고 정쟁을 벌이는 무대가 되어서는 아니된다. 정당의 이념을 올곧게 설정하고 교육과정부터 민주시민 교육을 통하여 정당의 이념을 실천할 수 있는 인재를 길러낼 수 있어야 한다. 공직선거의 후보자, 장관과 각종 임명직 공직의 후보자를 추천함에 있어서는 '특정 계파의 지분', '특정인에게 줄을 선 사람'이 결코 기준이 되어서는 아니 된다. 해당 지역과 해당 분야를 대표할 수 있는 능력 있는 사람을 검증할 시스템이 먼저 갖추어 져야 한다. 이들을 대상으로 다수의 정당원이 모두 수긍할 수 있는 사람을 선출하는 민주적 시스템을 정당 안에서 확보하고 있어야 한다. 각각의 정당 안에서 이와 같은 질서가 확립되어 있음을 국민들에게 투명하게 제시한 후 정당의 이념과 같이 할 사람들을 최대한 확보하기 위하여 활짝 문을 열어 당원 배가 운동을 상시적으로 벌이는 정당들로 대한민국의 정당들이 변화되어야 한다.

법원은 '대법원으로 대표되는 사법부의 독립'이 아니라 판사 한명 한명이 법과 양심에 따라 공정한 재판을 할 수 있도록 하는 '진정한 의미의 사법권의 독립'이 될 수 있도록 거듭나야 한다.

대한민국의 국가공동체의 운영을 담당하는 사람들, 대통령, 국회의원, 법관, 지방자치단체의 장과 의원 모두 '공무원'으로서의 신분을 가진다. 선출직이든, 임명직이든 공무원임에는 변함이 없다. 「대한민국헌법」은 "공무원은 국민전체에 대한 봉사자이며, 국민에 대하여 책임을 진다"고 규정한다 (제7조 제1항). '국민전체에 대한 봉사자'이기 때문에 결코 '자신과 자신의 정치세력의 이익을 실현하는 자'가 되어서는 아니 된다. 공무원은 자신에게 주어진 직분을 성실하게, 청렴하게, 공정하게, 전념하여 수행하여야 한다.

다시 한 번 강조하고 싶은 것은 세계화 시대에 통일을 내다보는 국가공동체의 역할이다. 우리는 촛불 혁명 과정에서 "이것이 나라냐"를 외쳤던 국민들의 함성을 지금도 생생히 듣고 있다. '나라'의 역할은 공동체를 형성하는 국민들이 최대한의 행복을 누리도록 하는 것이다.

국민의 행복은 국민들과 가장 가까운 지방에서 먼저 챙길 수 있어야 한다. 지방자치에 있어 '보충성'의 원칙이 강조되어야 하는 이유는 주민의 가장 가까운 거리에 있는 기관이 주민의 행복을 먼저 챙기고, 국가는 외교와 국방과 같은 국가 전체 차원의 업무에 집중할 수 있도록 분업화되어야 한다는 점이다. 국회는 지방자치와 관련하여 과연 자신의 권한을 얼마나 내려 놓았는가를 겸허히 반성하여야 한다. 다시 말해서 국회는 헌법이 개정되지 않은 현실에 있어서도 지방자치단체의 재정자주권을 필두로 조직, 인사, 영역에 관한 자치권이 보장되어 실질적인 지방자치가 실시될 수 있도록 관련 법률을 개정하여야 한다. 헌법을 개정함에 있어 광역자치단체를 연방국가의 주에 버금가는 위상으로 격상시켜야 한다고 생각한다. 나는 독일이 통일하던 해에 박사학위를 받았다. 독일통일의 과정을 지켜보면서 구서독의 9개주로 되어 있는 독일연방공화국에 구동독의 5개 주가 가입하는 방식으로 통일된 것을 보면서 경탄을 금하지 못했다. 구동독의 5개 주는 과거에 가졌던 지역적 정체성을 유지하고 모든 정치인들의 정치권을 침해하지 않으면서도 자유민주적 법치국가의 모든 혜택과 이상을 누릴 수 있도록 보장받았다. 구동독의 5개 주가 큰 반발을 하지 않고 2년 정도의 기간 안에 그렇게 빨리 통일될 수 있었던 이유, 예멘과 같은 내전에 휩싸이지 않을 수 있었던 이유는 이와 같은 확립된 지방정치제도에 입각한 통일 때문이었다고 생각한다. 통일을 염두에 두고 지역주민들의 행복을 가장 가까운 거리에서 서로 경쟁하며 특징 있게 챙길 수 있도록 헌법이 개정되고, 법률과 재정을 포함한 모든 제도가 개선될 수 있기를 소망한다.

❖ 주

1) '공동체'의 개념, '국가'가 '공동체'인가에 관하여는 많은 선행 연구가 있다. 필자
는 이 글이 '모자이크 작업'의 일환이라 생각하여 국가공동체에 관한 선행연구의
결과를 반복하지 않는다. 공동체의 개념과 국가가 공동체인가에 관하여는, 강경
근, 『일반국법학』(서울: 법문사, 2017), p. 279 이하; 국순옥, 『민주주의 헌법
론』(서울: 아카넷, 2015), p. 171 이하; 김철수, 『헌법과 정치』(서울: 진원사,
2012), p. 3 이하; 정종섭, 『헌법과 정치제도』(서울: 박영사, 2010), p. 7 이하;
표시열, 『정책과 법』(서울: 박영사, 2017), p. 11 이하; "문성훈, 공동체 개념의
구조 변화," 『문화와 정치』 4(4), (2017), p. 43 이하; 박호성, "공동체 민주주의
론 연구," 『철학연구』 101 (2013), p. 109 이하; 이종수, "공동체주의의 이론적
전개와 자유주의와의 논쟁 고찰," 『지방정부연구』 제14권 제3호 (2010), p. 5 이
하; 전종익, "공동체로서의 국가와 정부," 『서울대학교 법학』 55(4) (2014), p.
273 이하; 조수영, "공동체주의적 관점에서의 헌법고찰," 『세계헌법연구』 16(2)
(2010), p. 535 이하; 조찬래, "고대 정치철학에서 정치공동체 관념의 변화양상
에 관한 연구," 『사회과학연구』 23(3) (2012), p. 63 이하; 최조순, 강병준, 강현
철, "한국 공동체 정책의 비판적 논의 – 통치성 이론을 중심으로," 『한국자치행
정학보』 29(1) (2015), p. 45 이하; 하용상, "국가와 공통적인 것의 공동체," 『코
기토』 84 (2018), p. 190 이하 등 참조
2) 표준국어대사전, 출처 https://ko.dict.naver.com/detail.nhn?docid=33809400
3) 국가의 권리와 의무에 관한 협약(Convention on Rights and Duties or States)
(1933년 12월 26일에 제7회 미주국가회의(우루과이의 몬테비데오)에서 채택,
다음 해 1934년 12월 26일 발효되었다. '몬테비데오협약'이라고도 한다)은 국가
의 요건으로서 (1) 영구적 주민, (2) 명확한 영역, (3) 정부, (4) 타국과의 관계를
맺는 능력을 들고 있다. 출처: 네이버 지식백과, 국가의 권리와 의무에 관한 협
약(Convention on Rights and Duties or States) (21세기 정치학대사전, 한국사
전연구사) https://terms.naver.com/entry.nhn?docId=726309&cid=42140&
categoryId=42140
4) 출처, (네이버 지식백과) 국가의 3요소 (21세기 정치학대사전, 한국사전연구사)
https://terms.naver.com/entry.nhn?docId=726306&cid=42140&category
Id=42140
5) 정종섭, 『헌법과 정치제도』(서울: 박영사, 2010), p. 7에서 인용. 일반적으로 국
가의 요소로 (1) 국민, (2) 영토, (3) 주권 등 3요소를 든다. 정종섭, 위의 책은 위
각주1)의 협약에 설정된 (4) 외교적 능력은 (3) 주권에 포함시켜도 무방하다고
쓰고 있다. 이 생각에 동의한다.
6) 정종섭 (2010), p. 8.
7) 「국적법」상 부모가 모두 분명하지 아니한 경우나 국적이 없는 경우에는 대한민
국에서 출생하기만 하면 대한민국 국민이 된다 (제2조 제1항 제3호). 대한민국

에서 발견된 기아(棄兒)는 대한민국에서 출생한 것으로 추정한다 (제2조 제2항). 대한민국의 국민이 아닌 자(이하 '외국인'이라 한다)로서 대한민국의 국민인 부 또는 모에 의하여 인지(認知)된 자가 일정한 요건을 갖추면 법무부장관에게 신고함으로써 대한민국 국적을 취득할 수 있다 (제3조). 대한민국 국적을 취득한 사실이 없는 외국인은 법무부장관의 귀화허가(歸化許可)를 받아 대한민국 국적을 취득할 수 있다 (제4조).

8) 전종익, "공동체로서의 국가와 정부," 서울대학교 법학, 55권 제4호 (2014), p. 291에서 인용

9) 현행 「국적법」 제9조는 대한민국 국민이었다가 외국인이 된 사람들의 국적회복에 대하여 규정하고 있다. 이 규정은 1948년 이전의 대한 공동체의 일원이었던 사람을 명시적으로 포함하고 있지 아니하다. 이들을 배려하는 명시적 규정의 보완이 있어야 한다.

10) 이찬수, "공동체의 경계에 대하여: 세계화시대 탈국가적 종교공동체의 가능성," 「대동철학」 74 (2016), p. 206 이하 참조

11) 전종익 (2014), p. 306에서 인용

12) 일반적으로 '통치권'과 같은 뜻으로 사용된다. 절대국가의 통치권과 구별되는 '국민주권'국가의 본원적 지배력이라는 의미에서 '주권'이라는 용어가 사용되기도 하고, 국제법적으로 국가의 법적 독립성과 배타적인 최종적 결정능력과 관련하여 '주권'이라는 용어가 사용되기도 한다. 정종섭 (2010), p. 11은 '대내적 주권'과 '대외적 주권'을 구별하고 있다.

13) 통계청의 통계자료에 의하면 2019년 4월 현재 대한민국의 추계인구는 5,170만 9,098명, 2018년 대한민국에 주민등록을 한 인구총수는 5,182만 6,059명, 2017년 인구주택 총 조사 기준 내국인 수는 4,994만 3,260명이다. 대한민국 인구통계에 관하여는 http://kosis.kr/index/index.do 참조.

14) '법치국가원리'는 국회가 제정한 '법률'을 국가권력행사의 가장 높은 곳에 올려 놓고 이를 존중할 것을 요구한다. 어떤 나라에서 법치국가원리가 구현되려면 '국민의 자유의사에 의하여 선출되는, 국가를 위하여 성실히 입법 활동을 하는 전문가인 국회의원'이 전제되어야 한다.

15) http://www.moleg.go.kr/lawinfo/status/statusReport

16) 국회 입법과정의 문제점과 법률 상호간의 모순과 충돌에 관하여는 오준근, 「부담금관리기본법」을 위반하여 설치된 부담금의 효력 – 대상판결: 대법원 2014. 1. 29. 선고 2013다25927,25934 판결 –, 행정판례연구 제22권 제2호, 2017, p. 383 이하 참조

17) 국회의 입법기능의 문제점을 드러내는 대표적인 사태로 최근의 사립유치원에 관한 「유아교육법」, 「사립학교법」, 「학교급식법」 등 소위 유치원3법을 둘러싼 갈등, 택시업계와 카카오 등 카풀 플랫폼 사업자 간의 「여객자동차 운수사업법」을 둘러싼 갈등 등을 들 수 있다. 이에 관하여는 http://likms.assembly.go.kr/bill/billDetail.do?billId=PRC_K1D8T1J1Q0R7U1W8M0W0B2N6E7G0W1; https://blog.naver.com/leonheart15/221426447216; 김도승, 공유경제와 플

랫폼 시대의 법제도 개선방안, 「공유경제 플랫폼 시대의 법제도 개선방안 국회
토론회 자료집」, 2018, p. 35 등 참조.

18) 이 판결의 핵심내용을 정리하자면, 대통령은 국민으로부터 위임받은 권한을
헌법과 법률에 따라 국민 전체를 위해 행사할 책무가 있음에도 불구하고 국민
의 기대와 대통령의 책무를 접어두고 권한을 불법적으로 사용하고, 청탁을 받
고 뇌물을 수수한 국가원수이자 행정부 수반인 대통령의 행위는 공직사회 전
체 직무집행 공정성 무너뜨려 비난가능성 매우 크다는 것이었다. "'다스 실소유
자는 MB' 징역 15년 선고," 『한겨레』, http://www.hani.co.kr/arti/society/
society_general/864625.html?_ns (2018. 10. 5).

19) 서울중앙법원 제22형사부 2018.4.6. 선고 2017고합364-1판결

20) 서울고등법원 제2형사부 2018.8.24. 선고 2018노1087판결

21) 헌법재판소 2017. 3. 10선고 2016헌나1결정

22) 인터넷에 들어가서 '사법농단'을 입력하면 위키백과사전에 이 단어가 공식적
으로 등록되어 있음을 발견할 수 있고 그 구체적인 내용을 살펴볼 수 있다.
https://ko.wikipedia.org/wiki/

23) 장영수, 사법부의 구성 체계에 관한 개헌논의의 현황과 전망 – 개헌특위 자문위
원회 사법부 분과의 사법평의회 설치 및 전관예우 금지조항 도입 제안을 중심으
로 –, 「헌법과 사법의 미래」, 사법정책연구원, 서울지방변호사회, 한국헌법학
회 공동 학술대회 자료집, 2018, p. 131 이하에서는 "재판의 공정성에 대한 국
민의 불신이 높아진 것은 세 가지 원인에 기인하는 것으로 볼 수 있다. 첫째, 사
법비리 내지 법조비리가 반복되고, 그에 대한 언론보도가 국민들의 눈길을 끌게
되면서 국민들의 사법불신이 심화되는 측면이 있다. 특히 전관예우 등과 관련한
사법비리가 문제될 때마다 사법개혁의 요구가 더욱 강하게 대두되는 것은 그동
안 법조비리가 문제될 때마다 미봉책으로 일관했던 탓이 크다. 둘째, 사법부의
오만한 태도가 사법개혁의 목소리를 높이는 촉매제가 되는 측면도 있다. 민주화
이후 국가기관들이나 공공단체들의 대국민 서비스는 눈에 띄게 개선되었다. 그
런데 유독 법원에서는 아직도 권위적인 태도가 계속 문제되고 있으며, 심지어
일부 판사들의 막말이 문제된 사례들도 적지 않아 국민의 사법에 대한 불신을
확산시킨 것이다. 셋째, 일부 판사들의 일탈행동이 사법에 대한 국민의 신뢰를
크게 훼손하였다. 과거 판사에 대한 국민의 인식은 성직자에 준하는 것이었지
만, 최근 법조인들의 불법과 비리뿐만 아니라 지하철 몰카 등 상식 밖의 행동을
하는 판사들로 인해 국민들의 인식이 나빠지고 신뢰가 훼손된 것이다. 국민들의
사법불신은 이러한 개별적 요소들의 상승작용으로 인해 매우 심각한 상태로 발
전했다"고 정리하고 있다.

24) 김명수 대법원장은 2018. 12. 12.(수) '사법행정제도 개선에 관한 법률 개정 의
견'을 발표하고, 법원행정처를 통해 이를 국회에 전달하였다. 대법원이 발표한
보도자료는 "사법부 구성원들은 이번 사법행정권 남용 사태를 겪으며 사법행정
제도 개선 필요성을 절감하고, 사법부는 지난 3월 각계인사가 참여하는 '국민과
함께하는 사법발전위원회'를 발족하여 사법행정제도 개선방안을 마련해 왔고,

사법발전위원회는 지난 7월 '사법행정 제도개선 방안'에 관한 건의문을 의결하였음"을 설명하고 있다.

25) 2017년말 현재 대한민국의 선거인 수는 4,267만 8,353명인데 그 중 당원 총 수는 7,0만 7,952명으로 17.6%에 달한다. 이들 중 당비납부 당원 수는 132만 976명으로 당원 중 17.6%만이 당비를 납부하고 있다. 정당통계에 관하여는 중앙선거관리위원회, 2017년도 정당의 활동개황 및 회계보고 참조 http://www.nec.go.kr/portal/bbs/view/B0000338/39055.do?menuNo=200185

26) 오준근, "지방자치 활성화를 위한 법과 제도의 개선방향," 『지방자치법연구』 제14권 제2호 (2014), p. 33 이하; 오준근, "지방자치단체의 인사자지권의 주요쟁점에 관한 공법적 고찰," 『지방자치법연구』 제14권 제3호 (2014), p. 171 이하; 오준근, "지방자치단체의 조직자치권에 관한 독일과 한국의 비교법적 연구," 『경희법학』 제49권 제3호 (2015), p. 377 이하; 오준근, "지방자치단의 계획자치권에 관한 독일과 한국의 비교법적 연구, 『지방자치법연구』 제16권 제1호 (2016), p. 3 이하 등 참조

❖ 참고문헌

강경근. 『일반국법학』. 서울: 법문사, 2017.

국순옥. 『민주주의 헌법론』. 파주: 아카넷, 2015.

김철수. 『한국통일의 정치와 헌법』. 서울: 시와 진실, 2017.

김철수. 『헌법과 정치』. 서울: 진원사, 2012.

문성학. "도덕·윤리교육의 철학적 기초와 공동체적 자유주의." 『철학연구』 122 (2012), pp. 73-104.

문성훈. "공동체 개념의 구조 변화." 『문화와 정치』 4(4) (2017), pp. 43-68.

박호성. "공동체 민주주의론 연구" 『철학연구』 101 (2013), pp. 109-138.

선우현. "공동체주의의 그림자: 신보수주의의 정당화 논리." 『사회와 철학』 29 (2015), pp. 23-78.

오준근. 부담금관리기본법을 위반하여 설치된 부담금의 효력 – 대상판결: 대법원 2014. 1. 29. 선고 2013다25927,25934 판결 –. 『행정판례연구』 제22권 제2호 (2017), pp. 383-428.

_____. "지방자치 활성화를 위한 법과 제도의 개선방향." 『지방자치법연구』 제14권 제2호 (2014), pp. 33-56.

_____. "지방자치단의 계획자치권에 관한 독일과 한국의 비교법적 연구." 『지방자치법연구』 제16권 제1호 (2016), pp. 3-29.

_____. "지방자치단체의 인사자지권의 주요쟁점에 관한 공법적 고찰." 『지방자치법연구』 제14권 제3호 (2014), pp. 171-195.

_____. "지방자치단체의 조직자치권에 관한 독일과 한국의 비교법적 연구." 『경희

법학』제49권 제3호 (2015), pp. 377-404.

이선미. "근대사회이론에서 공동체 의미에 대한 비판적 연구." 『한국사회학』 42(5) (2008), pp. 101-139.

이종수. "공동체주의의 이론적 전개와 자유주의와의 논쟁 고찰." 『지방정부연구』 제14권 제3호 (2010), pp. 5-22.

이찬수. "공동체의 경계에 대하여: 세계화시대 탈국가적 종교공동체의 가능성." 『대동철학』 74 (2016), pp. 206-228.

장춘익. "공동체와 커뮤니케이션 - 그 역설적 관계에 관하여." 『범한철학』 82 (2016), pp. 85-111.

전종익. "공동체로서의 국가와 정부." 『서울대학교 법학』 55(4) (2014), pp. 273-312.

정종섭. 『헌법과 정치제도』, 서울:박영사, 2010.

조수영. "공동체주의적 관점에서의 헌법고찰." 『세계헌법연구』 16(2) (2010), pp. 535-570.

조찬래. "고대 정치철학에서 정치공동체 관념의 변화양상에 관한 연구." 『사회과학 연구』 23(3) (2012), pp. 63-79.

최조순, 강병준, 강현철. "한국 공동체 정책의 비판적 논의 - 통치성 이론을 중심으로." 『한국자치행정학보』 29(1) (2015), pp. 45-64.

표시열. 『정책과 법』. 서울: 박영사, 2014.

하용상. "국가와 공통적인 것의 공동체." 『코기토』 84 (2018), pp. 190-218.

2부

한국사회의 현실

3장

2018년 KPI 한국사회 공동체성 조사에 대한 탐색적 분석

이기홍(한림대 사회학과 교수, KPI 연구위원)

1. 서론

한반도평화연구원(Korea Peace Institute, 이하 KPI)은 2018년 공동체성 연구 기획의 일환으로 한국사회의 공동체성 및 공동체의식에 대해 조사하였다. KPI의 장기적 목표인 한반도의 평화와 통일을 연구하는 과정에서, 한국사회의 공동체성 및 공동체의식을 경험적인 자료를 통해 점검하는 것이 필요하다고 판단한 것이다.

2. 자료와 방법론

이 조사를 위한 질문지는 한국행정연구원에서 실시한 2017년 사회통합실태조사, 서울연구원에서 실시한 2017 서울서베이, 1996년부터 2016년까지 모두 6차례 대한민국 문화체육관광부 주관으로 진행한 한국인의 의식·가치관 조사 자료에 있는 내용들을 참고하여 만들었다. 이 과정에서 향후 가능할 수 있는 통계적 심층 분석을 위해 대부분의 질문들, 특히 정도를 묻는 질문들은 0점~10점의 측정 수준을 사용한 11점 척도로 통일했다.

질문의 내용들 중 공동체성 및 공동체의식 관련 내용으로는 지역 단위 소속감 및 정체성, 북한과의 공동체의식, 이타성, 소수자에 대한 관용도, 정치 성향에 대한 주관적 평가, 공동체의식에 대한 주관적 평가, 한국사회의 공동체의식에 대한 평가 등이었다. 그 외, 삶의 만족도, 영성, 종교관, 기타 쟁점에 대한 견해 등도 물어 보았다. 성별, 나이, 거주지, 가구 소득, 종교 등의 인구사회학적 사항에 대해서도 추후에 가능한 상관 또는 인과 관계의 분석에 사용할 수 있도록 질문에 포함시켰다.

실제 조사는 KPI가 (주)지앤컴(대표: 지용근)에 의뢰하여 전국의 3,000명을 웹 패널을 대상으로 진행하였다. 이 글은 (주)지앤컴에서 가중치를 주어 실시한 기술(descriptive) 통계 즉 빈도 및 교차 분석 결과물들 중에서, 이 조사의 기획 단계에서부터 중요했던 내용들에 대해 어떠한 경향들이 보이는 지를 정리할 것이다. 교차 분석에서는 성별, 나이별, 가구 소득 구간별로 어떠한 경향성이 나타나는지를 주로 검토할 것이다.

3. 분석 결과

1) 응답자의 기본적 특성

응답자의 기본적 특성 즉 인구사회학적 변수에 대한 빈도 분석 결과는 표 3.1과 같다.

표 3.1 응답자의 기본적 특성에 관한 빈도 분석

		사례수	%
	전체	(3,000)	100.0
성별	남성	(1,522)	50.7
	여성	(1,478)	49.3
연령대	19~29세	(595)	19.8
	30대	(579)	19.3
	40대	(677)	22.6
	50대	(684)	22.8
	60세 이상	(465)	15.5
학력	고졸 이하	(679)	22.6
	대재 이상	(2,321)	77.4
혼인상태	미혼	(998)	33.3
	기혼	(2,002)	66.7
직업	자영업	(178)	5.9
	블루컬러	(218)	7.3
	화이트컬러	(1,429)	47.6
	가정주부	(83)	2.8
	학생	(70)	2.3
	기타/무직	(1,021)	34.0
가구소득	200만 원 미만	(327)	10.9
	200~400만 원 미만	(840)	28.0
	400~600만 원 미만	(922)	30.7
	600만 원 이상	(912)	30.4
출생지	서울	(648)	21.6
	경기, 인천	(687)	22.9
	대전, 충청, 세종	(298)	9.9
	대구, 경북	(351)	11.7
	부산, 울산, 경남	(509)	17.0
	광주, 전라	(367)	12.2
	강원, 제주	(141)	4.7

2) 소속감 또는 정체성 단위

다양한 수준의 지리적 단위에서의 소속감(또는 정체성)에 대해 물은 5개 질문에 대한 응답 결과를 종합적으로 분석한 것은 표 3.2와 같다.

'읍/면/동' 및 '시도/군/구'와 같은 비교적 작은 행정·지리적 단위에서의 상황을 물었을 때는, 둘 중에서 시도/군/구에서의 소속감 평균 점수가 5.37로서 약간 더 강한 것으로 드러났다. 그보다 더 큰 단위 정체성인 '대한민국 국민', '아시아인', '인류의 한 구성원'에 대해 물었을 때는, '대한민국 국민'이라는 정체성이 평균 점수를 6.16을 나타냄으로써 가장 작은 단위인 '읍/면/동'부터 가장 큰 단위라고 할 수 있는 '인류의 한 구성원'이라는 모든 범주들 중 가장 높은 점수를 보여주었다. 이러한 결과는 조사 대상자들이 공동체성 또는 공동체의식을 국가적 수준에서는 어느 정도 강하게 느끼지만, 정작 생활의 터전인 보다 작은 단위에서는 그리 강하게 느끼지 못한다는 것으로 해석할 수 있다.

이렇게 조사 대상자들의 지리적 소속감 또는 정체성을 여러 단위에서 측정해도, 이른바 지역 정서 또는 코스모폴리탄적 정서에 비해 국민으

표 3.2 다양한 수준의 지리적 단위에서의 소속감(또는 정체성)에 대한 점수 (10점 만점)

단위	점수
읍/면/동	5.16
시도/군/구	5.37
대한민국 국민	6.16
아시아인	5.42
인류의 한 구성원	5.73

로서의 정체성이 가장 높게 나왔다는 점은 향후 심층적으로 연구해 볼 만한 주제로 여겨진다. 공동체성 또는 공동체의식은 여러 수준에서 작동할 수 있겠으나, 이 조사 결과가 부분적으로 보여주는 대로, 그것이 거주지의 이웃들과의 상황에서는 약하면서 국가 수준에서 더욱 강하게 작동하고 있다면, 바람직하다고만 보기는 어렵기 때문이다. 특히 일상 생활을 공유하는 이웃들과는 함께 한다는 생각이 약하면서, 실제적으로 접촉하는 경우가 적은 국가 단위의 구성원들과 느끼는 추상적 또는 이념적 연대감을 느끼는 상황이 이러한 결과로 나타난 것이라면, 그리 바람직하지 않을 수도 있다고 해석할 수도 있다.

3) 대북 인식

북한을 친구라고 생각하는지(10점), 적이라고 생각하는지(0점)에 대한 조사 결과에 대해 빈도 분석을 실시하고, 성별 그리고 연령별로 교차 분석을 실시한 결과는 표 3.3과 같다.

전체적으로 조사 대상자는 북한에 대해 0~10점의 척도에 5.44의 평균 점수를 부여함으로써, 상당히 중간적인 견해를 나타내었다고 해석할 수 있다. 이러한 결과를 국민 전체에 적용한다면, 일단 다양한 견해의 종합 결과가 중립적으로 나타났다고 볼 수 있다. 단, 남북 간의 통합 또는 통일을 지향하는 시각에서는 10점에 가까운 더욱 긍정적인 결과가 보이지 않음으로써, 남북 간의 교류가 더욱 활발해지기 위해서는 국민들의 대북 인식이 더욱 친화적으로 바뀌어야 함을 시사하고 있다고 해석할 수 있다.

이 사항에 대한 조사 결과를 성별로 나누어 보면, 여성(5.71)이 남성

표 3.3 북한에 대한 인식(적 0 ~ 10 친구)

구분		평균 점수
전체		5.44
성별	남성	5.18
	여성	5.71
연령별	20대 이하	5.08
	30대	5.43
	40대	5.91
	50대	5.60
	60대 이상	4.97

(5.18)보다 약간 더 긍정적인 견해를 보인 것으로 드러났다. 이러한 차이를 체계적으로 이해하기 위해서는 평화, 통일과 관련된 다른 사항에서 나타난 성별 차이와 함께, 다양한 인식에 대한 성별 차이를 더욱 심층적으로 또 종합적으로 분석할 수 있으면 좋을 것으로 보인다.

같은 사항에 대한 연령별 차이를 보면 '40대'가 5.91이라는 비교적 높은 평균 점수를 보였다. 이에 비해, 평균 점수 4.97을 보인 '60대 이상'는 북한에 대해 가장 부정적으로 인식하는 것으로 드러났는데, 이러한 차이는 다른 비슷한 내용을 다룬 조사 분석 결과에서도 흔히 나타나는 것으로 알려져 있다. '40대'가 과거에 자주 논의되었던 이른바 386세대의 젊은 시절의 경험에 의해, 북한에 대해 비교적 수용적인 자세를 나타낸다면, '60대 이상'은 전쟁 경험, 강력한 반공 이념 교육 등의 영향으로 그와 정반대되는 태도를 보인다고 해석할 수 있다.

이와 더불어 북한을 협력의 대상이라고 생각하는 정도에 대한 분석 결과는 표 3.4와 같다.

이 질문에 대한 분석 결과는 북한을 적 또는 친구라고 생각하느냐를 물은 위의 분석 결과와 비슷한 점을 보여 준다. 전체 평균 점수는 5.93으로, 위의 질문에 비해 약간 더 긍정적으로 나타났다. 이는 북한을 이념적으로 또 이분법적으로 적인지, 친구인지를 물었을 때보다, 실리를 추구하는 협력 관계에 대한 물었을 때, 더욱 긍정적인 인식이 나왔음을 알 수 있다. 단, 협력을 위한 가장 적극적인 자세를 보인 연령대가 '40대'이며(6.39), 가장 부정적인 자세를 보인 연령대가 '60대 이상'인 점(5.30)은 위의 질문 결과와 매우 비슷하여, 대북 인식에 대한 세대 간의 차이를 심층적으로 연구할 필요성을 보여주고 있다고 해석할 수 있다. 특히 한국 인구의 고령화가 앞으로도 어느 정도 지속될 것임을 감안하면, 고령자 집단의 대북 인식을 포함한 다양한 정치적 태도에 대한 연구는 당분간 중요성을 계속 지닐 것으로 보인다.

표 3.4 북한을 협력의 대상이라고 생각하는 정도(전혀 동의하지 않음 0~10 매우 동의)

구분		평균 점수
전체		5.93
연령별	20대 이하	5.56
	30대	5.98
	40대	6.39
	50대	6.19
	60대 이상	5.30

4) 한반도 평화를 위한 정책

북한 비핵화, 이산가족 면회소 설치, 남남갈등 문제 해결, 남북 자유 왕래, 남북 동시 군비 축소, 미국의 북한 체제 보장, 개성 공단 재개, 금강산 관광 재개, 북한 기업 투자, 남북 정치적 통일과 같은 한반도 평화를 위해 실시한 적이 있거나 가능성이 거론된 적이 있는 정책들에 대한 시급성을 물은 결과들을 종합하면 표 3.5와 같이 나타났다.

이와 관련하여 다른 항목들과 평균 점수 상으로 차이가 어느 정도 난 것으로 드러난 상위 3개의 항목은 북한 비핵화(7.60), 이산가족 면회소 설치(7.43), 남남갈등 문제 해결(7.30)이다. 북한 비핵화가 가장 시급한 정책이라고 꼽은 것은 그것이 잠재적으로 매우 위협적인 요소일 수

표 3.5 한반도 평화를 위한 정책들의 시급성(전혀 시급하지 않다 0~10 매우 시급하다)

항목	평균 점수
북한 비핵화	7.60
이산가족 면회소 설치	7.43
남남갈등 문제 해결	7.30
남북 자유 왕래	6.66
남북 동시 군비 축소	6.54
미국의 북한 체제 보장	6.52
개성 공단 재개	6.44
금강산 관광 재개	6.27
북한 기업 투자	5.71
남북 정치적 통일	5.67

있을 뿐 아니라, 군사, 외교, 정치 등의 측면에서 북한에 대해 주는 부정적 이미지가 강하기 때문이라고 해석할 수 있다. 둘째로 시급한 것을 이산가족 면회소 설치라고 보았다는 것은 아직 분단으로 인한 이산가족이 고통을 당하고 있음을 응답자들이 인지하고 있으며, 그들에 대한 인도주의적 정책이 적극적으로 실천되기를 바란다는 것을 뜻한다고 해석할 수 있다. 이산가족 상봉은 과거 수차례 실현된 적이 있기도 하므로, 그만큼 다시 노력할 만하다고 경험적으로 평가하는 것으로 보이기도 한다. 세 번째로 시급한 것은 남남갈등 문제 해결로 드러났는데, 앞에서 제시한 조사 결과 분석에서도 부분적으로 나타났듯이, 응답자들은 남북의 평화를 논하기 전에 여러 축에서 봤을 때 분열되어 있는 대한민국 내의 통합 또한 매우 시급하다고 평가한 듯하다. 특히 앞의 분석에서도 반복적으로 드러난 세대 간의 통합 및 과거 자주 논의되어 온 지역 간의 정서적 통합 등은 남북의 문제를 건드리기 전에 대한민국 내에서 상당 부분 해결해야만 하는 문제로 인식되는 것으로 해석할 수 있다.

바로 위에서 언급한 세 가지 사항과는 달리, 가장 덜 시급하다고 평가받은 두 항목들은 남북 정치적 통일(5.67)과 북한 기업 투자(5.71)인데, 중간적인 평가를 받은 5개의 항목들과 평균 점수가 어느 정도 벌어져 있기도 하다 (표 3.5 참조). 먼저, 이번 조사를 통해 물은 10개의 항목들 중, 남북 정치적 통일에 대한 시급성을 가장 약하게 평가한 점에 대해서는 다양한 해석이 가능하겠지만, 형식적으로는 마지막 단계의 궁극적 통일을 뜻하는 '정치적 통일'에 대해 응답자들이 성급한 환상을 갖고 있지 않다는 것으로 받아들일 수 있다. 즉 남북이 정치적으로 한 나라가 되는 통일은 실질적으로, 이 조사에서 시급성을 물은 다른 항목들에서 나타난, 여러 단계들을 거쳐야만 이루어질 수 있다는, 한국인들이 궁극적 통일에 대한 상당히 현실적인 시각을 갖고 있다고 긍정적으로 해석할 수 있다는 것이다. 북한 기업 투자에 대한 시급성을 낮게 평가한 것은 군사적으로 잠재적 위협이 되는 북한 비핵화를 가장 시급한 것으로 평가한 결과와 연결 지어 이해할 수 있을 것으로 보인다. 이러한 결과 역시 응답자들이 통일과 관련하여 상당히 현실적인 인식을 하고 있다고 어느 정도 긍정적으로 이해할 수 있다고 여겨진다.

그 외, 남북 자유 왕래(6.66), 남북 동시 군비 축소(6.54), 미국의 북한 체제 보장(6.52), 개성 공단 재개(6.44), 금강산 관광 재개(6.27)와 같은 사항들은 가장 시급하다고 한 3개의 항목들 및 가장 덜 시급하다고 한 2개의 항목들 사이에서 어느 정도의 점수 차이를 보여주었다. 따라서 평균적으로 보면, 이 5개의 항목들은 시급성을 평가하기에 애매한 항목으로서 약간의 극단적인 견해를 보여 준 다른 5개의 항목들과는 질적으로 또 정책적으로 다른 범주로 분류해야 할 것으로 보인다.

5) 정치 성향

응답자들에게 자신의 정치 성향에 대해 주관적으로 평가하도록 물은 질문에 대한 결과는 표 3.6과 같다.

먼저 평균 점수는 5.08로 나타나, 응답자들의 견해를 전체적으로 종합하면, 상당히 중도적인 입장을 취하는 것으로 나타났다. 이러한 결과는 이른바 민감한 내용에 대해 극단적인 견해를 나타내기를 꺼리는 수렴 지향 경향에 의한 것이라고도 볼 수 있으나, 실제 한국사회에 매우 다양한 정치적 성향이 있음을 감안하면 이러한 결과가 현실을 크게 왜곡한 것이라고는 보기 어렵다. 남녀 간에는 남성이 스스로를 약간 더 진

표 3.6 스스로의 정치적 성향에 대한 평가(진보적 0~10 보수적)

구분		평균 점수
전체		**5.08**
성별	남성	5.12
	여성	5.04
연령별	20대 이하	5.00
	30대	5.07
	40대	4.89
	50대	5.15
	60대 이상	5.37
월가구 소득	200만 원 미만	5.08
	200~399만 원	5.11
	400~599만 원	5.03
	600~799만 원	4.99
	800~999만 원	5.24
	1,000만 원 이상	5.18

보적이라고 평가하는 것으로 나타났으나, 그 차이를 통계적으로 유의한 것으로 평가할 근거가 이 분석에서는 없다.

나이와의 관계를 보면, 앞에서의 대북관 분석 결과와 어느 정도의 평행성이 있는 듯하다. 40대가 스스로를 가장 진보적이라고, 60대 이상은 스스로를 가장 보수적이라고 평가하는 것으로 나타났다. 이러한 결과를 종합하면, 향후 대북관과 정치적 성향이 어떤 관계가 있는지, 그리고 그 두 변수와 나이는 어떻게 연결 지어 설명할 수 있는지를 심층 연구를 통해 지속적으로 알아볼 만하다. 특히, 그러한 추가 연구를 진행함에 있어서, 정치적 성향에 대한 주관적 평가가 위 표 3.6에서 대략 나타난 바와 같이 직선형의 관계를 보이지 않는 점을 유의해야 할 것이다. 즉 60대 이상뿐 아니라 30대 이하의 연령대들이 스스로를 비교적 보수적이라고 평가하는 이유를 집중적으로 탐구해 볼 만할 것이다.

월가구 소득과 정치적 성향에 대한 주관적 평가는 뚜렷한 관계가 없는 것으로 드러났다. 월가구 소득을 200만 원 미만부터 1,000만 원 이상까지 200만 원 단위로 나누어 정치적 성향에 대해 분석했을 때, 특정한 방향성이 보이지 않았다. 위에 제시한 교차 분석은 일단 응답자가 속한 가구의 경제적 수준과 응답자 개인의 정치 성향은 별 관계가 없음을 보여주면서, 경제적 처지에 따라 투표하지 않고 이념에 따라 투표하는 이른바 이념 투표(ideological voting)의 가능성을 보여 주기도 한다. 만약 이러한 탐색적 분석 결과가 비교적 부유하면서도 진보 정당을 지지하거나 경제적으로 빈곤하면서도 보수 정당을 지지하는 경향을 보여 주는 것이 맞다면, 응답자들의 의견을 통해 본 대한민국은 그만큼 이념적인 경향이 강한 나라로 해석할 수 있다. 따라서, 앞으로 여러 쟁점들을 분석할 때, 한국인들이 이념적인 가치를 경제적인 가치보다 더욱 추구할 가능성을 가설로 삼아, 그것이 검증되는지 또는 기각되는지를 지속적으로 살피는 것이 중요한 것으로 보인다.

6) 공동체의식

이번 조사에서 공동체의식에 대해서는, 응답자들이 스스로에 대해 주관적으로 하는 평가와, 그들이 한국사회의 공동체의식에 대해서 평가하는 것으로 나누어 물었다.

먼저 표 3.7은 응답자의 공동체의식을 스스로 평가하도록 한 자료를 분석한 결과이다.

응답자들의 평균 점수는 5.94를 나타내어, 이보다 낮게 나온 여타 질문을 11점 척도에 물은 결과와 비교해 볼 때, 비교적 높은 결과를 보여주었다. 즉 스스로의 공동체의식이 어느 정도 강하다고 평가한 것이다. 성별로 나누면, 남성은 6.03, 여성은 5.84를 보여주었으나, 이러한 차이가 통계적으로 유의하다고 볼 수 있는 근거가 이 분석 결과에서는 없다.

나이별 교차 분석에서는 직선형적 경향이 보이는데, 평균값을 보면,

표 3.7 스스로의 공동체의식에 대한 평가(부족하다 0~10 충분하다)

구분		평균 점수
전체		5.94
성별	남성	6.03
	여성	5.84
연령별	20대 이하	5.49
	30대	5.68
	40대	5.95
	50대	6.26
	60대 이상	6.34
월가구 소득	200만 원 미만	5.63
	200~399만 원	5.77
	400~599만 원	6.02
	600~799만 원	6.10
	800~999만 원	6.28
	1,000만 원 이상	6.04

20대 미만이 스스로를 5.49점으로 평가한 데 비하여 60대 이상은 6.34점이라고 하여, 나이가 들수록 스스로의 공동체의식이 강하다고 평가하는 경향이 나타났다. 이러한 경향을 해석하는 데 있어서 이 질문이 공동체의식에 대한 주관적 평가임을 충분히 감안해야 하는데, 이러한 결과가 주관적 평가가 야기할 수 있는 한계를 초월하여 실제로 연령대별로 있을 가능성에 대해서도 생각해 보아야 한다.

월가구 소득과의 교차 분석에서는 뚜렷한 경향성이 나타나지 않는다. 200만 원 미만 집단에서 5.63으로 출발한 점수가, 800~999만 원 구간에서 가장 높게 6.23으로 되었다가, 1,000만 원 이상 집단에서는 다시 6.04로 떨어짐으로써, 가구의 경제력과 공동체의식에 대한 주관적 평가 간에는 직선형으로 나타나는 뚜렷한 관계가 있다고 보기 어렵다고 해석할 수 있다.

한국사회의 공동체의식에 대한 응답자들의 견해를 정리한 결과는 표 3.8과 같다.

평균 점수를 보면, 한국사회의 공동체의식에 대한 평가는 응답자들이 스스로에 대해 한 평가(5.94)와는 1점 이상의 차이를 보이는 4.90으로 나타났다. 전체적으로 보나, 응답자들은 스스로의 공동체의식이 한국사회 전반의 공동체의식보다 강하다고 평가한 것으로 해석할 수 있다. 교차 분석 결과에서 남성(4.73)와 여성(5.07)의 차이가 약간 나타나기는 하지만, 이러한 결과는 통계적으로 유의하다고 볼 수 있는 근거가 없다.

연령별 교차 분석 결과에서는 앞에서 다룬 대북관, 정치 성향에 관한 주관적 평가에 대한 내용에서 여타 연령대와는 다른 경향을 보였던 '40대'가 한국사회의 공동체의식 역시 가장 높다고 평가한 것으로 드러났

표 3.8 한국사회의 공동체의식에 대한 평가(부족하다 0~10 충분하다)

구분		평균 점수
전체		4.90
성별	남성	4.73
	여성	5.07
연령별	20대 이하	4.56
	30대	4.82
	40대	5.08
	50대	5.04
	60대 이상	4.97
월가구 소득	200만 원 미만	4.66
	200~399만 원	4.82
	400~599만 원	4.95
	600~799만 원	4.97
	800~999만 원	5.30
	1,000만 원 이상	4.89

다. 단, 앞의 두 내용과는 달리, 이 질문에서는 20대가 한국사회의 공동체의식이 가장 낮다고 평가한 것으로 드러났다. 이러한 결과는 남북한 각각의 체제 및 통일 관련 제반 인식과 관련하여 대한민국의 2018년 기준으로 40대가 특이한 견해를 지니고 있을 가능성을 암시한다. 따라서 비슷한 주제에 대해서 향후 연구를 진행할 때, 그 연령대의 특수성 및 다양한 인식을 결정하는 독립 변수로서의 나이를 충분히 고려해야 할 것으로 보인다. 이 글에서 제시한 기술 통계 분석 결과물 해석에서만도 이러한 나이 요인은 중요하다는 것이 반복적으로 드러났다.

가구 경제력과의 교차 분석 결과에서는 바로 위에서 제시한 공동체의 식에 대한 주관적 평가 결과에서와 마찬가지로, 800~999만 원대에 속하는 응답자들이 한국사회의 공동체의식에 대해서도 가장 강하다고 평가하는 것으로 드러났다. 이 질문에 대한 평균값은 200만 원 미만에서 4.66을 보였다가, 800~999만 원대 구간에서 가장 높았다가, 1,000만 원 이상 구간에서 4.89로 다시 낮아진다는 점에서 공동체의식에 대한 주관적 평가 분석 결과와 일치하는 점이 있다. 단, 직선형적 관계는 보이지 않아 심층 분석을 통해 월가구 소득 800~999만 원에 속하는 응답자들의 다른 인구사회학적 특성 및 다른 변수들과의 관계에 대해서 추가로 다루어 볼 만하다고 여겨진다.

4. 결론

이 글은 KPI의 의뢰를 받아 (주)지앤컴이 2018년 10월에 실시하고 가중치를 주어 작성한 한국사회 공동체성 조사의 기술 통계 분석 결과물의 일부를 정리한 것이다. 인구사회학적 변수를 제외하고는, 이 연구의 기획 단계에서부터 중요하다고 상정했던 소속감 또는 정체성 단위, 대북 인식, 한반도 평화를 위한 정책, 정치 성향, 공동체의식을 중점적으로 다루었다.

주요 발견 사항을 추가 연구와 관련된 제언을 덧붙여 요약하면 다음과 같다.

첫째, 응답자들은 읍/면/동 또는 시도/군/구와 같은 생활의 터전이라고 할 수 있는 단위보다, 국가의 수준에서, 대한민국 국민이라는 정체성을 훨씬 더 강하게 느끼는 것으로 나타났다. 이에 대해서는 다양한 해석이 가능하겠으나, 이 결과가 혹시 주변의 이웃과는 연대감을 별로 느끼지 못하면서, 이념적으로 국가의 국민이라는 정체성을 강하게 느끼는 것이라면, 어떠한 추가적인 함의를 더욱 끌어내어 건설적 비판에 이를 수 있을지를 깊이 고민해 봐야 할 것이다.

둘째, 대북 인식에 대해서는 나이 요인(age factor)이 중요한 역할을 하는 것으로 보인다. 40대가 가장 호의적으로, 60대 이상이 가장 적대적으로 나왔다는 점은 각 연령대 내의 구성원들이 공유하는 생애사(life history), 집합적 기억(collective memory) 등이 반영된 결과로 보인다. 이러한 연령대별 차이는 가능하다면 통계적 기법뿐 아니라 질적 자료까지 함께 유기적으로 분석함으로써 심층적인 이해가 가능할 것으로 보인다. 물론 이러한 연구는 한국사회의 고령화라는 주제와 병행하여 진행하는 것이 바람직할 것이다.

셋째, 한반도 평화를 위한 정책과 관련해서는, 응답자들이 북한 비핵화, 이산가족 면회소 설치, 남남갈등 해결 등을 우선적으로 해야 한다고 하면서도, 남북 정치적 통일과 같은 궁극적 결과라고 할 수 있는 상황에 대해서는 우선순위를 부여하지 않았다. 이러한 결과는, 적어도 부분적으로, 응답자들이 한반도의 평화 및 통일과 관련된 정책에 대해 상당히 현실적으로 생각하고 있다는 것을 시사 한다고 볼 수 있다. 이러한 내용에 대한 조사 및 연구는, 여러 접근 가능한 자료를 비교하거나, 같거나 비슷한 내용을 반복적으로 조사함으로써 대한민국 국민들의 통일과 관련된 정책적 견해가 시계열적으로 어떻게 바뀌는지를 지속적으로 파악할 수 있다면 매우 의미 있는 연구가 될 것으로 보인다.

넷째, 정치 성향에 대한 주관적 평가는 대북 인식에서와 마찬가지로 나이 요인이 중요한 것으로 보인다. 스스로를 가장 진보적이라고 여긴 40대와 가장 보수적이라고 여긴 60대 이상의 특이함도 대북 인식에서와 연관성이 있을 것으로 보이기도 한다. 따라서 정치 성향에 대한 내용을 대북 인식, 나이 요인 등과 함께 연구하는 것이 지속적으로 중요할 것으로 여겨진다. 또한 가구 소득과 관련하여 뚜렷한 직선형적 관계가 없다는 점은 이른바 이념 투표라는 주제와 연결하여 이러한 결과를 해석할 여지를 남긴다는 점도 유의할 만하다.

다섯째, 공동체의식에 대해서는 응답자 스스로에 대한 주관적 평가 및 한국사회의 공동체의식에 대한 평가를 나누어 조사하였다. 먼저 나이와의 관계에 대해서 정리하면, 주관적 평가에서는 20대 이하부터 60대 이상으로 갈수록 점점 높게 평가해 연령대와의 직선형적인 관계가 보였다. 한국사회 전반에 대한 평가에서는 20대 이하가 가장 부정적으로 평가하는 것에는 변함이 없었지만, 40대가 가장 긍정적으로 평가했고, 이후의 연령대에서는 낮아지는 경향이 발견되었다. 이렇듯, 나이와 관련하여, 공동체의식에 대해 주관적 평가와 객관적 평가 간에 어느 정도의 괴리가 있는 것으로 나타났는데, 이러한 점 역시 추가 연구를 통해 한국인의 다양한 의식과 나이와의 연관성 또는 인과 관계를 집중적으로 조명할 만한 것으로 판단된다. 두 세부 항목과 가구의 경제력과의 관계는 정치 성향과의 관계에서와 같이 약간 애매한 관계를 보이는 것으로 드러났다.

4장

청년세대의 생존주의적 능력주의와 사회평화의 가능성

박치현(한국교원대 박사후 연구원, KPI 연구위원)

1. 서론

IMF이후 진행된 한국사회의 경쟁의 격화와 사회경제적 양극화는 굳이 언급할 필요가 없을 정도이다. 이 글은 '생존주의' 세대로 한국 청년을 규정하는 기존의 주장에 근거하되, 한국 청년 생존주의의 이념적 기초를 '능력주의(meritocracy)'로 보고자 한다. 이를 '생존주의 메리토크라시'라고 일컬을 수 있다. 이러한 시각에 비추어 근래 가장 성공적이고 강력했던 학생운동인 박근혜-최순실 게이트 시기의 '이화여대 항쟁(이하 이대항쟁)'을 분석해보고자 한다.

생존주의와 메리토크라시를 키워드로 청년 세대를 분석하는 것은 청년 세대를 이해하는 데 매우 중요하다. 2절에서 더 자세히 다루겠지만, 최근 청년들의 능력주의가 "평범하게 살고 싶다"는 생존주의적 대의(?)를 추구하게 되면서 능력주의가 갖는 '양가성'이 더욱 강하게 드러나게 된다. 그 양가성이란, 능력주의적 기준이 강자에게 겨누어질 때는 강력한 비판력을 가지지만, 사회적 약자로 향할 때에는 차별이나 혐오, 공격성이 오히려 더 강해지고 정당성을 획득하는 현상을 가리킨다.

나는 이와 같은 생존주의 메리토크라시의 성격을 학생운동의 측면에

90

서 전범적으로 잘 보여주는 것이 2016년의 이화여대 항쟁이라고 본다. 이 글에서는 이화여대 항쟁이라는 한 가지 사례만을 다루지만, 앞으로 한국사회 여러 가지 현상들을 분석해가면서 생존주의 메리토크라시 논의를 발전시켜 가려 한다.

2016년 7월말, 이화여대 학생들은 이화여대 본부측이 '미래라이프 평생교육 단과대학'(이하 미라대) 사업을 추진한다는 갑작스러운 소식을 듣고, 미라대 사업 추진에 반대하면서 본관을 점거하고 총장과의 대화를 요구했다. 이 때 총장을 기다리던 학생들을 만나러(?) 온 것은 총장이 아닌 1,600여 명의 경찰병력이었다. 경찰들은 200여 명 되는 학생들을 본관 바깥으로 끌어냈다. 명목은 회의에 참석한 '교수를 감금했다'는 것. 이후 본부측에 대한 여론악화로 8월 3일 미라대 사업이 철회되었지만, 학생들은 계속해서 최경희 총장의 사퇴를 요구하며 '86일'이나 본관을 점거하면서 항쟁을 이어갔다. 졸업생까지 가세한 수차례 많은 인원이 참석한 시위에도 불구하고 최경희 총장은 계속 버텼지만, 결국 이른바 '정유라 학사농단' 사태가 터지게 되자 10월 19일 도망치듯 사퇴하였다.[1]

이때는 박근혜-최순실 국정농단 게이트가 JTBC의 태블릿PC 보도(10월 24일)로 폭발하기 이전이었다. 사실 '최순실'이라는 이름이 언론에 거론되는 데에도 꽤 시간이 걸렸다. 아마도 그 이전에 이대항쟁이 없었다면, 그래서 이대에서 정유라 부정입학이 거론되지 않았다면, 태블릿 보도도, 정유라의 '엄마'인 최순실에 대한 대중들의 관심과 주목도도 그렇게 크지 않았을 것이다.[2]

많은 촛불항쟁 관련 논문들은 이대항쟁보다는 '언론보도'에 주목한다(최종렬, 2017). 반면 이대항쟁의 경우, 당시 꽤 화제가 되었음에도 불구하고 수행자들조차 그 때를 기억하기 꺼려하며(망각), 심지어 많은 참가자들이 트라우마로 인해 심리치료를 받고 있다(트라우마). 게다가 '마스크와 선글라스'로 상징되는 '익명성' 때문에 누가 시위참여자인지도 알기 어렵다(익명성). 이화여대 학생들의 온라인커뮤니티의 당시 자료도 항쟁 직후 삭제되고 말았다.[3] 심지어 그 때를 회고하고자 2017년 5월에 한국여성연구원 주최 워크숍에서 열릴 예정이던 점거시위 당사자 학생들의 회고논문 발표도 무산되었다. 당시에 이미 연구 및 언론보도를 위한 인터뷰 등을 금지하기로 내부적으로 합의한 상태라고 한다. 필자도 인터뷰를 시도했으나 이루지 못했다. 구성원들의 합의에 대한 준수 의지는 강력한 것이었다. 무엇보다 그때 일로 힘들어하는 학생들이 많다고 한다. 그에 따라 관련된 본격적인 연구도 이루어지지 않고 있다. 촛불집회에 관한 수많은 학회가 열리고 논문이 쏟아지고 있는 것에 비해서는 기이한 현상이다.

"아직은 때가 아니다"라고 할 수도 있다.[4] 아직 그것을 기억하기에는 해결되지 않은 문제들이나 상처들이 많이 남은 듯하다. 하지만 이른바 학생운동사의 관점에서 한 번 보자. 이대 항쟁의 주체는 대학생들이었고 그 항쟁이 총장을 사퇴시켰으며, 나아가 20년 군림한 명예총장마저 사퇴시키고 (한계는 있지만) 총장직선제를 쟁취했으며, 학생들이 지지하는 총장을 선출했다. 무엇보다 나비효과를 불러와 대한민국의 대통령을 탄핵하고 '정권교체'를 시킨 그야말로 성공한 봉기이다. 학생운동의 역사에서 이처럼 성공적이었던 사례가 과연 존재했던가? 그래서인지 박근혜 전대통령이 탄핵된 날, 많은 네티즌들이 이화여대 학생들에게 해시태그(#이화여대 감사합니다)를 통해 고마움을 표하였다.[5] 따라서 이화여대 항쟁은 운동방식의 독특성과 폐쇄성에도 불구하고, 학생운동의 역사에 기록될 수밖에 없으며 이미 더 이상 이대만의 것으로 제한하기 어려운 공적(public) 역사가 되어버렸다.

필자에겐 이대 본관으로 입장할 수 있는 '초록색 팔찌'가 없다. 하지만 이러한 문제인식에 따라 이대항쟁에 대해 거칠게나마 검토를 시작해 보고자 한다. 현재로서는 인터뷰도 수행하기 어렵고 온라인 커뮤니티도 분석할 수 없는 특수한 상황이기 때문에, 언론보도와 항쟁의 타임라인을 교차시켜가면서 '생존주의적 메리토크라시'라는 하나의 시각을 제시하는 데 그칠 수밖에 없다. 본격적인 경험 연구를 하려면 꽤 시간이 걸릴 것으로 보인다. 이 글에서는 이화여대 항쟁을 신자유주의 20년이 지난 보수화 국면에서 협소해진 학생운동의 지평 속에서 메리토크라시 이상(理想)을 가장 잘 보여주는 사회운동의 사례로 고찰해 보도록 하겠다. 그것은 평등주의적 부담을 과도하게 떠안고 있는 한국 대학체제의 '이상'과 초라한 '현실' 간의 현격한 괴리 속에서 탄생했다. 그리하여 가장 현실에 부합하는 적절한 전략과 운동방식을 보여주었고, 유례없이 성공적인 결과를 산출하였다.

하지만 이대항쟁은 성공했으나 동시에 많은 것을 상실하였다. 그것이 보여준 특수한 운동방식은 운동의 지속성을 담보하기 어렵게 하였는데, '익명성'을 기반으로 모두가 대표가 되는 매우 민주적이었던 운동은, 마무리된 후에는 '대표성을 둘러싼 후유증'을 낳게 되었다.[6] 또한 운동의 성과는 엄청났지만, 참여한 개인들은 이후의 '연대 및 조직화'를 실패 또는 거부함으로써 '개별화된 트라우마'를 각자 경험하고 그것을 각자 극복해야 하는 무거운 부담을 안게 되었다.[7] 특히 대부분의 사회운동의 특징인 사건을 기록하고 기억하는 작업이 아닌, '망각의 작업'을 선택하는 매우 특이한 행태가 포착되는데, 이는 향후 이대항쟁을 기념하거나 연구하기 어렵게 만들고 있다.[8]

2. 청년세대의 메리토크라시 이상과 생존주의

한국사회에 '평등주의'가 강력하다는 것은 대체로 널리 인정되는 편이다 (송호근, 2006; 강준만, 2009). 한국의 평등주의는 한국전쟁의 초토화 효과로 인해 기존 계층체계가 붕괴한 평등화 효과에 힘입었고, 이후에는 교육을 통한 계층상승의 회로가 급속한 경제성장과 맞물려 대체로 원활히 작동했다. "개천에서 용 나는 것"이 가능했으며 또한 그에 대한 광범위한 믿음이 작동하였다. "하면 된다"라는 표어는 학교교실을 비롯하여 어디에서나 볼 수 있는 것이었다. IMF 이후에는 이것이 자기계발 문화로까지 이어진다고 할 수 있다. 이런 분위기가 지배하면서 한국의 평등주의는 사회구조 자체를 평등하게 만드는 **사회적이고 공적인** 방향으로 작동하기보다는, '교육'을 유일무이한 수단으로 삼아 노력하면 성공할 수 있다는 공리가 지배하는 **'개인화된'** 방향으로 작동하였다 ("억울하면 출세하라").

이러한 한국 대중의 집합적 사고방식은 서구에서 제출된 '메리토크라시(능력주의: meritocracy)' 개념과 대비해볼만 하다. 영국의 사회학자 영(Michael Young)은 반세기 전에 메리토크라시 개념을 다듬었다. 영은 능력(merit)을 '지능'과 '노력'의 결합으로 묘사했다 (Young, 1958). 메리토크라시의 핵심에는 능력에 따른 보상과 '기회균등' 논리가 자리하고 있다 (장은주, 2012: 108–109). 개인의 능력을 최대한 발휘하여 성취를 이루기 위해서는 모두가 공정한 게임의 조건 하에서 능력을 발휘할 수 있어야 한다는 것이다. 기회의 평등이 주어진다면 그에 따른 차등적인 보상은 용인해야 하는 것으로 간주된다. 하지만 사회학자 벨(Daniel Bell)에 따르면, 메리토크라시 사회는 능력의 경주에서 실패한 이들은 열등한 존재(루저)로 낙인찍는 경향이 있다 (벨, 2006: 728). 메리토크라시는 자본주의 체제를 사실적이면서도 규범적으로 지배하고 있는 정의(justice) 관념을 제시하는 가장 강력한 논리라고 할 수 있다. 다니엘 벨은 기회평등의 원칙은 개인의 능력을 절대적 규범으로 일반화한 논리로서, 고전적 자유주의에서 유래했다고 지적한 바 있다. 고전적 자유주의의 기회평등 원리는 사회가 아닌 개인을 사회의 유일한 단위로 간주하며, 사회제도의 목적은 개인들에게 자신의 목적을 달성할 수 있는 자유를 제공하는 것에 머무른다. 따라서 자유주의 사회는 개인들의 능력 차이에 따른 경쟁과정을 공정하게 규제하는 절차를 마련해야 했다는 것이다 (벨, 2006: 755). 여기서 우리는 자유주의적 사회상과 메리토크라시의 긴밀한 연관성을 포착할 수 있다. 뿐만 아니라 탈산업사회, 즉 지식정보사회로의 사회변동은 전문지식을 통한 능력획득의 중요도가 더욱 강화된 사회라고 할 수 있다. 물론 전문지식은 고등교육 기관인 대학의 역할을 강화한다.

한국은 이러한 메리토크라시적 이상이 압도적으로 작동하는 사회가 된 것이다.[9] 동아시아의 유교전통이 메리토크라시적 사유방식의 전통을 현재까지 무겁게 전해주었다는 견해도 있지만, 여러 논자들이 언급하듯이 신자유주의적 사회변동이 이를 더욱 강화했다고 보는 것이 타당할 것이다 (장은주, 2017: 6-10; 나종석, 2017).[10]

여기서 메리토크라시를 이상(理想)과 체제(體制)로 구분할 필요가 있다. 메리토크라시 '체제'라 함은 능력에 대한 가능한 한 공정한 룰에 따른 평가에 기초하여 작동하는, 물적 토대를 갖춘 사회체제이다. 반면 메리토크라시 '이상'은 능력에 대한 공정한 평가의 룰을 도덕적 규준(規準)으로 삼는 에토스라고 할 수 있다. 이상과 현실의 간격/간극에 따라 우리는 체제와 이상의 '합치'와 '괴리'에 대해 말할 수 있다. 한국사회의 평등주의적 심성은 평등한 사회를 사회 전체적으로 구축하려 하기보다는, 개인 단위의 능력과 노력을 통해, 다시 말해 개인 단위의 사다리 오르기(개천에서 용나기)를 통해 추구했다고 할 것이다.

평등주의

사회구조적   개인적

메리토크라시 이상(理想) + 학벌주의

- -

메리토크라시 체제

↓ 붕괴

세습 체제

한국에서는 특히 교육과 밀접히 연관된 강고한 '학벌주의'가 형성되었다. 학벌과 능력이 등치되는 경우가 많지만, 사실 학벌주의는 그 단어 (學+閥)에도 드러나듯이 같은 대학 출신끼리 '능력에 무관하게' 밀어주고 당겨준다는 의미의 '연고주의'를 담고 있는 용어이다 (김상봉, 2004). 따라서 학벌에 대한 해석은 행위자가 처한 입장에 따라 달라질 수 있다. 학벌을 갖고 있는 자들은 자신의 학벌을 능력의 반영으로 본다. 반면 학벌을 가지지 못한 자는 학벌이 정당하게 능력을 반영하지 못한다고 생각한다. 물론 학벌을 가지지 못한 자가 학벌이 능력을 충분히 반영한다고 '믿는'다면 학벌체제는 더욱 공고한 헤게모니를 갖게 될 것이다.

메리토크라시에 대해서는 많은 연구자들이 부정적인 입장을 취하고 있다. 메리토크라시가 신자유주의의 핵심적 이데올로기라는 주장이 대

표적이다 (장은주, 2012; 김미영, 2009; 맥나미&밀러, 2015; Littler, 2013).[11] 하지만 오히려 그렇기에 신자유주의 시대에도 유일한 사회비판 논리로 살아남을 수 있다. 비록 메리토크라시가 양가성을 가진 '배반의 이데올로기'라 할지라도 이 부분은 한정된 시간차원에서는 의미를 가질 수 있다 (장은주, 2017). 왜냐하면 메리토크라시 유토피아에 기반한 메리토크라시적인 비판문법만이 이 시대에 유일하게 광범위한 '합의'를 이끌어내고, 나아가 어떤 경우에는 강력한 '동원력'을 발휘할 수 있기 때문이다.[12] 이제는 정치적 신념이나 이상에 따른 사회비판(이를테면 '진보적' 사회비판 논리)은 광범위한 동의와 동원력을 얻기 쉽지 않다. 반면 능력에 따른 공정한 자원배분이 제대로 이루어지고 있지 못하다는 비판은 광범위한 동의와 관심을 야기한다. 이를테면 한국사회에서 부정취업이나 부정입학 문제는 유달리 세간의 큰 관심을 끈다.[13]

한국 메리토크라시 체제의 역사적 변동을 우리는 '생존주의 세대'의 등장과 연계시켜 볼 필요가 있다. IMF 이후 당장의 취업조차 어려운, 취업이 설령 되어도 그 안정성을 담보할 수 없는 시대에 청년들은 어떻게 되는가? '생존주의'는 현재 청년세대의 자아구성을 강력하게 지배하는 일종의 마음의 레짐이다 (김홍중, 2015: 186). 김홍중에 따르면, 생존을 위해 고투하던 것은 한국의 근현대사 전반에 걸친 주된 흐름이다. 하지만 청년세대의 또는 IMF이후 한국사회에서 부상한 생존주의가 구별되는 점은, 생존 자체가 절대적 가치로 되어 사회구성원들의 행위준칙으로까지 부상한다는 점이다. 이를 메리토크라시 체제가 '붕괴'되는 현실이라고 할 수 있다. 위 그림에 입각해서 보면, 몇 년 전부터 유행하던 '헬조선' 담론은 메리토크라시가 붕괴된 현실에 대한 (현실적으로는 실현불가능한) 메리토크라시 유토피아에 준거하는 사회비판 담론이라

할 수 있다.[14] 실제로 마이클 영은 메리토크라시의 논리가 봉건적 세습적 특권을 비판하는 데 활용될 수 있다고 보았다.[15] 현재 한국에서 메리토크라시의 이상과 담론들은 넘쳐흐른다. 정의와 공정성에 대한 관심은 어느 때보다도 높다. 그럴수록 메리토크라시 이상과 현실의 괴리는 벌어져간다. 괴리가 벌어질수록 메리토크라시 이상의 관점에서 탈메리토크라시 현실을 더욱 강하게 비판하게 되는 것이다. 심하게 말해서 메리토크라시 논리에 이전보다 더 집착하게 되는 것이다. 청년세대들에게는 성공은 커녕 '생존' 자체, 즉 '평범한' 삶조차 어려워지고 있다.[16] '포기'하지 않는 것, 낙오하지 않는 것이 목표가 되어버렸다. 이를 '평범성의 유토피아'라고 부를 수 있다 (김학준, 2014: 136). 평범함을 추구하거나 낙오되지 않기 위한 치열한 생존 경쟁은, 오히려 경쟁에서의 룰에 대한 더욱 강력한 관찰과 감시, 그리고 집착을 유발한다. 무엇보다 경쟁의 핵심기관인 교육은 기울어진 운동장을 바로 잡아줄 임무를 안고 사회경제적 불평등과 양극화의 실패를 해결해야할 부담을 과도하게 떠안게 된다 (헤이즈, 2017: 83). 이제 우리가 살펴보게 될 대학의 학생운동과 관련된 함의를 이로부터 끌어낼 수 있다.

우리는 **메리토크라시 체제 붕괴 국면에서는 메리토크라시 이상이 유토피아이자 비판문법으로서 오히려 더 강력하게 작동**하리란 가설을 세워볼 수 있다. 그간 한국사회의 평등주의적 경험은 이러한 메리토크라시적 이상에 대한 집착을 상대적으로 더 강화시켰다. 메리토크라시의 문법은 기존 체제의 트랙(track)을 벗어나지 못하는, 체제 내 유토피아이자 절반의 유토피아다. 그것은 체제 너머를 상상하기엔 역부족이다. 그렇기에 오히려 체제 내 게임의 룰에 대해 더욱 집요하게 따질 수밖에 없다. 체제 외의 방식으로 생존할 수는 없고 경쟁할 수도 없으며, 사회

구조가 뒤집힐 때까지 기다릴 수도 없기 때문이다. 게다가 그것은 자신의 생존에 방해가 되는 타인이나 소수자에게 '무임승차'나 '역차별'이라는 낙인을 가하기도 한다 (오찬호, 2015).[17] 하지만 현재와 같은 메리토크라시 붕괴 국면에서는 그것이 비판의 문법으로 강력히 작동한다는 점도 부인할 수 없다.

이화여대 항쟁이 한국 신자유주의 20년 동안의 보수화 국면에서 좁아진 운동의 전망 속에서 등장하게 된, 메리토크라시적 비판문법을 가장 잘 보여주는 사회운동의 사례라고 볼 수 있다. 이렇게 보면 기존의 학생운동과 다른 이대항쟁의 특질들을 이해하는 데 도움이 될 것이다.

3. 서바이벌 키트, 불안한 학벌

1) 불안한 학벌: 미래라이프대 반대투쟁

미라대 설립을 반대하는 본관 점거 시위가 애초에 시작된 것은 분명 '이화 브랜드'의 훼손(학벌의 훼손에 대한 불안?)에 대한 불쾌감이 존재했던 것 같다. 7월 28일 이화여대 온라인 커뮤니티('비밀의 화원')에 미라대 설립을 위한 본부의 평의원회의가 열린다는 소식이 게재되자 이 사업이 학교의 격을 떨어뜨린다는 감정적 토로가 시작되었다 (이지행, 2016: 241). "누구는 죽을 둥 살 둥 힘들게 시험 봐서 들어와 4년 만에 따는 학위를 누구는 무시험으로 들어와 그것도 2년 반 만에 딸 수 있다니"라는 게시판의 글은 이들의 분노를 잘 보여준다 (이지행, 2016: 257). "어렵게 공부해서 들어온 대학인데, 학교 레벨이 낮아지는 건 문제잖아요. 내 권리를 지키자는 건 당연한 거 아닌가요"[18]라는 인터뷰 내용도 보도되었다. 이렇듯 처음 이대생들이 미라대 사업 철회를 요구했을 당시, 언론의 시각은 부정적이었으며 대중들의 여론도 부정적이었다. 이대생들이 '학벌주의'라는 이기적 목표에 따르고 있다는 것이다.[19] 게다가 학교측과 교육부는 이러한 이대생들을 비난하듯 미라대가 기회를 더 많이 주고 학벌주의를 극복하는 측면을 갖고 있다고 주장했다.[20]

이러한 초기의 불리한 담론지형을 이대생들은 어떻게 돌파할 수 있었을까? 학벌주의라는 혐의를 '보편주의적 논리'를 구사함으로써 극복했다. 사실 '학벌주의'라는 용어는 현실에 대한 분석을 호도하거나 굴절시키는 측면을 갖고 있다. 학벌주의에 내포된 감수성의 결이 시공간에 따라 다를 수 있는데, 그러한 차이들이 사장될 수 있는 것이다. 처음에 이대생들의 학벌주의에 대한 SNS상의 비난은 굉장했다. 하지만 이대생의 본관점거 시위를 '학벌주의'라는 한 단어로 재단하는 것은 분명 문제가 있다. '이대부심'이라는 용어가 이러한 손쉬운 재단을 잘 보여준다. 학벌주의와 싸우던 시민단체 '학벌 없는 사회'의 최근의 해체에서 보듯이, 학벌의 문제보다 훨씬 더 심각한 사회불평등의 문제가 압도적이다 보니 학벌로도 더 이상 계층상승에의 벽을 넘어설 수 없다는 이야기가 공론화되었다.[21] 또한 명문대 졸업생이 고시가 아니라 (과거에는 쳐다보지도 않던) '9급 공무원' 시험을 치른다는 사실이 언론에 보도된 지도 꽤 오래되었다. 이는 '학벌의 불안'이 광범위하게 존재함을 추측할 수 있게 한다. 경쟁의 심화로 인해 과거보다 더 확실한 학벌을 가져야만 낙오하지 않는 소수에 낄 수 있다는 인식이 강화된다. 따라서 취업시장에서 졸업장의 가치 저하라는 '원초적 공포'가 존재한다고 할 수 있다. 학벌주의가 적극적으로 선택되었다기보다, 학벌이 '방어적 필수재'(서바이벌 키트)가 된 것이라고 해석할 수 있다. 따라서 최근의 학벌주의는 생존/낙오 사이에 놓인 주체들의 절실한 불안감이라고 보아야할 것이다 (벨, 2006: 737).[22] 생존주의 세대에게서 학벌주의가 더욱 강화된 것 같지만, 그것은 '자부심'이라기보다는 미래에 대한 불안을 완화해주는 '불안 완화제'로서의 성격이 강화되었다고 할 수 있다.

이대생들은 학벌주의라는 외부의 공격을 잘 방어했다고 할 수 있다. 학내 온라인 커뮤니티 논의 과정에서 이대 학생들은 담론을 '보편화' 시키는 방향으로 나아갔다. 학생들을 본관에서 '공부시위'를 하거나, "학문을 위한 대학에 다니고 싶습니다"라는 문구를 들었다. 평생교육원이 기존에 존재하는데 평생교육 단과대학을 만드는 것은, 기회균등이 아니라 '학위장사'에 불과하다며, 공정한 기회부여와 미라대 사업은 거리가 멀다고 미라대 사업을 비판했다. 학위장사라는 '대학상업화' 프레임을 도입하였을 뿐만 아니라, 미라대의 '성차별'적 학과편성, 본부의 교수 및 학생과의 소통 결여라는 '절차'적 정당성의 문제를 제기했다. 나아가 2년 반 만에 이대 학위를 주는 것은 능력주의 붕괴이자 그것이야말로 오히려 학벌주의를 조장한다고 맞받아쳤다. 이러한 이대생들의 성찰성은, 소위 '여성혐오' 현상으로 표출되는 외부의 시선에 대한 의식이 큰 역할을 한 듯하다. 외부의 부정적 시선이 오히려 운동이 '전략적'으로 사고하는 계기로 작용했다고 볼 수 있다. 또한 교육소비자의 입장에서 미라대 설립을 비판하기도 했다. 자신이 구매한 액수에 걸맞는 교육서비스를 받아야 하는데 학교측이 서비스의 가치(특히 학벌의 가치)를 하락시키는 행위를 했으니 이에 반대할 수 있다는 논리다. 시장 논리에 맞서 시장논리로 대항하는 것은 분명 한계가 있지만, 학벌주의라는 비난에 대처하는 보완 논리 및 전략적 프레임으로는 나쁘지 않은 것이었다고 생각된다.

미라대 반대운동이라는 단일 사안만으로 이렇게 사태가 커진 것은 아니다. 최경희 총장 재임 기간 동안 이루어진 학사행정에 대한 불만도 그동안 쌓였다. 학점 3.75를 넘긴 학생들 1500명에게 50만원씩 주던 성적장학금 제2유형을 학생들과 단 한마디 상의 없이 폐지했으며, 해외캠퍼스 추진 사실은 기사가 나온 후에야 학생들이 알았고, 교수들에게도 사업 추진 직전에서야 이메일로 통보하였다. 본관 점거 농성 중인 학생들은 8월 7일자 성명서에서 △파빌리온(커피숍 등이 있는 상업 목적 공간) 건설 △프라임(산업연계 교육활성화 선도대학) 사업 △신산업융합대학 △성적 장학금과 중앙도서관 24시간 운영 폐지 △학생 자치활동에 대한 모욕 △해외캠퍼스 추진 등을 최경희 총장의 불통(不通) 역사로 꼽으면서, 본부측에 대항하는 도덕적 우위를 구축했다.[23]

2) 대학의 반민주성: 공권력 과잉투입과 총장 퇴진시위

학생들은 미라대 결정을 위한 평의회가 열리는 본관을 점거하고 총장과의 대화를 요구했다. 7월 30일 주지하다시피 무려 1,600여 명의 경찰병력이 출동했다. 본부측의 명목은 평의회를 위해 본관에 모인 교수들이 '감금'되었다는 것이었다. 총장은 학생들을 만나기로 해놓고 경찰을 불렀으며, 본부측에서는 경찰을 부른 사실이 없다고 해명했지만 경찰에서는 학교에서 불러서 들어갔다고 해명하는 등, 두 번의 거짓말이 드러났다. 경찰진압에 대한 비판적 여론에도 불구하고 8월 1일 최경희 총장은 기자회견을 열어 본관점거 해제를 요구하였는데, 본관점거는 '불법'이며 점거자들은 "순수한 우리 학생일 리가 없으며"(외부세력 개입 주장),

교수들을 '감금'했다고 주장했다. 일부 언론들이 이를 받아 '감금' 프레임을 내세웠으나, 그다지 효과적이지 못했다.

감금 프레임보다는 '학내 경찰투입'과 '폭력적 진압'이 더 큰 설득력을 지녔다.[24] 이때 이대생들은 SNS와 언론을 통한 여론전에 성공했다. 경찰진압 관련 동영상이 인터넷에 여러 건 공유되고, 특히 걸그룹 소녀시대의 〈다시 만난 세계〉 합창 동영상이 화제를 낳았다. 동영상에는 경찰에 의해 끌려 나가고 들려나가면서 울부짖는 학생들의 모습이 보이는데, 많은 경찰이 현장에서 카메라로 채증을 했지만 감금당한 교수들의 동영상은 찾을 수 없었다. 감금 프레임의 설득력이 떨어졌던 것이다. 민중가요가 아닌 소녀시대의 대중가요를 부르는 모습은 '순수하지 않은 학생'이라는 총장의 주장에 대한 반론으로 작용한 듯하다. 대중가요를 부르는 학생운동의 모습은 앞으로도 계속 전개될 '순수성 프레임'에 이 운동이 강하게 준거할 것임을 알 수 있게 해준다. 심지어 '존댓말'을 쓰는 것도 특이하다. 학생들은 총장에게 계속하여 '님'자를 붙여 불렀다.[25]

바로 이 경찰진입 때문에 대중적 관심이 폭발했다. 이로 인해 이화여대 졸업생들이 가세하여 '졸업장 반납' 퍼포먼스를 수행했다 ("언니가 왔다"). 총동창회의 압박도 시작되었다. 일부 교수들도 총장 사퇴를 요구했다. 결국 8월 3일 학교측은 미라대 설립을 취소했다.[26]

경찰의 무리한 투입은 사실상 이대 학생측에 압도적인 도덕적 우위를 부여했다고 할 수 있다. 그런데 학생들은 미라대 취소라는 초기의 목적을 달성했지만 점거를 풀지 않았다. 학생들은 본부측에 교육부의 미라대 취소 공문을 보여 달라고 요구하였는데, 교육부에서는 폐지계획이 없다는 답변이 왔다. 이로 인해 학생들이 다시 한번 분노하게 되었다. 총장에 대한 신뢰를 잃어버린 학생들은 이제는 최경희 총장의 사퇴를 요구하면서 점거를 지속했다. 본관점거는 무려 86일간 지속되면서 한국 학생운동사에 새로운 기록을 남겼다. 애초 목표였던 미라대 취소는 이제 후순위로 물러났으며, 학교측의 불통과 공권력의 침탈이라는 의제가 부상한 것이라 할 수 있다.[27]

이처럼 경찰투입 이후에는 학교행정의 '반민주성' 담론으로 급격히 변모한다. 그런데 시위방식을 우리는 주목할 필요가 있다. 이대생들의 시위는 그 지향성과 연대 대상, 의사결정 방식에서 기존 시위와 큰 차이를 보였다. 학생들은 '반(反)정치' 또는 '순수주의' 입장을 취했다. 초기 "순수한 이대생들이 아닌 것 같다"는 학교측의 공격논리에 대항하면서, 이들은 외부와 선을 긋고 '폐쇄성'을 지향하기 시작했다. 그래서 다른 대학들과의 연대도, 심지어 총학생회의 주도도 거부하였으며, 무엇보다 정치권과의 연대 및 운동권과의 연대도 배제하였다.[28] 또한 모든 사안을 '학내문제'라고 한정했다. 연대의 대상은, 이대라는 학교를 연결고리로 선배 및 졸업생, 학부모들과의 연대만으로 한정되었다. 8월 중 시위 규모가 점점 커졌던 것은 선배와 졸업생들의 참여 덕분이었다. 이는 기존 사회운동의 '연대' 문법과는 달리, 학연적 '동질성'에 기초한 연대였다고 할 수 있다.[29] 의사결정도 '느린 민주주의(달팽이 민주주의)'에 입각하여 '직접민주주의' 실험이 진행되었다. 만민공동회와 온라인 커뮤니티를 통해 의사결정이 직접적이지만 신속하게 이루어졌다. 이들은 서로 '벗'이라는 수평적인 호칭을 사용하고 마스크를 써서 '익명성'을 유지하며, 지도부의 일방적인 지도를 거부했다 (대표되기의 거부).[30] 사실 과거의 학생운동이든 사회운동이든 항상 문제가 되었던 것이 운동의 과실을 지도부가 가져가는 문제였는데, 익명성과 권위적 지도 거부는 이러한 문제를 방지한다는 점에서 긍정적으로 평가할 수 있다. 허나 이와 같은 수평적 직접민주주의는 '집단지성'의 작동으로 볼 수 있으면서도 소수의 의견을 다수결로 묵살하기도 하는 양면성을 지닌다. 핵심적인 것은 이러한 '반정치적' 시위방식이 당시의 한국사회구조에 부딪히면서 매우 '정치적인' 결과를 야기했다는 점이다. 적어도 운동의 '전략'이라는 측면에서는 이런 방식이 성공적이었다. 1987년 민주화 운동이 작동했던 '최대합의' 방식이 작동했던 것이다 (이주희, 2016: 59). 그리하여 미라대 취소 이후에는 최경희 총장 퇴진에 모든 역량이 집중되었다.

만일 경찰의 무리한 투입이 강행되지 않았다면 사태가 어떻게 전개되었을까? 소위 '이대부심'을 지적하며 이대에 대해 곱지 않은 시선으로 바라보는 대중과 언론의 부정적 여론으로 실패했을 것인가? 알 수 없다. 분명한 것은 이제는 불안한 학벌보다는 학교측의 반민주성으로 담론이 이미 이동했다는 점이다. 그리고 이 반민주성 문제는 이대뿐 아니라 모든 대학들이 당면한 교육체제의 문제였으며 보편적인 것이었다. 메리토크라시 이상에서 출발한 운동이 좀 더 구조적인 지평으로 나아갈 기회였다고 할 수 있다. 하지만 이대생들은 이를 학내문제로 한정하여 바라보고자 했다. 경찰 투입 이후 다른 주체들과 연대했으면 어떻게 되었을까? 외부세력과 연대했다면 '배후조종' 프레임이 먹혀들었을까. 알 수 없다.

본관 점거는 지속되었고 경찰은 이제 점거된 본관에 진입하지 않았다. 2016년 8월 동안 대규모 시위가 세 차례나 있었다. 미라대 취소 직후인 8월 3일(1만여 명)뿐 아니라, 8월 10일에 3만여 명이나 참여하는 대규모 시위가 있었으며, 졸업식에서도 시위가 벌어졌다. 이 와중에도 본부측은 3명의 학생이 경찰에 소환되는 것을 그냥 내버려두었다. 결국 8월 18일, 8월 24일 이대 교수협의회도 총장사퇴를 요구하는 성명서를 발표했고, 8월 25일에는 졸업생 3,000여 명이 총장 사퇴를 요구하는 서명서를 제출했다. 9월 12일에는 학생총회가 개최되었으며, 10월 7일 3차 총시위가 열렸다. 이렇게 시위의 외연을 확장하는 와중에 '정유라' 부정입학 사건이 터지게 됨으로써 이대항쟁의 국면은 새롭게 전환되었다.

4. 메리토크라시 체제의 붕괴

> "능력 없으면 니네 부모를 원망해. 있는 우리 부모 가지고 감놔라 배놔라 하지 말고. 돈도 실력이야. … 남의 욕하기 바쁘니 아무리 다른 거 한들 어디 성공하겠니?"[31]
>
> (최순실의 딸 정유라, 『경향신문』 2016년 10월 19일 단독보도)

부모는 능력주의 시스템과 가장 거리가 먼 '봉건적' 상징의 핵심이다. 근대화 과정은 전형적인 근대화 이론에 따르더라도, 혈통에 근거하는 신분제적 '특수주의' 시스템에서 능력에 근거하는 보편주의적 시스템으로 이행하는 과정이다 (파슨스, 1999). 비록 자본주의 도래 이후 새로운 양식의 계급사회가 도래했더라도, 계급사회는 적어도 보편주의에 입각해 현실의 불평등을 정당화할 수 있어야 큰 저항 없이 작동될 수 있다.[32]

따라서 이대에 부정입학하고 학점마저 부정하게 취득한 정유라의 저 발언은 메리토크라시적 이상을 부정하는 발언이다. 하지만 이 발언이 폭발력을 가졌던 이유는, 당연하게도 체제론적으로는 사실이기 때문이다. 즉 메리토크라시 체제의 붕괴를 가리킨다. "돈은 능력이다. 하지만 돈은 부모가 준다. 따라서 부모가 능력이다" 이 발언은 한국이 메리토크라시 체제에도 훨씬 미달함을 폭로하였다. 이 발언은 중고등학생들과 그들을 좋은 대학에 보내려던 학부모들, 취업을 준비하던 대학생들을 자극하여, 결국 박근혜-최순실 게이트를 전국민적인 '관심사'로 상승시켰다. 이 발언이 보도되기까지 몇 차례 이대 부정입학에 대한 보도가 이어졌고 최순실이 이화여대로 찾아가 행패를 부린 사실도 보도되었다. 결국 정유라의 발언은 이화여대 문제를 대학 내 문제가 아닌 한국사회 전반의 문제로 폭발시켰다.

이어진 이대 '학사농단'에 관한 보도들은 메리토크라시를 지탱해온 대학이 권력과 자본에 의해 너무나 손쉽게 '관통' 혹은 '붕괴'되었음을 보여주었다. 학사농단 사건은 애초에 이대 항쟁이 '메리토크라시적 이상'에 의해 출발했음을 다시 한 번 상기시켜준다. 그런데 이 사건을 비판하는 과정에서도 메리토크라시적인 비판문법이 동원되었는데, 당시 화제가 되었던 대자보가 이를 잘 보여준다.

"누군가는 네가 부모를 잘 만났다고 하더라. 근데 난 그렇게 생각하지 않아. 부럽지도 않아. 정당한 노력을 비웃는 편법과 그에 익숙해짐에 따라 자연스레 얻어진 무능. 그게 어떻게 좋고 부러운 건지 나는 모르겠다.
이젠 오히려 고맙다. 네 덕분에 그 동안의 내 노력들이 얼마나 빛나는 것인지, 그 노력이 모이고 쌓인 지금의 내가 얼마나 괜찮은 사람인지 실감이 나.
비록 학점이 너보다 낮을 수도 있겠지만, 나는 너보다 훨씬 당당해. 너, 그리고 이런 상황을 만든 부당한 사람들에게 그저 굴복하는 게 아니라, 내 벗들과 함께 맞설 수 있어서 더더욱 기쁘고 자랑스러워. 아마 너는 앞으로도 이런 경험은 할 수 없을거라니, 안타깝다."[33]

이대 학생들은 어떻게 10월까지도 본관점거를 이어갔을까? 8월말 졸업식에도 총장야유 시위를 했고, 졸업생 대표는 총장의 악수를 거부했다. 개강 후 많은 학생들이 등록금을 분할 납부함으로써 학교 재정을 곤란하게 만들었다. 기존에 강제동원으로 여겨지던 채플은 매번 총장사퇴 구호를 외치는 기회의 공간으로 활용되었다. 9월 12일 긴급학생총회에는 4,000여 명의 재학생들이 참석했다. 학생들은 국회의원들과 교육부에 '민원'을 제기했고, 9월부터 이대 학사비리가 국정감사 의제가 되도록 만들었다. 의류학과의 한 학생은 정유라의 학점비리를 언론에 제보하여 또 한 번 국민적 공분을 이끌어냈다.[34] 각종 의혹 속에 교수들마저 총장 사퇴를 강하게 요구하게 되었고, 결국 최경희 총장은 10월 19일 사퇴했다. 11월 16일에는 20여 년 명예총장으로 있으면서 이사장과 이사직을 지내던 윤후정씨도 이어진 사퇴요구에 못이겨 자리에서 내려왔다.[35]

학생들은 본관점거 농성을 풀면서 연 기자회견에서 최경희 총장의 경찰투입은 잘못된 행위이고, 옳은 것은 옳은 것이며 그에 대해 책임을 져야 한다는 신념으로 86일을 버텼다고 말했다.[36] 학생들은 교수들을 이끌고 갔다. 학생들이 먼저 의제를 제기했고 교수들은 따라갔다. 이는 과거 학생운동과 별다른 차이를 보이지 않는다. 사실 과거의 운동들은 교수들을 묶어 적으로 돌리는 경우가 많았는데, 이대 학생들은 꼬박꼬박 교수'님'이라고 부르고 교수들이 동참을 선언하자 눈물을 흘리는 학생들이 많았다. 이러한 장면은 확실히 기존의 학생운동 문화와는 다른 것이다.

5. 평등주의 환상의 담지자 대학

앞서도 언급했지만, 한국 메리토크라시 체제의 붕괴로 인한 메리토크라시 이상의 과잉은 대학체제에 과도한 기대와 부담을 안기고 있다. 대학은 이미 계급재생산의 기능에 더 충실한 현실인데도, 능력주의 원칙에 더 복무하도록 (매우 이상적으로) 요구받는 것이다. 따라서 당면한 학령인구 감소에 따른 구조조정의 기준으로 단순 취업률뿐 아니라(프라임사업이 대표적이다), 이와 같은 메리토크라시 이상을 반영하는 것도 포함되고 있다. '평생교육단과대학' 사업은 대학들의 생존(대학 학위의 상업화)과 메리토크라시 이상을 기괴하게 조합한 사업이라고 할 수 있을 것이다. 메리토크라시 이상은 기존 학벌서열 체제를 고수하는 학생들과, 직장인들까지 끌어들여 생존하려 하는 대학들 양자 모두 갖고 있는 이상이지만, 양자 사이에 그 해석을 둘러싼 '동상이몽'이 존재함에 따라 이대 사태에서 그 파열음이 발생한 것이라고 해석할 수 있다.

따라서 이대 항쟁을 대학체제의 맥락에서 볼 필요가 있다. 이대사태의 근본 원인은 교육부의 졸속 대학정책에 있다. 이는 많은 언론보도에서도 지적하는 바이다. 박근혜 전 대통령은 2015년 8월 6일 대국민담화에서 "선취업 후진학 제도를 더욱 발전시켜 고등학교를 졸업하고 곧바로 취업을 하더라도, 원하는 시기에 언제든지 학업의 기회를 가질 수 있도록 하겠습니다"라는 발언을 했고, 이후 교육부는 이를 받아 엄청나게 빠른 속도로 '평생교육단과대 사업'을 12월 발표하고, 2016년 5월에 1차 사업자를 발표하고 7월에 추가 사업자를 발표하는 등 졸속으로 추진하는 양상을 보였다.

실제로 교육부의 평생교육단과대학 사업은 이대사태에도 불구하고 지금까지 추진되고 있다. 이대생들의 반발이 선견지명이 있었던 것으로 보이는 것은, 평생교육체제 지원 대학(당시 평생교육단과대학) 9개교가 모두 정원을 채우지 못했다. 이들이 운영하는 42개 학과 가운데 41개학과가 미달됐다. 정권이 교체된 후에 편성된 예산은 504억에서 423억으로 삭감되었다. 이미 사업 대학이 정해진 마당이라 사업 자체를 없애기도 어렵지만, 평생교육단과대학 사업은 실패라고 단정지어도 무방할 것 같다.

지금처럼 한국 대학들이 메리토크라시 이상과 체제에 기반하면서도 그 이상과 체제를 부정하는 사태가 지속된다면, 신자유주의적 흐름으로 보수화된 현재의 국면에서는 다소 보수적 이념인 메리토크라시 이상과 기준에 의해서도 생각보다 강력한 저항에 놓이게 된다는 점이 이대항쟁에 의해 잘 드러난다.

6. 결론

이 글은 이화여대 항쟁이 신자유주의 20년이 지난 보수화 국면에서 협소해진 학생운동의 지평 속에서 메리토크라시 이상(理想)을 가장 잘 보여주는 사회운동의 사례로 고찰해 보았다. 그것은 평등주의적 부담을 과도하게 떠안고 있는 한국 대학체제의 이상과 실제 초라한 현실 간의 현격한 괴리 속에서 탄생했다. 그리하여 가장 현실에 부합하는 적절한 전략과 운동방식을 보여주었고, 유례없이 성공적인 결과를 산출하였다. 체제 내 유토피아를 상정하는 메리토크라시적 기준에 입각한 운동은 익명성, 직접민주주의, 동질적 연대, 조직화의 실패, (기억의 정치가 아닌) 망각의 정치 등 독특한 특성을 보여주었다. 이 모든 특징은 성공의 조건이기도 하고 한계가 될 수도 있는 것들이다. 따라서 이대 항쟁은 그 큰 역할에도 불구하고 지속성을 지니지 못했다.

능력주의는 고시신화나 대학입시문화 등에서 보듯이 한국 현대사에서 오랫동안 존재하던 대중적인 이념이다. 다만 IMF이후의 능력주의는 과거와 달리 성공보다는 '생존', 즉 평범하게 사는 것을 추구한다. 하지만 평범하게 사는 것이 어려워진 상황에서 능력주의는 '생존주의적 능력주의'가 되고, 이는 강자가 아닌 사회적 약자를 향해 '능력검증'의 칼을 휘두를 가능성을 높인다. 심지어 이제는 강자에 대한 '분노'의 감정은 사라져가고, 약자에 대한 혐오나 공격성의 방향으로만 치우치는 것이 아닌지 우려스럽다. 생존주의적 능력주의가 이러한 방향성을 갖게 된 것은 '차별'에 대한 해석방식을 변화시켰기 때문이다. 차별당하는 자(또는 피해자, 피억압자)에게 명시적인 준거점을 두는 논리에 비해, 그들의 능력을 일차적으로 평가하기 때문이다. 무조건적으로 "공짜점심은 없다"고 보는 것이다. 능력주의는 약자에게는 미래의 사회적 업적이나 위치를 기대하면서 현재의 문제를 덮어두게 하고, 강자에게는 현재의 사회적 업적이나 위치를 사후 정당화하는 보수적 경향을 내장하고 있다. 최근 들어 대두되는 정규직들의 "비정규직의 정규직화 반대"의 절대적 준거점이 '시험성적'이라는 점은 생존주의적 메리토크라시와 관련시켜야 이해할 수 있는 현상이다.

극심한 경쟁과 평범하게라도 살고 싶은 청년세대의 생존주의는 능력주의와 결합하여 사소한 능력 차이조차 사회구성원을 등급화하고 구별짓는 기제로 활용되고 있는 듯하다. 청년세대들은 심지어 2018년 초 남북단일팀 구성에 대해 반대하는 논거로도 이 능력주의 이념을 활용하였다. 말하자면 남한 내에서 소수자/약자에 대한 능력검증의 칼이 북한팀에게도 향할 수 있는 셈이다. 이 간단한 사례로도 청년세대의 사고방식이 남북의 문화적 심정적 통일에 부정적임을 알 수 있다. 경쟁으로 인한 불안은 청년세대의 영혼을 이미 심각하게 잠식한 것으로 보인다.

이런 측면에 한국 교회는 주목할 필요가 있다. 많은 한국 교회들이 세속적 기준에 따른 등급화 논리를 오히려 하나님의 은혜를 보태가면서 강화하곤 한다. 성공에 대해서는 축복이라고 하고, 실패에 대해서는 고통에도 뜻이 있다고 하면서 말이다. 신약에 나온 달란트 비유를 능력주의로 잘못 해석하기도 한다. 달란트 논리는 시험성적 같은 일원화된 기준에 따른 인간 등급화와는 거리가 멀다. 다양성이 전제되어 있고 각 개인의 형편을 감안하는 보다 여유로운 논리를 담고 있다. 교회가 해야 할 가장 시급한 책무는 교회가 청년들이 경쟁에서 어느 정도 벗어나 쉴 수 있는 공동체가 되는 것이다. 나아가 메리토크리시 체제의 피말리는 작동을 조금이나마 완화할 수 있는 힘을 갖는 것이다.

❖ 주

1) 최경희 총장은 이후 구속되었고, 2017년 11월 14일 2심 재판에서 징역3년이 선고되었으며, 2018년 5월 15일 대법원에서 징역2년이 선고되었다.
2) 이대항쟁과 촛불의 관계를 묘사하는 가장 유명한 문장이 있다. "고구마를 캐다가 무녕왕릉이 나왔다."
3) 10월 19일 최경희 총장 사퇴로 본관 점거를 해제하면서 이대 학생들은 점거 기간 동안의 온라인 및 오프라인 기록을 삭제하기로 합의했다. 그렇게 하기로 한 가장 큰 이유는 '교수 및 교직원들의 보복' 때문이다 ("이대시위는 결국 승리했는가," 『한겨레21』, 2017. 11. 13).
4) 한국여성연구원의 발표가 무산된 배경에는 "내부적으로 합의되지 않았다"라는 주장과 아직 정신과 치료를 받는 학생들이 있어 "아직은 때가 아니다"라는 항의가 있었다.
5) "이화여대 감사합니다" 탄핵가결 후 해시태그 물결(위키트리, 2016. 12. 9) http://www.wikitree.co.kr/main/news_view.php?id=284866&fb=1
6) 수업시간에 이화여대 학부생이 이대항쟁을 가지고 발표한 적이 있다고 한다. 하

지만 듣던 수강생들이 "너희들이 뭔데 우리를 대표하냐"라고 항의했다고 한다.

7) 이대항쟁 경과에 대한 타임라인은 다음을 참조. (카드뉴스) 타임라인으로 보는 84일간의 이대사태 http://m.post.naver.com/viewer/postView.nhn?volume No=5291551&memberNo=22213349&vType=VERTICAL

8) 나는 이화여대를 졸업하거나 이화여대에서 박사학위를 받은 연구자들 몇 분에게 이대항쟁 연구를 왜 안하느냐고 물어본 적이 있다. 하지만 그 분들은 당사자라서 오히려 연구할 수 없다고 말했으며, 차라리 제3자인 내가 연구하는 것이 오히려 가능한 일이라고 언급하였다.

9) 메리토크라시의 기원을 유교 문화에서 찾을 수도 있다 (장은주, 2012:126). 다른 한편 동아시아적 특수성이라고 보는 견해도 있다. 다니엘 A. 벨의 경우, 중국의 정치체제가 메리토크라시 원칙으로 운영된다고 주장한다. 이를 그는 '현능주의'라고 부르며 경쟁을 통하여 '현명한' 엘리트를 선발하는 기제를 강조한다 (벨, 2017).

10) 나종석은 19세기 이후 신분제 해체와 더불어 '전국민의 양반화' 작업이 진행되었다고 보고 있으며, 그로 인한 평등주의가 한국 민주주의의 역동성의 근거가 되었다고 본다. 하지만 역시 장은주 주장처럼 유교전통이 입신출세주의라는 다소 부정적인 유산을 제공한 것도 부인할 수 없다.

11) 능력주의는 능력을 측정하는 교육체제 외부의 존재들을 '배제'하는 논리로 작동한다. 신자유주의적 메리토크라시를 찬양하는 대표적인 저작으로는 국내에서 베스트셀러가 되기도 했던 토머스 프리드먼의 『세계는 평평하다』가 있다 (헤이즈, 2017: 81).

12) 물론 학벌소유자와 비소유자 등의 위치 차이, 그리고 어떠한 능력을 훌륭한 능력으로 평가하느냐의 해석 차이에 따라 통합보다는 극심한 갈등이 벌어질 수 있다.

13) 2018년의 사례로는 인천공항 비정규직 및 기간제 교사의 정규직 전환 논쟁, 남북한 단일팀 논쟁 등이 있다.

14) 헬조선 담론에서 가장 부각되는 것이 '노오오오력'이라는 표현이다. 아무리 노력해도 생존하거나 성공하기 힘들다는 것을 자조적으로 표현한 것이다.

15) 반면 마이클 영은 메리토크라시 체제도 새로운 불평등 논리를 체계화하는 신종 계급사회이자 디스토피아라고 보았다 (Young, 1958). 특히 그는 능력주의가 좌파의 이상을 무력화시킨다고 보았다. 그 핵심은 '연대의식'의 소멸이다. 능력주의 엘리트들은 자신이 속한 계급이 아니라 '능력자 계급'에게 연대감을 갖는다. 노동계급이 교육을 많이 받게 되면 자신이 출생한 노동계급으로부터 멀어지는 생애경로를 택하기 때문이라는 것이다 (헤이즈, 2017: 81).

16) "이제 국가 앞에 당당히 선 '일베의 청년들'," 『시사인』 267호, 2014.9.29

17) 미국에서는 1960년대를 거치며 개방입학제라든가 적극적 차별시정 조치, 즉 흑인과 여성, 빈민 등 사회적 소수자를 현재의 능력이 뒤지더라도 우선적으로 선발하도록 하는 적극적 차별시정 정책이 확산되었는데, 이조치가 소위 능력주의 원리를 무너뜨리는 것이라는 반론이 광범위하게 제기되었다. 이는 소수자가 '무임승차'한다는 최근 광범위하게 퍼지고 있는 한국 청년세대들의 논리와 유사하다.

하지만 개방입학제 자체도 기회균등의 논리로부터 발원한 것도 역시 사실이다.

18) "이대만의 소비자운동 말고 뭣이 중허냐고?," 『한겨레』, 2016.8.10.

19) 이를테면 2011년 한국외국어대학교의 서울 캠퍼스와 용인 캠퍼스의 통합 추진에 대해 서울 캠퍼스 학생들은 기존의 서울과 용인 간의 차이가 무화된다면서 반대한 적이 있다. 과연 이대 미라대에 대한 이대생들의 반응이 이 경우와 어느 정도나 비슷한지는 좀 더 검토할 필요가 있다. (한겨레신문 팟캐스트 〈디스팩트 시즌3〉 14회 중) 이후 보겠지만 이대의 경우, 성별화된 학과편성이나 절차적 문제를 제기했다는 점에서 쟁점을 보편적인 방향으로 발전시켰다는 차이가 있다. 중요한 것은 학벌주의냐 아니냐가 아니라, 어떤 학벌주의냐이다.

20) 이 문제를 간명하게 요약한 것은 이대동문이자 간호학과 명예교수인 최영희 전 국회의원의 인터뷰 발언 같다. 일각에서는 학벌 이기주의는 이화의 설립 취지에 어긋난다고 지적한다. 설립 당시 이화는 배움 앞에서는 평등해야 한다며 노비의 딸도 받아들였다. "물론 그런 의견도 있다. 하지만 이 문제는 다르다. 평생교육원을 별도로 두는 건 몰라도 정규 학사조직에 편입시키는 건 문제가 있다. 현재 한국의 민주교육제도에는 교육사다리가 다양하게 갖춰져 있다. 2년제 대학에서 4년제 대학으로 편입할 수도 있고, 평생교육원 학점을 일반대학 학점으로 인정받을 수도 있다. 이화가 개교한 초창기에는 교육 기회가 적었으나 지금은 달라졌다." 『주간조선』, 2017.6.5.

21) "학벌사회는 여전히 교육문제의 질곡으로 자리하고 있으나, 더 이상 권력 획득의 주요 기제로 작동하지 않고 있다는 게 '학벌없는 사회'가 해산한 이유였다." 『오마이뉴스』, 2016.3.30.

22) 반세기 전 레스터 서로우(Lester Thurow)는 "교육은 자신의 '시장의 몫'을 지키는 데 필요한 방어적 비용이 된다. 교육 받은 노동계급이 증가할수록 … 그러한 방어적 비용은 더욱 더 피할 수 없는 것이 될 것이다"(벨, 2006: 737 재인용).

23) "졸업 앞둔 4학년 이대생, 본관 점거투쟁 나선 이유," 『머니투데이』, 2017.8.11.

24) 1980년대와 1990년대 학생운동의 당사자들은 이대 본관시위에서 학생들이 경험한 폭력의 수위에 대해 상당히 약하다고 느낄지도 모른다. 하지만 그 시대와는 대비되는 성장기를 보낸 지금의 청년들에게는 이 정도의 폭력성도 엄청난 트라우마가 되었다. 심리치료를 받는 학생들이 꽤 많이 나오게 된 것이다.

25) 과거 학생운동이나 일반적인 운동권 학생들이 교수나 보직자들에게 반말투를 쓰던 것과는 대비된다.

26) 일주일만에 대학의 행정적 결정사항을 학생들의 힘으로 취소시킨 것은 유례없는 사건이라 할 수 있다.

27) 경찰 동원 이슈와 관련하여, 2016년의 이대항쟁은 과거와의 연결고리 없이 갑자기 분출한 것은 아니다. 2015년 10월 29일 박근혜 전대통령이 이화여대에서 열리는 전국여성대회 참석 때, 사복경찰들이 교내에 진입하여 방문반대시위가 무력화된 경험이 있었던 것이다. 이때에도 최경희 총장의 불통에 대한 학생들의 강력한 사과요구가 있었다. 다만 이 당시에는 '교과서 국정화 반대'와 같은 정치적 사안 등으로 총학생회가 주도한 차이가 있을 뿐이었다.

28) 예를 들어, '이화여대 노동자연대' 소속 학생들은 만민공동회에서 추방당했다. 또한 메갈리언 티셔츠를 입는 것도 토론을 거쳐 금지되었다. 하지만 총학생회 임원들과 운동권 학생들은 이 시위에서 이탈하지 않고 익명성을 수용하고 연대하였다 (정선영, 2016).

29) 뒤르켐의 개념을 빌자면, 이질성에 기초한 '유기적 연대'가 아닌 동질성에 기초하는 '기계적 연대'에 가까운 것이었다고 할 수 있다.

30) 특히 마스크와 선글라스 착용을 통한 '익명성' 추구는 이른바 이대혐오나 신상털기에 대한 대응책이었다. 게다가 이 문제 때문에 학교 외부로 연대를 확장하기 어려웠다는 설명도 가능하다 ("이대시위는 결국 승리했는가," 『한겨레21』, 2017.11.13). 8월 중 총장 측에서 학생 대표들과의 대화를 요구했는데, 얼굴을 보고 대화하자는 최 총장과 달리, 학생들은 총장 앞에 나설 경우 주동자로 몰릴까봐 얼굴 공개 등을 꺼리면서 서면 대화를 요청했다. 이 때문에 학생들은 총장과의 만남을 거부했다고 한다. 당시 검찰 수사가 시작되었으므로, '색출'의 가능성이 높다고 판단했던 것이다. 검찰은 2018년 12월 14일 본관점거를 실시한 이화여대 총학생회장 최씨에게 교수감금 혐의로 징역 10개월을 구형했다 ("이대사태 장기화 불가피," 『jtbc』, 2016.8.23); ("檢, '교직원 감금' 이대 전 총학생회장에 징역 10개월 구형," 『머니투데이』, 2018.12.14).

31) "[단독]'비선실세 의혹' 최순실 딸 SNS에 '돈도 실력 … 니네 부모를 원망해'," 『경향신문』, 2016. 10. 19.

32) 이를테면 자본가와 노동자 간의 1대1 노동계약은 법적으로 보장된다. 물론 이러한 자유주의적 계약의 허구성은 이미 오래 전에 마르크스가 지적했다.

33) 이화여대 학생, 정유라에 공개편지 "어디에선가 말을 타고 있을 너에게," 『경향신문』 2016. 10. 20. http://m.khan.co.kr/view.html?artid=201610201515001&code=940100&med_id=khan#csidxd98a8f41ddb7d6080d8f013318569fe

34) "'최순실 게이트' 포문 연 네 번의 변곡점과 다섯 명의 인물," 『한겨레21』 1135호, 2017.1.9.

35) "윤후정 이화여대 명예총장 사퇴," 『한국대학신문』, 2016.11.16.

36) 이대 학생들의 본관 점거 철수 기자회견 동영상 http://blog.naver.com/ekchoi98/220843562313

❖ 참고문헌

강준만. 『입시전쟁 잔혹사: 학벌과 밥줄을 건 한판 승부』. 서울: 인물과 사상사, 2009.

김미영. "능력주의에 대한 공동체주의적 해체: 능력, 공과, 필요의 복합평등론." 『경제와 사회』 84: 256-277 (2009).

김상봉. 『학벌사회 – 사회적 주체성에 대한 철학적 탐구』. 파주: 한길사, 2004.

김학준. "인터넷 커뮤니티 '일베저장소'에서 나타나는 혐오와 열광의 감정동학." 서울대학교 사회학과 석사학위논문 (2014).

김홍중. "서바이벌, 생존주의, 그리고 청년세대." 『한국사회학』 49(1): 179-212 (2015).

나종석. "유교적 근대성과 한국민주주의의 미래에 대한 논평." 『철학연구회 학술발표논문집』 21-23 (2017).

다니엘 벨. 김원동, 박형신 역. 『탈산업사회의 도래』. 파주: 아카넷, 2006.

대니얼 A. 벨. 김기협 역. 『차이나 모델, 중국의 정치 지도자들은 왜 유능한가 – 대의민주주의의 덫과 현능정치의 도전』. 파주: 서해문집, 2017.

송호근. 『한국의 평등주의, 그 마음의 습관』. 삼성경제연구소, 2006.

스티븐 J. 맥나미, 로버트 K. 밀러 주니어. 김현정 역. 『능력주의는 허구다(The Meritocracy Myth)』. 서울: 사이, 2015.

오찬호. "이런 사회에서 대학생들이 어찌 차별을 하지 않을 수 있겠는가." 『교육비평』 36: 182-209 (2015).

이주희. "2016 이화의 벗들에 대한 소고." 『대학:담론과 쟁점』 2호: 51-60 (2016).

이지행. "이대본관 점거시위 리포트." 『여/성이론』 35: 240-261 (2016).

장은주. 『정치의 이동: 분배정의를 넘어 존엄으로, 진보를 리프레임하라』. 서울: 상상너머, 2012.

_____. "메리토크라시와 민주주의: 유교적 근대성의 맥락에서." 『철학연구』 119:1-33 (2017).

정선영. "이화여대 본관 점거 농성 조직자들의 '외부세력', '운동권' 배제를 어떻게 볼 것인가?" 『마르크스21』 16: 51-60 (2016).

최종렬. "이게 나라냐?: 박근혜 게이트와 시민영역." 『문화와 사회』 23: 101-153 (2017).

크리스토퍼 헤이즈. 한진영 역. 『똑똑함의 숭배 – 엘리트주의는 어떻게 사회를 실패로 이끄는가』. 서울: 갈라파고스, 2017.

탈콧 파슨스. 『현대사회들의 체계』. 서울: 새물결, 1999.

Jo Littler. "Meritocracy as Plutocracy: The Marketising of Equality under Neoliberalism." *New Formations* 80/81, pp. 52-72 (2013).

Michael Young. *The Rise of Metirocracy*. Transaction Publishers, 1958.

5장

너의 의미,
젠더 평화의 출발

백소영(강남대 기독교학과 교수, KPI 연구위원)

1. 젠더 전쟁: 강남역, 이수역, 그리고 혜화역

지난 몇 년 사이 젠더 갈등의 장소로 '역(station)'이 등장하고 있다. 강남, 혜화역, 이수역. '역'이란 어떤 공간인가? 역은 잠시 지나갈 뿐, 머물고 관계를 맺는 공동체적 공간이 아니다. 스쳐 지나친 사람을 다시 만날 확률이 희박하거니와, 그것을 기대하여 상호작용하지 않는다. 그래서 그 공간은 만나는 사람을 향해 주장할 필요도 책임질 필요도 없는 곳이다. 오제(Marc Auge)가 말한 '비장소'이다.[1] 인류학자인 오제는 '유기적인 사회 상호작용의 일상적 반복이 거주자들을 지역의 역사와 묶어주면서, 문화정체성과 기억을 제공하는 곳'을 '인류학적 장소'라고 불렀다. 반면, 빈번한 이동성이 증가한 근현대 사회, 더구나 초국가적 이동성까지 더해진 오늘날은 '공항의 출발 라운지, 슈퍼마켓, 자동차도로와 주유소, 거리 코너에 있는 현금출금기, 고속 기차들'과 같은 '비장소'가 증가한다고 했다.[2] 그런 '비장소'는 암묵적으로 합의된 의례적인 시민적 행위들이 피상적으로 교환될 뿐 인격적 응시는 부재하는 곳이다.

2016년 5월 17일, 젊은이들의 대표적인 '비장소'인 강남역 10번 출구 근처 공용화장실에서 한 여성이 무참하게 살해당했다. 여성들에게

'조차' 무시당하는 자신의 상황이 싫어서 여성을 혐오하게 되었다는 가해자는 자신의 공동체 안에서 구체적으로 관계했던 여성이 아닌, '여성' 그 자체를 하나의 범주로 삼아 '비장소'에서 범행을 저질렀다. 그런데, 바로 그 행위가 그 공간을 '인류학적 공간'으로 만들어버렸다. 무엇보다 가해자의 분노와 살해 행위는 결코 '불특정인'을 향한 것이 아니었다. 희생자를 선택하는 과정 중에 '가부장적 문화의 기억과 몸의 습속'이 발현되었기 때문이다. 조현병 환자의 일탈이냐 여성 혐오로 인한 살해냐를 놓고 전문가들이 왈가왈부했지만, 가해자가 공용화장실에 오랜 시간 몰래 숨어서 일곱 명의 남자들을 그냥 보냈다는 사실은, 그의 공격성이 결코 '문화적 진공상태'에서 온 개인의 내부적 병증이 아니었음을 말해준다. "여성이라서 죽었다" "오늘도 나는 우연히 살아남았다" 희생자와 자신을 동일시하며 '여성'이라는 하나의 범주로 연대하여 강남역 10번 출구를 추모의 공간으로 만든 젊은 여성들 역시 강남역을 '인류학적 장소'로 만들었다. 이제 그 장소는 '가부장적 폭력과 살인의 기억' 그리고 '더 이상은 당하고만 있지 않겠다는 여성 연대'의 장소가 되었다.

2018년 11월 13일 이수역, 정확하게는 이수역 근처 맥주 가게에서 벌어진 폭행 사건은 조금 더 복잡한 '문화적 기억과 전제들'이 서로 교차하며 발생했다. 남자 다섯 명이 여성 두 명을 폭행했다고 알려지면서 또 다른 여성 혐오 사건이라고 생각되었던 이 사건은, 당시 현장을 담은 동영상이 공개되면서 젠더 전쟁으로 발전했다. 물리적 힘에 밀려 일방적으로 당한 줄 알았던 여성들의 언어폭력과 부적절한 신체적 행동이 선행되었음이 드러났기 때문이다. 결국 늦은 시간 술에 취한 젊은이들끼리의 일회적 해프닝으로 그쳤을 수도 있었을 한 사건은, 대한민국을 떠들썩하게 만드는 젠더 전쟁으로 번졌다. 양쪽 모두를 분노케 한 것 역시 '문화적 기억과 전제들'이다. 2016년부터 2018년까지 2년간 젊은이들을 남성과 여성으로 양분시킨 일베 대 워마드의 전쟁 말이다. "내 클리가 너의 소추보다 크다"이 한 마디는 그저 '민망한' 색정적 언사가 아니다. 1990년대 대학가 영페미니스트들을 중심으로 읽혔던 여성 정체성에 관한 페미니스트 담론이 대중화되고 일상화된 상황을 반영한다. "드디어 메갈을 실물로 보네~"[3] 남자 테이블에서 들려온 이 말도 문화적 기억을 소환하는 언사다. 온라인 설전을 통해 급진적이고 과격한 페미니스트들로 응시된 여성들을 한데 묶어 적대시한 남성 연대의 기억을 반영하기 때문이다. 지난 2년 동안 도대체 무슨 일이 벌어진 것일까? 그리고 이렇게 젠더전쟁이 전개되는 동안 혜화역은 왜, 그리고 어떤 방식으로 '인류학적 장소'가 되었을까? 이 글은, 대한민국을 '분노 사회'요 '혐오 사회'라고 부르게 된 구조적인 이유를 최근 진행되는 젠더 전쟁의 사례로 살펴보려 한다. 무엇보다 자신들을 '영페미니스트'라고 규정하는 10~30 젊은 여성들의 의미 해석과 이에 대한 인문사회학적 평가에 초점을 맞출 것이다.[4] 차이와 다름이 이해와 공존이 아닌 오해와 배제로 흘러가는 것에 대한 우려에서 시작한 이 글이, 향후 우리가 또 다른 의미에서 커다란 차이와 다름으로 대면해야할 남북 공존 시대를 준비하면서 가져야 하는 시각과 방법론, 과제에 대한 단초가 되기를 희망한다.

1) 온·오프라인 영페미니스트의 등장

페미니즘이 광장에서, 온라인 커뮤니티에서 표출되고 있는 현상을 놓고, 사람들은 대부분 이상하다고 여긴다. 인류 문명사를 놓고 보나 대한민국 근현대사를 뒤돌아보아도 '과거에 비해' 여성들이 살기엔 가장 좋은 시절이기 때문이다. 그러나 한 번 더 생각하면 이는 당연한 일이다. 서구 유럽에서는 이미 한 세기 전에 치른 때 지난 '이념 갈등'으로 온 사회구성원을 '불편'하게 만드는 이유가 무엇이냐며 얼굴을 찌푸리는 기성세대나, 남자로 태어나서 누려본 것이 없다며 오히려 '역차별'이라고 호전성을 띠는 젊은 남자들은 이구동성으로 말한다. 정말 억울한 여성들은 너희들의 어머니, 할머니 세대였다고. 그녀들도 잠잠했는데 왜 너희가 나서느냐고. 하지만 그 반응은 틀렸다. 영페미니스트의 연대와 외침이 지금 일어나고 있는 것은 '당연'하다. '주체'여야 가능한 자신의 권리 선언이기 때문이다. 출생이 운명을 결정하는 봉건적인 신분제 사회에 반대하며 제일 먼저 주체로 서서 자신의 권리를 주장한 사람들은 서양 백인 중산층 남자들이었다. 남자라 해도 비서구 유색인종 노동자 계급의 남자들에게는 목소리를 낼 권리가 주어지지 않았었다. 여성은 서양 백인 중산층이여도 어림없던 시절이다. 하여 "만인이 법 앞에 평등하다"는 근대 세계를 자축하는 서양 백인 중산층 남자들을 향하여, 먼저 서양 백인 중산층 여성들이 외쳤다. "우리도 사람이다. 그러니 평등하다" 그렇게 투쟁하여 서구에서 참정권과 교육권을 동등하게 법적으로 보장받은 것이 겨우 20세기 초반이었다.

서양에서 1기 페미니스트들이 자신들의 권리를 외칠 때에 대한민국의 여성들은 왜 잠잠했느냐고(그러니까 왜 이제 와서 난리냐고) 비난할 사안이 아니다. 서구에서 1기 페미니즘은 19세기 말부터 시작하여 1930년대에 법적 지위를 보장받으면서 일단락 지어졌는데, 그 시절 우리 사회적 현실이 어떠했나? '모던 걸(modern girl)'이라는 신여성들이 등장하기는 했지만 곧 이은 식민지배의 현실은 남성/여성의 인권 문제보다 나라 잃은 민족으로서의 '독립'이라는 공통과제가 더 시급했다. 가부장제의 구조적 문제를 직시하면서, 단순히 법적 평등만으로 양성 평등의 세상이 도래하지 않음을 깨달으며 시작된 2기 페미니즘(1960년대부터 1980년대까지) 시절도 마찬가지다. 운동성을 가지고 연대한 시민, 학생들의 우선적 화두는 '통일'과 '민주화'였다. 남/녀의 문제는 또 다시 뒤로 미루어진 셈이다. 물론 그 시기에 학문적으로는 서양의 페미니스트 서적들을 활발하게 번역하고 대학에 여성학 강좌를 개설하여 미래의 지성인들에게 페미니스트 시각을 심어주기 위한 지적 활동이 전개되었지만, 그 배움과 인식이 대중적 삶에서 성찰되고 실천되기에는 우리 사회의 역사적 상황이 따라주지 않았다.

더구나 당시는 2기 페미니스트들이 비판했던 근현대 가부장제의 구조가 가장 견고하게, 그리고 다수에게는 제법 '만족스럽게' 진행되고 있었던 시절이기도 했다. 대한민국에서 자수성가형 중산층이 가장 많이 형성된 시기였다. 그 이전까지 생계형 노동에 배치되었던 것은 남자만이 아니었다. 다수의 여성들이 '먹고 살기' 위해 생계노동에 임해야했었다. 그런데 혼자만 벌어도 핵가족이 먹고 사는 상황이 된 거다. 또한 대한민국에서 처음으로 '전업주부'가 된 여성들은 근대적 주체로 훈련받은 경우가 압도적으로 적었다. 급격한 근대화를 겪은 까닭에 여전히 잔재해 있고, 또한 박정희 정권 시절에 국가적 차원에서 다시 소환되었기에 재차 강화되었던 유교 사상은 여성들의 자리를 봉건화하는 데 한몫했건만, 이를 '문화적 당연'으로 여기는 여성들이 많았던 시절이다. 그들에게 전업주부의 삶은 삶의 향상이지 '이름 할 수 없는 문제'가 아니었다.[5]

그런데 구조는 그대로인 채 시절이 변했다. 그동안 전업주부군은 두 번 정도 세대교체를 했다. 세대로 나누자면 1970~1980년대의 엄마들이라고 할까. 고등교육을 받은 경험도, 직장생활을 하며 내 이름으로 평가받고 성취감을 느껴본 적도 있었던 근대적 주체가 많았다. 그런데 사회구조와 문화적 전제에 갇혀 결혼, 출산과 더불어 전업으로 주부가 된 여성들이다. 나는 182명의 엄마들을 질적 인터뷰하여 분석한 책 『엄마 되기, 아프거나 미치거나』에서 이 엄마들을 '2세대 엄마(The Second Generation Mother)'라고 불렀다.[6] 자기를 접은 '아픔'을 제도적 감정으로 공유하는 여성들이다. 근대 주체를 경험했으나, 사적 영역에서 여전히 작동하는 봉건적 모성 가치를 분석할 시각은 갖지 못한 채, 개인적 아픔으로 이를 누르고 삭히고 참아온 세대다. 그러나 1990년대 이후 21세기를 지나면서 전업주부가 된 엄마들은 다르다. '여성'이라는 정체성으로 살아온 경험보다, '근대 주체'로 살아온 경험이 훨씬 더 오래고 강한 엄마들이다. 하여 '3세대(The Third Generation Mother)'로 분류한 이 세대의 엄마들은 다수가 '전문 엄마'가 된다. 공적 영역에서 접혀버린 자신의 업적과 실적을 자녀를 통해 이루려는 의미 추구를 하는 엄마들이다. 더구나 신자유주의의 고용 유연성이 경제적 일상이 되어버린 1997년 이후를 경험한 이들로서는, 더욱 경쟁적으로 모성 실천의 전문성을 보인다. 선행학습은 물론 기획된 육아 실천을 통하여 자녀들을 경쟁에서 승리하는 '탈성적 전문가 개인'으로 만들어내기에 열심이다. '탈성적 전문가 개인'이란 내가 후기근대적 인간형을 표현하기 위하여 만든 개념어이다. 이제 남자냐 여성이냐는 중요하지 않다. 한 분야에서 실력을 인정받는 전문가이고, 사적 영역의 봉건적 책임으로부터 자유로운 개인이라면, 무한경쟁의 정글 같은 이 사회에서도 나름 살아남을 가능성이 있다. 하여 남자냐 여성이냐보다는 경쟁력 있는 전문가냐가 더 중요한 시절이 되었다. 지금의 영페미니스트들이 바로 이 '탈성적 전문가 개인'으로 길러진 여성들이다. 비록 '여성들'이라고 했지만, 여성이라기보다는 개인이다. 주체다. 그냥 나다.

그런데 이렇게나 주체적인 개인으로서 참여하는 세상은 여전히 가부장적이다. 아니, 사회학적으로 말해서 가부장제의 작동은 멈췄다. 제도적 관성이 남아 있을 뿐이다. 하지만 관성도 힘을 갖는다. 더구나 대한민국처럼 압축적인 근대화를 치른 경우는 더욱 그러하다. 회사, 학교, 사회, 지역 공동체 할 것 없이 가부장적 여성 응시를 보내는 남자들로 가득하다. 근대법이 선행했던 미국에서조차 성희롱을 범죄로 규정한 것이 1973년인데, 설마 그 이전에는 성희롱이 없어서 그런 법안을 안 만들었겠나. 하물며 유교적 대한민국이랴. 하여 지금의 젊은 여성들이 겪게 되는 주체로서의 자기 인식과 여성으로서의 문화적 응시 사이에 가장 큰 간극이 존재하고 있는 것이다. 여성으로서 개인이 느끼는 존재와 세계 사이의 불일치와 어그러짐이 가장 극대화된 상황이다. 그래서 '하필' 지금의 젊은 여성들이 페미니즘의 깃발을 들고 일어선 것은 당연한 일이다.

2) 미러링, 고발인가 놀이인가?

그래, 그럴 수 있어. 하지만 너무 과격하고 폭력적이잖아? '미러링'만 해도 그래. "어디 남자 목소리가 담을 넘어?" "남자가 조신하게 집에 있어야지 왜 밖을 싸돌아다녀?" 이 정도의 '미러링'이라면 당황스럽기는 해도, 무엇을 말하려는지 알겠어. 하지만, 살해 협박과 혐오적 배제를 말하는 것은 정말 잘못된 일이야. 알아, 소라넷과 같은 곳에서 어떻게 여성을 응시하는지. 그것 역시 잘못된 거야. 하지만, 그걸 똑같이 미러링하는 것이 과연 정당할까? 그건 지적하고 정정할 문제이지 따라할 사안이 아니잖아? 아마, 과격해진 영페미들을 향해 대다수 대중은 이렇게 묻고 싶을 것이다.[7] 하지만 '미러링'은 페미니즘의 종착지는 아닐 지언정, 현재의 가부장적 여성 응시가 얼마나 왜곡되고 폭력적인지를 드러내는 도구적 역할로서는 여전히 가하다. 만약 페미니스트들의 과격하고 폭력적인 언어들이 등장했다면, 그것은 그만큼 과격하고 폭력적인 남자들의 세계와 언어를 드러내기 위함이다.

『근본 없는 페미니즘, 메갈리아부터 워마드까지』에 인터넷 젠더 전쟁을 시작했던 자신의 경험담을 기고한 김익명(익명의 이름이다)은 이런 여성 응시가 몇몇 일탈적인 남자들만의 것이 아님을 알고 이 '전쟁'을 시작했다고 한다. 남자 개그맨들의 팟캐스트 〈옹달샘의 꿈꾸는 라디오〉에서 여성비하적인 발언을 들었을 때조차, 처음엔 속상하고 화나면서 일반 남성들이 자신의 심정을 함께 연대해 줄 줄 알았단다.

그 생각은 완벽하게 틀렸다. 보수와 진보의 스펙트럼에서 가장 극단에 있다는 '일간베스트(일베)'와 '오늘의 유머(오유)'는 정신적 동반자가 되어 옹달샘을 두둔하기 시작했다. 그 정도의 발언은 큰 문제가 아니며 일반적인 남성들의 술자리 대화에 불과하다는 것이라고 했다. "옹달샘의 대화는 아무 문제없다" 나는 그것이 더 충격적이었다. 그런 대화가 일반적인 남성들의 것이라고?[8]

이론가도 아니요 특별한 소명의식에 고무된 것도 아닌 '평범한' 여성이 동료로 생각했던 남자들의 '일반적' 여성 의식에 경악하게 되면서, 김익명은 비로소 넷페미들의 분노에 동참하게 되었다고 말한다. 이후 메갈리아 대피소는 미러링의 언어와 방식 문제로 대토론, 갈등이 이어졌고, 결국 탈퇴와 이동을 반복하며 '온라인 피난민'처럼 움직여 갔다. 결국 전투적이고 배타적인 미러링 전략을 선택한 그룹은 '여성'과 '노마드'를 합성한 '워마드(womad)'라는 사이버 공간으로 집결하였다. 왜 굳이 그런 배타적이고 과격한 언어들을 사용하느냐는 선배 페미니스트들은 이론적이고 고상한 개념어들로도 싸울 수 있다고 조언하지만, 영페미 자신들은 '달리' 생각한다. 온라인 언어는 오프라인 언어와 다르다는 것이다. 일인칭 시점에서 계몽과 교화의 언어를 사용하여 글을 쓰는 소수의 지식인 페미니스트들의 오프라인 세계와, 매일의 일상에서 사용되며 불특정 다수가 동시 접속하여 볼 수 있고 실시간 퍼나르기가 가능한 온라인 공간의 상호작용은 같을 수 없다는 것이다. 이미 온라인에는 여성혐오적이고 폭력적인 언어들이 난무한데, 이를 보고 아무리 신고를 넣어도 돌아오는 대답은 "규정을 위반하지 않았다"는 말 뿐이란다. 결국 사이버 공간의 최종 권력자는 오프라인에서 힘을 갖고 있는 사람들이다. 그리고 그들은 여전히 가부장적이다.

때문에 미러링은 가부장적 여성혐오에 대한 고발이요 여성의 대항 언어를 만드는 놀이이지만, 이를 실천할 때 '여성들은 댓글이나 게시물, 혹은 계정 자체가 신고당해 삭제될 것을 각오해야'하기에, 이는 또한 '전쟁'이다.[9] 결국 넷페미로 자기정체성을 선언하는 국지혜는 이렇게 주장한다.

나는 이 운동이 일종의 전쟁이라고 생각한다. 전쟁에서는 이기기 위한 싸움을 해야 하고, 싸움에는 전략과 전술이 필요하다. 미러링은 훌륭한 전략이며 거칠고 대담한 언어는 우리의 무기다. 메갈리아는 여성들이 모여서 이야기하고, 언어를 창조해내고, 자기 서사를 설명할 수 있게 해주었다. 그것은 우리 모두가 함께 해낸 일이었다. 우리는 드디어 입이 트이기 시작했고, 설치고 말하고 생각하기 시작했다. 사람마다 각자의 전술을 가지고 싸우면 된다. … 목적이 같다면 어떤 방식이든 좋다.[10]

2. 혼종성, 원인과 전략

1) 이론적 혼종성: 여성이 만드는 대안 문화와 제도

'영페미니스트들'은 강남역 사건으로 가시화되었을 뿐, 그때 비로소 생겨난 것은 아니다. 당사자들은 1990년대 중반을 영페미니스트들의 출발 지점으로 본다. 사회학적으로 '딱' 그러했을 시기다. '탈성적 전문가 개인'으로 훈련받은 젊은 여성들인데, 졸업을 앞두고 혹은 졸업 직후에 맞이한 신자유주의적 세계는 남자와 여성 사이에 공정한 자리다툼의 기회조차 허락하지 않았으니까. 당연히 "여성으로서 나는 누구인가"를 물을 수밖에 없는 시점이었다. 대학 강의를 통해 1기와 2기, 그리고 막 시작된 3기 페미니즘을 차근차근 '순서대로' 배웠지만, 1990년대 젊은 여성 엘리트들이 살아가는 대한민국은 이 셋을 '차근차근' 실험해보기 어려운 공간이었다. 그들의 '남자' 선배와 교수와 직장 상사들은 전근대적 여성 응시를 벗어나지 못한 상태였으며, 남자들에 비해 사회에 늦게 진입하기 시작한 까닭에 여전히 작동하는 관료제적 위계 아래 권력형 여성 혐오와 싸워야 했다. 관료제적 '자리'를 놓고 경쟁을 해야 했던 젊은 남성들은 세대적 박탈감을 어이없게도 또래 여성들에게 돌렸다. 인류학적으로 가장 첨단에 있는 그들이 유독 여성 인식에 있어서는 할아버지,

아버지의 응시를 그대로 답습하고 있는 것은 후기근대적 사회 상황을 반영한다고 볼 수 있다. 굳이 '여성'을 들먹일 필요가 없는 시점에 그들은 유난히 남녀 프레임으로 말한다. "여자들이란 자고로 …" 그러니 서구에서 1기 페미니스트들이 외쳤던 "여자도 사람이다"는 때늦은 구호가 아니다.

또한 영페미니스트들의 엄마들은 대부분이 유교 가부장제, 산업적 가부장제의 중첩된 지점에 배치되어 병명도 모르고 아파하고 있었으니, 엄마들의 '착하고 자랑스런' 딸인 그들은 2기 페미니스트들의 주장과 과제를 자신이 속한 공동체의 과제로 삼을 수밖에 없었다. 거기 더하여 정보 혁명과 함께 도래한 사이버 세계가 재편하고 있는 새로운 인간관계의 도전 앞에서, 그저 나이가 어려 '영(young)'이 아니라, 새로운 문명적 과제를 수행해야하는 페미니스트로서의 자기주장을 하려 하니, 대한민국 영페미니스트들의 이론은 '혼종적'일 수밖에 없는 현실이다. 자신을 1990년대 중반에 시작한 영페미니스트 첫 세대라고 규정하는 정연보는 당시 자신들이 차용했던 페미니즘 이론에 대하여 이렇게 회고한다.

> 1990년대 한국은 서구의 제2물결 정체성의 정치학에 기반한 페미니즘과 동시에 제3물결이라 할 수 있는 포스트모더니즘/포스트구조주의, 탈식민주의 페미니즘의 영향도 받는 상황이라 할 수 있다. 실제로 『달나라딸세포』의 구성원들은 제2물결 페미니즘의 논의를 인용하기도, 제3물결 페미니즘의 논의를 인용하기도 하며 … 특정한 어느 하나의 흐름을 따랐다기보다는 자신의 문제의식을 설명할 수 있는 언어를 다양한 자원들에서 찾고 있었다.[11]

혼종성(hybridity)은 커다란 그릇에 모든 것을 섞어 버무리는 비빔밥과 같지 않다. 바흐친이 잘 정의했듯이 그것은 "서로에게서 분리된 두 개의(혹은 그 이상의) 다른 언어적 의식들 사이에서 발생하는 두(혹은 그 이상의)개의 사회적 언어들의 섞임"이다.[12] 페미니스트 언어를 발화하는 한 사람이 19세기 유럽, 20세기 중반의 미국, 21세기 대한민국에 각각 따로 존재할 수 없지 않은가.

물론 과거의 패러다임과 과제를 가져온다고 해서 오류까지 반복할 필요는 없다. 서구 1기 페미니스트들의 오류는 2기 페미니스트들에 의해서 이미 지적된 바, '새로운 세상'을 만들기보다 '명예 남성'이 된 일부 잘난 여성들은 여성 일반의 삶을 바꾸지 못했을 뿐더러, 남성들이 만들어놓은 '관료제적 인간형'을 그대로 답습하여 어느덧 개인으로서 주체적 인간으로 성공하려면 '남성성'을 획득해야한다는 '모순적'인 상황을 초래했다.[13] 하지만, 19세기에, 그러니까 여성이 '사람'이 아닌 시절에 주체가 되기 위해서는 목소리를 내기 위한 '관료제적 자리'를 확보해야만 했고, 이를 위해서는 '남자'가 되어야 하질 않았겠나. 각 시절은 시대의 과제가 있는 법이다. 다만, 대한민국은 여전히 서구의 19세기적 과제를 수행해야 하는 사회라는 점이다. '여성을 동등한 사람'으로 대하지 않는 '19세기적' 인물들이 차고 넘친다. 그러니 어른 남자들이 '공동체를 위해 어느 주제들이 중요한지를 결정하는'[14] 이 땅에서 1기적 의제는 '여전히' 전근대적 구성원을 향해서 발화되어야 한다.

한편으로 온라인 페미니스트 세대인 영페미니스트들은 제 2기 페미니스트들이 운동성을 가진 연대의 범주로서 '여성'을 재현하는 문제에도 관심을 가지고 있다. 가부장제 남성들이 말한 대로의 여성이 아니라, 여성이 여성을 스스로 말하는 과제이다. 데일리(Mary Daly)는 1975년에 AF(anno feminarum)를 선언한 바 있다. 『교회와 제2의 성』의 초판을 쓰던 1968년까지만 해도 데일리는 가부장적 가톨릭 안에서 '그래도' 여성해방적인 텍스트와 제도를 끌어낼 수 있을 것이라고 희망했다. 그러나 7년 뒤에 개정판 서문에서 그는 이 희망이 얼마나 헛된 것이었는가를 토로했다.[15] 그리고 여성들만의 시간/공간으로 초월하여 '여성' 언어와 문화와 제도를 만들자고 초청했다. 1980년대 프랑스 페미니스트들이 바통을 이어받았다. 뤼스 이리가레, 쥘리아 크리스테바, 엘렌 식수 등이 대표적이다. 이리가레는 '여성의 착취가 성차별에 기초해있는' 이상 '그 해결책은 성차별을 통해서만 가능할 것'이라고 선언했다. 그러니까 오히려 '여성성'을 드러냄으로써 "한 성이 다른 성에 갖는 일방적인 힘에 균형을 부여하자"는 것이다.[16] 이렇게 새로운 '여성'을 구성하고 재현하는 과제 역시 영페미니스트들의 몫이다.

그러나 혼종성은 대한민국 사회의 근대적 시간성이 갖는 중첩된 상황으로부터만 기인하지 않는다. 영페미니스트들은 자아의 구성 면에서도 혼종성 자체를 지향하는 이론들에 고무되어 있다. 이는 본질주의적 여성 정체성에 대한 저항이다. 주디스 버틀러의 '구성적 주체'나 로지 브라이도티의 '유목적 주체', 다나 해러웨이의 '사이보그 주체'가 대표적이다. '수행성(performativity)' 개념으로 문화제도 안에서 반복적으로 행해진 것들이 몸의 맥락에 스며들어 정체성을 구성하게 된다고 주장하는 버틀러에게 '여성'이란 없다.[17] 버틀러는 후에 운동성을 위한 '전략'으로서의 여성 범주를 인정했지만 그것은 결코 고착적 내용이나 경계를 갖는 것은 아니었다. 로지 브라이도티는 '여성'의 메타포로 '유목민'을 제시했다. '분류를 넘어서는, 계급 없는 단위' 그리고 '고착성에 대한 모든 관념, 욕망, 혹은 향수를 폐기해 버리는 종류의 주체'이기에 끊임없이 다시 만들어지는 탈영토적 존재를 의미한다.[18] 다나 해러웨이는 더 나아간다. 존재의 교란을 통해 여성 해방을 추구하겠다는 전략인데, 실은 여성만이 아니라 모든 정체성이 이미 '잡종'이라는 선언이다. "자연, 인간, 기계 사이의 경계를 없애 버림으로써 지배할 존재도, 피지배할 존재도 아예 본질적인 구별이 없게 하자"고 말한다.[19]

2) 전략적 혼종성: 그 모든 병기로 여성 해방을!

순차적으로 전개된 근대성이 아니라서, 대한민국의 현재 상황에서 1, 2, 3기의 주장들을 각 대상이나 상황에 따라 '혼종적'으로 사용하는 것은 가하다. 또한 '혼종적 주체' 개념에 설득당하여 새롭게 구성되는 정체성을 추구하려는 것 역시 그것이 본인의 페미니스트 패러다임이라면 그것은 '다름'의 문제이지 '틀림'은 아니다. 그러나 내가 우려하는 혼종성은 전혀 해체되지 않은 상태로 경계를 굳건히 한 기존의 사회제도적 산물간의 혼종성이다. 예를 들어, 전근대 사회의 여성은 가산(家産)으로 분류되는 비주체적 존재였으나, 그 '덕분에' 사회적 책임이라는 부분으로부터 남성에 비해 자유로울 수 있었다. 그런데 비주체적 존재로 응시되는 전근대성은 배제하면서, 사회적 책임에서 자유로웠던 여성의 문화적 습속은 그대로 가져오겠다는 전략이 있다면, 이에 대해 어떻게 생각하는가? 근대 가부장제적 여성 응시에 대해서도 마찬가지이다. 탈성적 전문가 개인으로 승부하는 후기근대 여성들은 "페미니스트는 왕자가 필요 없다"면서도, 근대 가부장제가 낭만화한 여성의 '특권'은 누리려 한다. '소개팅 나와서 두 사람 합해봤자 고작 5만원도 안 되는 저녁 값을 못 낼 정도의 한남'이라는 비하나, '한남의 신체적 특징은 주로 키가 180센티가 넘지 않고 얼굴은 여드름으로 뒤덮여 있으며 비호감에 성격마저 찌질한 존재'라는 조롱을 뒤집어 보면, 결국 키 크고 잘 생기고 능력도 있는 남자는 여성에게 너그럽고 페미니즘을 이해해 준다는 것인데, 이런 존재가 '왕자'가 아니라면 뭐라는 말인가? 더구나 이 '왕자'는 신자유주의가 이상화하는 개인의 스펙을 모두 가지고 있다.

그러나 '제대로' 페미니스트이고자 한다면 전근대와 근대 여성 배치가 준 '특권' 그러니까 사회적 책임을 덜 지는 문제나 가족 공동체의 생계와 생존비용을 버는 문제로부터 비교적 자유로웠던 부분을 '버려야' 한다. 물론 이러한 나의 주장에, 영페미니스트들은 대부분 반발한다. 가부장제가 무려 5000년이고 따라서 한참 '기울어진 운동장'인데, 소위 페어플레이로 어떻게 여성해방을 이루느냐는 것이다. 그야말로 '전략적 혼종성'이다. 효율성을 기준으로 전기가 유리할 땐 전기차가 되고 휘발유가 유리할 땐 휘발유로 가는 '하이브리드'차처럼, 전근대, 근대, 후기 근대적 여성 배치의 습속과 수행성들 중에서 유리한 부분을 '혼종적'으로 선택하며 살겠다는 전략이다.

그러나 내가 이해하는 페미니즘은, 그야말로 공동체적 상호작용의 방식을 다시 짜는 시선이요 실천이다.[20] 가부장들이 만들어놓은 제도들 속에서의 세 가지 가능한 여성성의 옵션을 가지고 이를 유리할 때마다 혼종적으로 사용하는 살아남기의 기술이 아니다. 더구나 내가 걱정하고 있는 것은 3기 페미니즘과 신자유주의 사이의 '친화성'이다. 그 발생 자체가 신자유주의적 시장 경제로 변화되는 즈음에 생겨난 페미니즘 운동이기도 하거니와, 이를 인지하고 진행되었다기보다는 대한민국 사회의 특수성 속에서 혼종된 수많은 여성 의제들을 다 다루는 과정 중에 자신들의 자리가 갖는 고유성에 대한 숙고가 부족했기 때문이라고 본다.

따지고 보면 분노와 혐오가 어찌 영페미니스트들의 독점적 감정이

랴. 현재의 대한민국은 '헬조선'이라는 말이 의미하듯이 세대, 계층 가릴 것 없이 모두가 적의와 분노로 들끓고 있다. 일상화, 집단화한 분노 현상에 대해 『분노사회』를 쓴 정지우 작가는 그 원인이 '내면의 어긋남'이라고 분석한 바 있다. '나와 세계가 어긋날 때 생기는 부적절감이 분노의 근원'이라는 관찰이다.[21] 매우 예리한 사회학적 관찰을 담은 평가다. 근대적 기획이 후기 상태에서 삐거덕거리고 있다. 이는 여성만이 아니라 남성에게도 그러하며, 젊은 세대만이 아니라 중년, 노년의 세대에게도 그러하다. 문제는 '제도'인데, 우리는 이 어긋남을 자꾸 배타적으로 상대화한 '적들'에게 원인을 돌린다. 촛불 대 태극기, 여성 대 남자, 젊은이 대 기성세대, 자국민 대 이주노동자. 이 '어긋남'을 해결하려면 우리의 내면보다 사회를, 그 사회가 작동하는 방식을, 그리고 이런 방식이 만들어내는 결과를 심각하게 성찰해야 한다.

3. '위험사회'의 도래와 생존을 위한 생명 연대

1) 후기 근대 사회의 위험과 '성찰적 합리성'의 요청

독일의 사회학자 울리히 벡은 후기근대 사회가 직면한 과제는 "자본을 어떤 방식으로 재분배하느냐"하는 산업사회의 과제를 넘어선다고 주장한다. 이제 인류는 자본주의와 과학기술의 콜라보가 만들어낸 근대적 생산품들로 인해 생존의 위협을 받는 '위험 사회'로 진입했고 '위험의 (재)분배'문제가 시급하다는 진단이다. 벡에 따르면 근대 사회를 흔들어대는 이 위험은 역설적으로 '근대화가 오히려 잘 작동했기 때문에 만들어진 것'이다.[22] 후기-근대적 위험은 방사능 낙진처럼 비가시적이고, 글로벌 경제처럼 비예측적이다. 더구나 산업사회가 생산한 위험은 지극히 상업성을 띠고 있고 전문가 의존성이 강하기 때문에, 배우지 못한 사람들과 가난한 사람들, 사회적 의사결정권이 없는 사람들에게 자꾸 축적되어 쌓이고 있다. 위험을 생산하는 사람들은 이를 멈출 생각이 없으며, 오히려 '위험의 원천은 보존한 채' 이를 이용하여 돈을 벌고(정수기, 공기청정기, 특수가능마스크 등) 위험 기준과 보도를 조작한다. 어디 이뿐일까? 포스트휴먼을 논하는 4차 산업혁명 시대에 만들어내는 '인공지능' '유전공학'적 생산품들은 인간의 생존권마저 위협할 지도 모를 일이다.

그래도 소위 설정값을 부여하는 사람들과 이를 허락하는 관료들(상위 1퍼센트이든 0.1 퍼센트이든)은 살아남을까? 그러나 벡의 전망은 다르다. 종국에는 부자도 권력자도 생태계적 위험으로부터는 자유롭지 못할 것이라 경고한다. '빈곤은 위계적이지만 스모그는 민주적'이기 때문이란다.[23] 1980년대 후반에 출간된 벡의 이 본문을 비웃으며 오늘날 혹자는 그리 말할 지도 모르겠다. "무슨 소리야? 공기는 물론 호흡하기 가장 좋은 상태가 유지되는 커다란 돔을 씌우는 스마트도시를 건설할 기술이 우리에겐 있는데?" 그러게 말이다. 그 도시 안에서 살 수 있는 재력과 권력을 가진 사람들은 '당분간' 살아남을 것이다. 하지만 언제까지일까? 최근 한반도의 비핵화논의가 한창이지만, 과연 핵폭탄의 위험 앞에서도 그 스마트도시는 안전할까? 북극의 빙하가 사라지고 지층이 변하면서 자연재해가 글로벌하게 와도 그렇게 계속 '우리'라는 배타적인 집단을 형성하는 방식으로 살 수 있을까?

결국 각자의 이익을 위해 담론을 생산하고 운동성을 발휘하는 그룹들은 후기근대적 위험 생산의 중단과 위험에 노출된 사람들의 (재)배치라는 공통의 과제를 함께 생각하는 방식으로 각자의 과제를 수행해야 한다. 이는 다시 '통일' 담론 속에 젠더 이슈를 희생하자거나 생태계적 위험 담론 안에 페미니즘 담론을 포섭시키자는 말이 아니다. 후기근대를 살아가는 사회구성원으로서 우리가 '공통'으로 가져야하는 능력은 울리히 벡의 언어로 말하자면 '성찰적 합리성(reflexive rationality)'이다. '재귀적 합리성'이라고도 번역되는 이 말은 돌아올 것을 고려하여 선택하고 행동하는 이성을 의미한다. 쉽게 말해 제발 "생각하고 행동하자"는 말이다. 근대 산업사회의 정신이 "할 수 있다" 정신이었다면, "그걸 왜 해야 하지?" "그걸 만들었을 때 우리는 어떻게 되지?" "지금 이 결정이 우리 후속세대에게는 어떤 영향을 미치지?" 이런 것들을 생각하며 노동을 하고 제도를 만들어야 한다는 말이다. 이를 위해서는 서로의 이해관계가 충돌하고 서로 다른 답을 가지고 있는 개인과 단체들이 열린 공간에서 절차와 합리성을 가지고 갈등하는 과정이 꼭 필요하다. 벡이 포퍼에 동의하면서 내렸던 마지막 결론처럼 말이다.

> 보완조치가 필요하다. 모든 독점 소유자가 쥐고 있는 자기통제의 가능성을 자기비판의 기회로 보완해야만 한다. 말하자면 이제까지 전문 또는 실무 경영의 지배에 맞서 대단히 어렵게 자기 길을 갈 수 있었던 것들을 제도적으로 보호해야만 한다. 즉 반대평가, 대안적 직무 실천, 자신들의 발전결과에 대한 조직과 직업 내부의 토론, 억압된 회의주의 등. 이런 경우에 포퍼는 진정 옳다. … 형태가 어떻든지 간에 자기비판을 가능하게 하는 것은 어떤 종류의 위난이 아니라, 조만간 이 세계를 파괴할 지도 모르는 잘못을 미리 찾아낼 수 있는 유일한 길일 것이다.[24]

이는 페미니즘 담론을 형성하고 주장하는 영페미니스트에게도 해당하는 말이다. 최근 열악한 노동조건에서 사고사를 당한 20대 젊은이들의 생물학적 성이 모두 '남성'이었다는 사실에, 젊은 남성들이 외치고 있다. "남자라서 죽었다" 아니, 실은 그들은 조금 더 정확하게 말했어야 했다. "젊은 남자라서 죽었다"고. 영페미니스트들이 목도하고 경험하는 후기근대적 개인과 여성으로서의 억압의 교차성은, 오늘날 대한민국을 살아가는 젊은 남성들이 경험하고 있는 다른 방식과 영역의 '억압의 교차성'을 파악하고 분석할 수 있는 시각을 가지고 전개되어야 한다. 직장과 학교, 사회에 만연한 성폭력에 관해서는 여전히 여성 연대가 필요하지만, 적어도 비정규직이나 알바와 같은 불안정한 고용상태와 부당한 고용조건에 대한 문제에 있어서는 젊은 세대의 남성과 여성이 함께 연대하여 싸울 사안이 있다. 더 거시적으로 세대 간 적대감을 내려놓고 시민 연대가 필요한 사안들도 물론 있다. 아니 어떤 위험의 문제들은 글로벌 시민 연대로 해결해야 하는 문제들인 경우도 있다. 문제는 어느 것이 더 중요하고 시급하냐의 결정이 아니다. 이를 위해 어떤 하위담론이 희생되어야하느냐의 문제도 아니다. 『코끼리와 벼룩』의 저자 찰스 핸디의 관찰처럼 이제는 조직조차 상명하복의 관료제적 피라미드형에서 협상과 계약의 네트워크형으로 변화하고 있는 시점이다.[25] 정체성과 연대는 양자택일의 문제가 아니다. 한쪽이 다른 한쪽에 포섭당하는 방식으로, 후기근대적 위험은 막을 수 없다.

2) 무사히 할머니가 될 수 있을까?: 각자도생 너머 공존

한 똑똑하고 인간적인 젊은이가 최근 관료제 사회의 문화적 전제 '너머'

로 탈주했다. 그의 탈주 과정과 생존 방식을 놓고서 그가 생물학적 여성이기에 선택할 수 있었던 능력이라고 하나의 답(필시 페미니스트적인)만 제시할 수는 없다. 분명 관계성을 중시하는 여성 배치가 그의 선택에 작동했다. 장혜영이라는 이름보다 '혜정이 언니'로 자기 정체성을 만들어갔던 기억과 수행성, 그것이 장혜영 청년으로 하여금 대학을 자퇴하고 발달장애 여동생과 함께 사는 삶을 시작하는 데 큰 자산이 되었을 것이다. 그러나 그것'만'은 아니다. 획일적이고 개별화된 평가로 끊임없이 등급을 나누고 '유연하게' 조정하는 신자유주의의 세상에서 외로운 달리기를 멈추지 않은 대가로 명문대에 입학했던 그는, 마주보지 않고 오로지 뒤통수만 보고 달리는 이 경쟁의 무의미성을 깨달은 후기근대인이기도 했다.

존재란 이렇게 중첩적이다. "과로사냐 아사냐 그것이 문제로다" 젊은이들 사이에 회자되는 비통한 고민은 햄릿의 그것과 비교하여 결코 가볍지 않다. 여전히 '자리가 통치하는(bureaucracy)' 세계에 늦게 태어나 늦게 진입했다는 이유만으로 셋이 할 일을 한 사람에게 몰아 시키고, 못하거나 안한다면 다른 인력으로 대체해버리는 세상에서 버티다보면 '과로사'이고, 버려지거나 탈주한 사람의 결말은 '아사' 아니겠나. 그런데 장혜영 청년은 영민하게도 이 사이를 서핑하듯 생존하고 있다. 아니, 공존을 위한 실험을 하는 중이다. 그가 생계를 위해 돈을 버는 방식은 자신의 전문성과 시대적 전달방식을 잘 활용한 제도 안의 것들이다. 그러나 그가 전달하는 콘텐츠는 '다른 세계'를 꿈꾼다. 각자도생을 하느라 경쟁적 달리기를 하는 탈성적 전문가 개인들로 가득 찬 세상이 아니라, 공생을 위해 서로 마주보는 것을 '제도적 당연'으로 만들고 싶은 꿈이다. 어느 햇볕 따뜻한 날, 동생과 함께 우크렐레를 켜며 그가 부르는 노래는 이 시대의 예언서이다.

무사히 할머니가 될 수 있을까, 죽임 당하지 않고 죽이지도 않고서, 굶어 죽지도 않고 굶기지도 않으며, 사람들 사이에서 살아갈 수 있을까. 나이를 먹는 것은 두렵지 않아. 상냥함을 잃어가는 것이 두려울 뿐. 모두가 다 그렇게 살고 있다고, 아무렇지 않게 말하고 싶지는 않아. 흐르는 시간들이 내게 말을 걸어오네. 날라라 … 언젠가 정말 할머니가 된다면, 역시 할머니가 됐을 네 손을 잡고서 우리가 좋아한 그 가게에 앉아 오늘 처음 이 별에 온 외계인들처럼 웃을 거야. 하하하하 하하.

4. 결론: 존재의 기공성과 '사이-공동체'의 가능성

장혜영 청년의 꿈이 영페미니즘과, 오늘의 젠더 전쟁과, 나아가 남북통일을 준비하는 대한민국 공동체의 문제와 무슨 관계가 있을까? 인류 문명사를 돌아보면 종종 미래 사회를 '예기적(proleptic)'으로 살아내는 개인(들)을 발견하게 된다. 아직 그런 세상이 우리 공동체 안에 도래하지 않았으나, 그런 방식으로 살아내는 사람들 말이다. 전근대 가부장 사회를 살면서도 여성을 제자로 삼고 여성들에게 하나님 나라의 비밀을 알려주었던 예수도 그런 개인이었다. 제도보다 앞서서 실존으로 현재 삶에서 미래를 끌어와 사는 사람들은 대개 '사건'이 된다. 혜영 청년의 신앙 배경은 알길 없으나, 어차피 상관없다. 인간이라면 모두가 가진 능력으로서의 '존재의 흐름'을 동생과 나누는 가운데 발견했을 뿐이니. 그것은 기독교적 용어로는 '영성'이다. 나는 영성을 이렇게 정의한바 있다.

예수는 인간이 공유하는, 서로 나누어주고 받을 수 있는, 관계 안에서 흐름을 가지는 '하나님-닮은-성'을 믿고 알고 있었음에 틀림없다. 그러니 혈루병 걸린 여인이 예수의 옷자락을 만졌을 때 자신에게서 '능력'이 흘러나갔음을 느꼈던 것이 아니겠는가. 그리고 혈루병 여인은 그 능력이 자기 안으로 흘러 들어와 치유 받았음을 느낄 수 있었던 것 아니겠는가? 예수 안에서, 예수를 통해, 그녀에게 흘러나간 것은 무엇일까? – 인성과 신성의 교통을 통해 한 인격 안에 생성되는 성율, 나는 여성이라고 부르고 싶다. 영성은 하나님께 기원했으니 인간에게는 자기초월의 '성'이다. 그러나 그것은 내가 이해하는 한 '하나님의 영'인 성령과는 다르다. 물론 성령과 교통하나 '영성'은 인간의 '특성'이다. 인간이 몸과 영과 혼으로 하나님의 영과 통전하고 호흡하며 만들어내는 '성'이다. 때문에 가꾸어가는 '성'이요 자라는 '성'이다.[26]

이 영성은 어떻게 가꾸고 기를까? 어떻게 공동체 안에서 흘러가게 만들까? 나는 인간이면 모두가 가지고 있는 존재의 능력, 즉 '존재의 기공성'을 경험하는 수밖에 없다고 말해왔다. 인간의 생물학적 몸에 숨구멍, 콧구멍, 귓구멍, 눈구멍 등이 있어서 내부와 외부가 교통하듯이, 우리 존재에는 존재의 숨구멍이 있다. 어찌 증명하느냐고? 그건 진심으로 '너'를 마주보면 금세 느낄 수 있다. 둘이 마주보기만 해도, 그 사이에는 '인류학적 공간'으로서의 사이-공간이 만들어진다. 다만, 혼자 달려서는 결코 경험할 수 없으며, 닫히고 배타적인 하나의 답만을 고집하는 그룹에서도 제대로 경험할 수 없다. 영페미니스트인들 모두 같은 답을 가지고 있을까? 강유라는 영페미니스트는 미러링 댓글로 고소당한 친구를 돕는 과정에서, '모욕죄 철폐'라는 목적을 가지고 너무나 집요하게 친구를 이용하려하는 다른 페미니스트를 대면하여 반발했다. 어찌 자신의 답만 옳다고 주장하느냐고. 하지만 서로 각을 세우고 갈등하는 과정 중에, 그가 상대를 받아들이게 된 과정은 너무나 당연한 감정, '다정'이었다고 고백한다. "단편적인 정보가 쌓이고 쌓이자 어느 순간 그 사람은 내 안에서 사례 1이 아니라 입체적인 한 명의 인간이 되었다."[27]

'입체적인 한 명의 인간' 그것이 평화 공동체를 만드는 과정이요 방법론이요 답이 아닐까? 사람보다 사상, 신념이 먼저인 개인이나 단체는 그것이 아무리 페미니스트 단체라 해도 공동체를 파괴하는 존재다. 물론 평화는 항상 '평화스럽게' 오는 것이 아니다. 건강한 공동체가 만들어져가기 위한 갈등은 '건설적'이기에 인정해야 한다. 그러나 이미 답을 고정한 채 '너'를 대면하는 '나'는 결코 건강한 공동체를 만들 수 없다. 그건 '나'의 답이 행여 매우 이상적이고 고매한 것이라 해도 마찬가지이다. 결국 평화 공동체는 나의 승리나 너의 승리가 아닌 우리 '사이'에 도래한다. 교회는 이 '사이 공동체'의 비밀을 체험하며 시작한 공동체였다. '서로가 함께(kai allelon)', 사도 바울이 교회의 원리로 고백한 이 상호성은 공동체 안에서 권위와 소유, 아니 존재를 나누는 관계 방식이 되었다. 결국 이거지 싶다. 전쟁이 그치고 칼을 녹여 보습을 만드는 그 평화의 날은 '아직' 가깝지 않으나, 우리가 서로를, 서로의 '다름'을 마주보고, 서로의 의미를 교환하며, 주장하는 과정 중에 자주 갈등하겠으나, 서로가 '너'의 의미를 헤아리며 사이-공간에서 '우리'로 살아가는 방법을 찾아내려 노력한다면, 평화의 날은 '이미' 시작된 것일지도.

❖ 주

1) "만약 장소를 관계적이고 역사적이며 정체성과 관련된 것으로 정의한다면, 그때 관계적이거나 혹은 역사적이거나 또 정체성과 관련된 것으로서 정의될 수 없는 어떤 공간은 비장소일 것이다." (Auge 1995: 78) 존 톰린슨, 김승현 정영희 공역, 『세계화와 문화』(서울: 나남출판사, 2004), p. 157에서 재인용.

2) 존 톰린슨 (2004), pp. 157–158.

3) '메갈'은 메르스 갤러리언을 줄여서 부르는 말이다. 2015년 대한민국을 공포로 몰아넣었던 메르스 사태 때에 최초의 바이러스 유포자로 지목된 여성들이 홍콩에 쇼핑을 다녀오고도 열이 나는 것을 숨겼다는 보도로 인해 일베 등의 남초사이트에서 '여성' 전반에 대한 혐오발언이 이어졌는데, 이것이 오보임이 밝혀지고 오히려 최초 유포자의 생물학적 성이 남성임이 밝혀지면서 젊은 여성들의 온라인 역공격이 드세졌다. 처음에는 디시인사이드에 '메르스 갤러리' 게시판을 운영하면서 시작했는데(2015년 5월 29일) 여러 번의 사이트 이동 끝에 이름을 여성주의 소설 '이갈리안의 딸들'과 메르스 갤러리를 합성한 단어 '메갈리아'로 명명하게 되었다.

4) 대한민국에서 영페미니스트 1세대라고 할 수 있는 정연보는 자신의 대학 시절 웹진 『달나라딸세포』를 운영했던 동료들과의 인터뷰를 통해 본인들이 추구했던 정체성에 대한 고민들을 되돌아보며 이를 논문으로 발표했다. 이 논문에서 그는 '영페미니스'를 1990년대 중반에 등장하여 2000년대까지 대학을 기반으로 활동한 젊은 엘리트들이었으며, 저항주체로서의 '여성'을 구성하는 문제를 놓고 이론적, 실천적 고민들을 함께 했던 세대라고 정의한다. "'영페미니스트'와 '여성'의 재구성: 웹진 『달나라딸세포』를 통해 본 정체성, 차이, 재현에 대한 고민들" 『한국여성학』 제31권 3호 (2015), pp. 31–64.

5) '이름 할 수 없는 문제'란 베티 프리던의 책 『여성의 신비』 (1963)에서 1960년대 미국의 교외 지역에서 전업주부의 삶을 살고 있는 대학 출신 여성들의 공통적인 우울감을 지적한 용어이다. 자아되기를 경험했으나 '여성'이라는 제도적 신비에 갇혀 자기를 접어버린 근대 엘리트 중산층 기혼 여성의 문제를 분석한 2기 페미니즘의 고전이다.

6) 이들 이전 세대, 즉 '1세대 엄마'는 전통 사회의 모성 실천을 했던 엄마들을 총칭하였다. 물론 신분제 시절이었고 귀족과 평민, 노예 계층의 모성 실천이 달랐으나, 한 가지 공통점은 세 계층 모두에게 모성 실천은 '전업'이 아니었다는 것이다. 하인을 확보한 귀족 여성이 모성 실천을 전업으로 할 필요는 없었으며, 생업이 더 중요한 평민 여성은 모성 실천을 전업으로 할 여유가 없었다. 하물며 하층 여성이랴. 그녀들에게는 자신의 생존이 최우선의 문제였다. 또한 1세대 엄마들은 '주체'가 아니었다. 다수가 '자아의 욕망'을 기르도록 제도화되지 않았다는 말이다.

7) 예를 들어, 대중을 불편하게 했던 '미러링'은 이런 것들이다. "커피에 자동차 부

동액을 타 남성 상사에게 먹였다"거나 "남자 아기를 낙태했다"는 발언 등은 실제로 수행되어있는지의 문제와는 별도로 '남성 살해'를 자랑하는 글들이었다. 안중근과 윤봉길과 같은 독립 운동가조차도 '남자'라는 이유로 '한남충'이라는 비하적 응시의 대상이 되어야 했다. 원인불명의 교통사고로 한 남자배우가 사망하자 애도는커녕 "한남 같이 생긴게 우째 배우했나 싶었는데 보지신의 심기를 거슬러 전복되었다"는 비하 발언이 게시되어 논란이 되기도 했다. 심지어 수컷이라면 모두 학대해야한다는 취지에서 수고양이를 목 조르는 사진을 올린다든가, 자기 방어 능력이나 성정체성이 확립되지 않은 유치원, 초등학교 저학년 남아들에게 성차별적 언어를 사용하는 일들도 빈번했다.

8) 김익명, "모든 것은 고소로 시작되었다," 김익명 외 7명, 『근본 없는 페미니즘』 (서울: 이프 북스, 2018), p. 32. 이 '관찰'은 여성들만의 닫힌 편견이 아니다. 생물학적 남자로서 '페미니스트' 저서를 출간한 남자고등학교 국어교사 최승범은 당시의 현상에 대해 이렇게 증언한다. "기괴한 일이 끊이지 않았다. 게임 회사 '넥슨'의 성우는 페이스북 페이지 '메갈리아4'를 후원하는 티셔츠를 사서 인증했다가 계약을 해지당했다. 정의당 문화예술위원회는 노동권 침해의 관점에서 이 사건을 비판했으나 '메갈을 감싼다'는 당원들의 거센 항의와 함께 집단 탈당 포화를 맞았다. 빅데이터에 기반해 남성들의 분노 심리를 분석한 『시사In』은 대규모 절독 사태를 겪었다. 마녀 사냥 중단을 요청한 여러 진보 언론이 곤욕을 치렀다. 믿었던 『한겨레』가 『경향신문』이 『시사In』이 『오마이뉴스』가 『프레시안』이 그럴 줄 몰랐다는 남성들의 악다구니가 끊이지 않았다. 사회적 의제에 진보적이고 다원적인 태도를 보이던 이들이, 약자의 아픔에 공감하며 각계 각층의 사람들과 연대하던 이들이 그러고 있었다." 최승범, 『나는 남자고, 페미니스트입니다』 (서울: 생각의 힘, 2018), pp. 77-78.

9) 국지혜가 사례로 든 고발과 저항의 언어는 '자라니'이다. 자라니는 '보라니'의 미러링인데, 보라니는 '보지와 고라니의 합성으로 남근 커뮤니티에서 사용하는 여성 멸시적 단어'라고 한다. 고라니가 차에 뛰어들어 죽듯이, 여성라는 이유만으로 "교통사고나 당해라"라는 의미로 사용된다고 한다. 그러나 '원조'에 해당하는 '보라니'가 기사화 된 적은 없었던 반면, 자라니는 '워마드'라는 이름에 남성을 혐오하는 여성들이라는 표현이 붙어 단박에 기사화'되는 현실이란다. 국지혜, "온라인 페미사이드, 이제 우리가 말할 차례다." 『근본 없는 페미니즘』 (2018), pp. 127, 129.

10) 국지혜 (2018), p. 114.

11) 정연보, "'영페미니스트'와 '여성'의 재구성: 웹진 『달나라딸세포』를 통해 본 정체성, 차이, 재현에 대한 고민들," p. 37.

12) Mikhail Bakhtin, The Dialogic Imagination (Austin: University of Texas Press, 1981), p. 358; 로버트 영, 이경란 성정혜 옮김, 『식민 욕망, 이론, 문화, 인종의 혼종성』 (서울: 북코리아, 2013), p. 45에서 재인용.

13) 자유주의적 페미니즘이 주로 이런 오류를 범했는데, 이런 부류를 '개혁적 페미니즘' 혹은 '라이프스타일 페미니즘'이라고 부르는 벨 훅스는 다음과 같이 비판한

다. "개혁적 페미니즘은 그들에게 계층이동의 수단이었다. 그들은 일터에서 남성 중심주의의 속박에서 벗어났고 좀 더 주체적인 라이프스타일을 누릴 수 있게 되었다. 성차별주의가 여전히 만연한 상황에서도 그들은 기존 체계 내에서 최대한 자유를 누리고자 했다. 그리고 그들이 거부한 궂은 일은 착취당하는 종속된 하층 계급 여성들이 떠맡을 터였다. 그들은 노동자 계급과 가난한 여성들의 종속을 수용하고 오히려 이와 결탁함으로써 기존 가부장제 그리고 그에 수반되는 성차별주의와도 동맹을 맺은 셈이다." 이경아 옮김, 『모두를 위한 페미니즘』 (서울: 문학동네, 2017), p. 32.

14) 백소영, 『페미니즘과 기독교의 맥락들』 (서울: 뉴스앤조이, 2018), p. 60.

15) "나는 저지가 교회 안에서 남성과 여성 사이에 평등이 있어야 한다고 주장하고 있다는 것을 알았다. 나는 왜 누군가가 교회 안에서 '평등'을 원하는 것일까 하고 의아해했다. 지금부터 약 여성의 빛의 3, 4년 전 나는 언론에게 말하는 가운데 교회에서 여성들의 평등을 요구하는 것은 흑인이 3 K단에서 평등을 요구하는 것과 비교할 수 있다고 말했었다. 이 책의 저자는 어떻게 그렇게 둔할 수 있었을까? 나는 그녀가 기독교를 개혁하기 바랬던 것을 알아차렸다. 1975년의 탈기독교 여성주의 시간/공간에서 이 책을 '개정'하는 것은 명백히 불가능했다." 메리 데일리, 황혜숙 옮김, 『교회와 제2의 성』 (서울: 여성신문사, 1994), pp. 258-259.

16) 뤼스 이리가레, 박정오 옮김. 『나, 너, 우리: 차이의 문화를 위하여』 (서울: 동문선, 1998), p. 12.

17) 주디스 버틀러, 조현준 옮김, 『젠더 트러블』 (서울: 문학동네, 2006) 참조.

18) 로지 브라이도티, 박미선 옮김 『유목적 주체, 우리시대 페미니즘 이론에서 체현과 성차의 문제』 (서울: 여이연, 2004), pp. 59, 78.

19) 백소영, 『페미니즘과 기독교의 맥락들』 (서울: 뉴스앤조이, 2018), p. 91. "사이보그 몸은 순진하지 않다. 사이보그는 낙원에서 태어나지 않았다. 그것은 단일 정체성을 추구하지 않으며, 그럼으로써 끝없는(혹은 세계의 종말까지) 적대적 이원론도 발생시키지 않는다. 그것은 아이러니를 당연한 것으로 받아들인다. 하나는 너무 적고, 둘은 오직 하나의 가능성에 불과하다. 기능, 기계 기능상의 강력한 기쁨은 더 이상 죄가 아니며, 체현의 한 양상일 뿐이다. 기계는 생명을 불어넣고 존경하고 지배해야 할 그것이 아니다. 기계는 우리이며, 우리의 과정이며 우리의 체현의 한 양상이다." 도나 해러웨이, 민경숙 옮김, 『유인원, 사이보그, 그리고 여성』 (서울: 동문선, 2002), p. 323.

20) 『페미니즘과 기독교의 맥락들』에서는 나는 페미니즘을 다음과 같이 정의했다. "페미니즘이란, 현 체제 밖의 시선이고 사유이고 언어이다. 5000년 가부장 역사 가운데 가장 대규모로, 가장 지속적으로 시스템 안에 있었으나 현재의 시스템을 만드는 데 참여한 바 없고, 이 시스템 안에서 자기 위치 역시 스스로 결정한 바 없었던 여성들이 대표성을 가질 수 있는 '주의'이다. 그러나 가부장적 시스템을 옹호하며 개인으로서 '명예 남성'의 삶을 선택한 생물학적 여성들의 의미 추구는 '체제 안'의 사유와 행동이기에 페미니즘이 아니다. 또한 생물학적 남성(그리

고 그 어떤 자기 정체성을 가지든)이라 해도, 주체로서의 자기 주장이 현재의 시스템을 만드는 데 반영되지 못했던 사람이라면 그 역시 은유로서는 '여성'이기에 그의 자기 해석은 페미니스트적 성찰에 포함되어야 한다." pp. 20-21.

21) 정지우, 『분노사회』(서울: 이경, 2014), pp. 21-24.

22) 울리히 벡, 홍성태 옮김, 『위험사회: 새로운 근대(성)을 향하여』(서울: 새물결, 1997), p. 40.

23) 울리히 벡 (1997), p. 77.

24) 울리히 벡 (1997), pp. 357-358.

25) 찰스 핸디, 이종인 옮김, 『코끼리와 벼룩』(서울: 푸른숲, 2016), pp. 110-111.

26) 백소영, "힐링 담론과 사회적 영성," 김진호 외, 『사회적 영성, 세월호 이후에도 '삶'은 가능한가』(서울: 현암사, 2014), p. 50.

27) 강유 "'초대남모집'을 대해 들어보셨습니까," 『근본 없는 페미니즘』(2018), p. 74.

6장

누가 네 이웃인가

사회지표로 본 한국의 공동체의식

정재훈(서울여대 사회복지학과 교수, KPI 연구위원)

1. 공동체

공동체는 사회보다 더 폭넓은 개념이다. 흔히 "사회생활을 한다"고 할 때에는 가족이나 친족, 이웃의 개념을 넘어서 학교에 다니거나 직장생활을 의미한다. 사회에서는 낯선 사람들과의 접촉을 한다고 전제한다. 그런데 공동체는 친밀성에 기초한 미시적 차원의 결사체로서 가족·친족·지역사회 범위를 넘어서 형성할 수 있는 개념이다. 익명성, 즉 낯선 사람들과 형성하는 공동체이지만 자발적 성격을 갖는 중도적 차원의 결사체로서 공동체를 볼 수 있다는 의미이다. 더 나아가 익명성과 낯설음에 토대를 두는, 그래서 우리가 흔히 사회라고 표현할 수 있는 거시적 차원의 결사체로서 공동체가 있다. 결국 공동체는 미시적·중도적·거시적 차원의 결사체로서 실체를 갖는다. 그 내용을 먼저 살펴보자.

1) 연대의 원리[1]

인간이 연대를 하는 동기는 간단하다. 혼자서는 아무도 생존할 수 없기 때문이다. 어떤 차원이 연대이든 인간의 상호의존성을 전제로 한다. 그러나 서로 의존할 수밖에 없는 존재로서 인간에 대한 이해는 '실존적 책임의식(existentielle Schuld)'의 수준에 따라 다르게 나타난다.

실존적 책임 의식은 '나'의 존재, 내가 누리는 특권과 이익이 다른 사람의 희생이나 불이익, 또는 그 사람의 존재 자체 때문에 생겼다는 인식에서 출발한다. 한마디로 "다른 사람의 존재 없이 '나'라는 존재는 없기 때문에 타인을 위해 내가 할 책임을 다한다"라는 의식을 실존적 책임 의식이라고 할 수 있다. 실존적 책임 의식에 기초하여 형성하는 중도적·거시적 연대는, 따라서, 사람들의 강한 자각과 자기 성찰을 전제로 한다. 미시적 연대는 가족 간에 자연스럽게 형성되기 때문에 특별한 자각을 필요로 하지 않는다. 그러나 타인과 하는 연대는 내가 모르는 사람들에 대한 실존적 책임 의식 없이 형성하기 어렵다.

실존적 책임 의식에 바탕을 둔 타인과 연대라도 중도적 연대는 '나'의 자유로운 결정에서 출발하는 반면, 거시적 연대는 어느 정도는 실존적 책임 의식을 강요하는 국가와 사회의 의지에 따라 조직된다. 자원봉사나 기부, 자선은 자유 의지에 따라 할 수도 있고 안할 수도 있지만, 국민연금 보험료나 건강보험 보험료는 국민 모두가 가입하여 지불할 때에만 제도 운영을 위한 충분한 재정 조달을 할 수 있기 때문이다. 내가 당장 연금을 못 받고 내가 낸 연금 보험료가 지금 은퇴한 노인의 연금으로 지출되더라도, 내가 몇 년에 한 번 갈까 말까 하는 병원에 다른 사람은 한 달에 한 번씩 가도 실존적 책임 의식에 따라, 또한 나도 언젠가 늙거나 병들었을 때 다른 사람의 기여로 연금·의료보험제도의 혜택을 누릴 수 있다는 상호의존성을 전제로 연대를 실천하는 것이다.

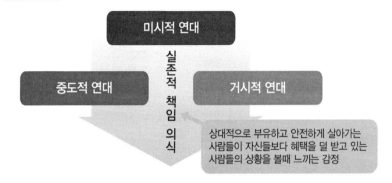

도표 6.1 연대적 행위의 차원과 그 기초로서 실존적 책임의식

미시적 연대

중도적 연대

거시적 연대

실존적 책임의식

상대적으로 부유하고 안전하게 살아가는 사람들이 자신들보다 혜택을 덜 받고 있는 사람들의 상황을 볼때 느끼는 감정

2) 연대의 차원에 따른 공동체의 모습

미시적 연대를 토대로 형성되는 혈연·지연·우정 공동체가 유지되는 특별한 이유는 없다. 무슨 특별한 동기가 없어도 그냥 내 가족이고 나의 친구이며 이웃이기 때문에 만나고 돕고 살아간다. 이렇게 형성된 공동체에서 비연대적 행위를 할 가능성은 상대적으로 낮다. 정치를 하는 사람들이 "우리가 남인가?"를 외치고 기업에서 '사원을 가족같이'라는 구호를 내걸 때에는 어떤 상황에서도 "배신하지 않고 함께 한다"는 일종의 메시지를 전달하고자 하기 때문이다. 그만큼 혈연·지연·우정 공동체 내 연대는 비교적 맹목적으로 형성되는 경향이 있다. 그리고 이러한 특징이, 친밀성의 범위를 벗어났을 때 사회적 차원의 연대 형성을 저해하는 중요한 이유가 되기도 한다.

친밀성의 범위를 벗어나 모르는 사람끼리지만 자발적으로 연대를 형성하는 가장 중요한 이유는 상호호혜성이다. "네가 도우니까 나도 너를, 내가 도우니까 너도 나를 돕는다"라는 서로 주고받는 관계이다. 장애아 부모의 자조집단, 약물중독 환자들의 자조적 모임 등이 대표적 예이다. 물론 상호호혜성을 떠나서 자발적으로 보상을 원하지 않고 모르는 누군가를 돕는 경우도 있다. 그런데 이 경우에도 보상이 없는 것은 아니다. 남을 도움으로써 찾을 수 있는 인생의 보람과 만족이 보상 그 자체가 된다. 내가 알지 못하는 사람들을 위하여 자원봉사를 하고 자선이나 기부를 하는 정도에서 해당 사회의 연대 수준을 가늠할 수 있다. 한다. 자원봉사 참여도가 높고 기부금 규모가 클수록 중도적 차원의 연대 수준이 높다고 볼 수 있는 것이다.

모르는 사람들끼리의 연대라는 점에서는 중도적 연대와 특징을 함께하지만, 강제적으로 조직한다는 점에서 거시적 연대의 특징이 있다. 자발적이지 않고 해당 사회구성원이라면 모두가 행해야 할 의무 차원에서 조직한다는 점에서 거시적 연대의 범위는 중도적 연대보다 넓다. 이렇게 거시적 차원의 연대를 조직하는 주요 이유는 복지국가 체제 구축과 운영에 필요한 재정 조달이다. 세금이나 사회 보험료는 본인의 의사와 관계없이 국가에서 강제로 거둬들인다.

이렇게 볼 때 미시적·중도적 연대보다 거시적 연대를 형성하는 과정에서는 비연대적 행위를 할 가능성이 높다. 게다가 국가 체제에 대한 불신 수준이 높을수록 비연대적 행위가 갖는 정당성에 대한 사회적 인정 수준은 높아지기도 한다. 로빈 후드(Robin Hood)나 임꺽정 같은 이른바 의적 이야기가 대표적 사례이다. "세금 회피는 국민 스포츠이다(Steuerhinterziehung ist Nationalsport)"라는 자조적 표현도 세금이나 사회 보험료를 강제로 내야 하는 상황에 대한 사회적 저항의 사례로 볼 수 있다.

결국 거시적 연대가 의무적 연대라면 미시적 연대는 자연적 연대이다. 특별한 조직 동기 없이 그냥 가족이니까, 이웃이니까, 친구이니까 자연스럽게 형성하는 연대이다. 중도적 연대는 자연적이 아니라 의식적으로 그러나 자발적으로 형성하는 연대이다. 따라서 비연대적 행위를할 가능성이 거시적 연대보다는 상대적으로 낮다고 할 수 있다.

지금까지 논의를 바탕으로 할 때 연대의 차원에 따른 공동체의 모습을 가족 등을 토대로 한 일차적 공동체, 익명성에 토대를 두지만 자원봉사와 기부·자선 등을 토대로 형성하는 자발적 공동체, 의무와 강제에기반한 국가공동체로 분류할 수 있다. 그렇다면 이러한 공동체가 한국사회에서는 어떠한 모습으로 구현되고 있는지 알아보도록 하자.

표 6.1 연대의 차원과 특징

	미시적 연대	중도적 연대	거시적 연대
전제	인간의 상호 의존성		
실존적 책임 의식	약함	강함	
자각 여부	없음	있음	있음
출발점	가족 등 일차적 공동체	이차적 집단	
		자유로운 결정	의무
조직 동기	특별히 존재하지 않음	호혜성	비호혜성	복지국가 제도를 통한 생계 보장 실현
		자조집단	자선 기부 자원봉사	
비연대적 행위 가능성	매우 낮음	낮음	높음
공동체 명칭	일차적 공동체	자발적 공동체	국가공동체

출처: 'Braun(2003: 13-33)'을 토대로 재구성.

2. 공동체로서 한국사회

미시적·중도적·거시적 차원의 연대에 따라 공동체를 구성한다고 볼 수 있을 때 한국사회는 어떤 모습을 보이고 있는가? 이 모습을 알아보기 위하여 사회지표로서 미시적, 중도적, 거시적 차원으로 분류하여 알아본다. 먼저 미시적 차원의 지표로서 결혼에 기초한 가족관계, 자녀출산 현황, 가족관계 만족도를 본다. 둘째, 중도적 차원의 지표로서 기부와 자원봉사 현황을 본다. 셋째, 거시적 차원의 지표로서 구조적 재분배 수준, 체계신뢰 수준, 조세부담률을 살펴보도록 한다.

1) 미시적 연대의 지표

한국사회에서 결혼은 태어난 인간이 성인으로서 완성되는 과정이다. '어른'의 전제조건을 결혼으로 보는 가치와 규범이 여전히 강한 사회이다. 결혼을 해서 아이를 낳아 가족을 이루고 남성은 가장으로서 경제적 부양을 할 수 있고 여성은 가사·돌봄 노동을 통해 가족관계를 유지할 수 있는 능력을 갖출 때 비로소 어른이 될 수 있다는 믿음이 지배적이다. 그런데 이러한 믿음의 전제조건으로서 혼인에 대한 신념이 서서히 축소되는 과정을 볼 수 있다.

한 가정 당 아이를 4~5명씩 낳아 기르던 1960년대까지 인구 1,000명 당 혼인 건수를 나타내는 조혼인율은 거의 10에 가까웠다. 이러한 경향은 1997년 이른바 IMF 경제위기를 겪을 때까지 비교적 지속적으로 유지되었다. 국가의 강력한 산아제한 정책으로 인하여 출산율은 지속적으로 감소하였지만, 혼인율 자체는 10에 가까운 높은 수준을 유지하였다. 출산율은 떨어지지만 그래도 가족 구성을 위한 혼인 자체에 대한 사회적 합의 수준은 높았다는 의미이다. 혼인율과 출산율 간 긍정적 상관관계가 높지 않았던 시기이다. 그러나 IMF 경제위기 이후 혼인율과 출산율은 동시에 떨어지는 경향을 보이기 시작하였다. 결혼도 하지 않고 아이도 낳지 않은 경향이 뚜렷해진 것이다.

초저출산율 1.3을 처음으로 보인 2001년 혼인율도 처음으로 8 이하로 떨어져 7.6을 기록하였다. 2007년 혼인율이 7로 올라가는 일시적 반등 현상이 있긴 하였지만 이때에도 출산율은 1.3을 넘지 못하였다. 결혼을 해도 아이를 낳지 않는 경향이 나타난 결과이다. 이후 혼인율은 지속적으로 감소하여 2017년 현재 혼인율은 5.2로서 현재 부모세대 혼인율의 절반 수준으로 감소하였다. 출산율은 그 사이 1.0 내외를 보일 정도로 감소하였다. 미시적 연대 형성의 기반으로서 가족 구성의 토대 자체가 흔들리는 양상을 관찰할 수 있다.

가족 형성의 필수 전제조건으로서 결혼 관련 가치관도 급변하는 양상을 보인다. 전반적으로 여성이 남성보다 결혼을 해야 한다는 믿음에서 벗어나는 경향을 보인다. 통계청 주관 각 연도 사회조사 결과를 보면 "결혼을 해야 한다(반드시 해야 한다 + 하는 것이 좋다)"는 생각을 가진 응답자 비율이 2010년 미혼 남성의 경우 62.6%이었지만 2018년에는 36.3%로 거의 절반 수준으로 급감하였다. 그런데 같은 기간 미혼 여성의 경우에는 동 비율이 46.8%에서 22.4%로 절반 수준 이하로 줄어들었다. 혼인 의도가 있는 미혼 남성이 3명 중 2명에서 1명으로 줄어든 사이, 미혼 여성은 2명 중 1명에서 5명 중 1명으로 급감한 것이다. 그 사이, 결혼이 출산의 필수조건인 한국사회에서 합계출산율은 1.23에서 0.98로 감소하였다.

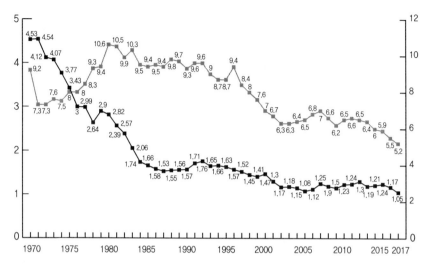

출처: 통계청, 2018년 사회조사 결과 (2018.11)를 토대로 재구성.

도표 6.3   결혼 관련 가치관 변화

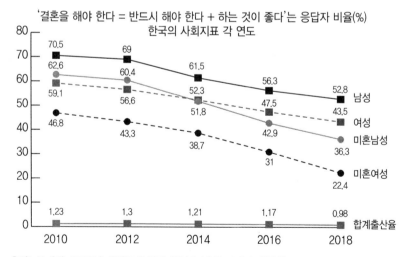

출처: 통계청, 2018년 사회조사 결과 (2018.11)를 토대로 재구성.

"모여 산다"는 의미에서 가족의 모습이 한국사회에서는 이미 주 흐름이 아닌 현실이 되었다. 2000년 당시에는 4인가구가 표준이었으며 1인 가구 규모는 4인 가구의 절반 정도 수준이었다. 그러나 2010년을 지나면서 4인 가구 수를 추월한 1인 가구 수는 2017년 현재 500만을 넘어서면서 한국사회 가구규모의 표준이 되었다. 이 추세는 지속되어서 2045년 1인 가구 수는 800만을 넘어서는 반면 4인 가구 수는 200만 아래로 내려갈 전망이다. 한국사회 공동체의 주류로서 가족공동체의 구조 자체가 급변하는 상황을 관찰할 수 있다.

가족 형성의 필수조건으로서 법률혼이 감소하고 모여 사는 가족의 모습이 사라지는 사이 한국사회 구성원은 주변에 의존하면서 살 수 있는 사람을 다른 사회에 비해 더 그리워하는 상황에 빠지게 되었다. 경제개발협력기구(OECD) 회원국에서 '지원 네트워크의 질(Quality of Support Network)'이라고 하여 '곤경에 처했을 때 주변 가족이나 친구, 친지 등 의존할 사람이 있다는 믿음' 관련 질문[2)]에서 "그렇다"라고 응답하는 사

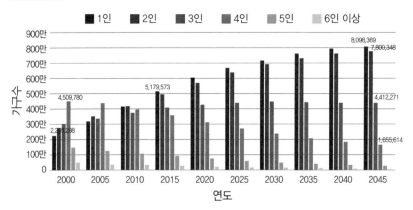

도표 6.4   1인 가구 증가 추이

출처: 통계청, 2018년 사회조사 결과 (2018.11)를 토대로 재구성.

람들의 회원국 평균 수준이 89%인 반면 한국사회 구성원의 76%가 같은 응답을 하였다. 회원국 중 가장 낮은 수준이다. 멕시코와 그리스의 응답률이 80%와 82%로서 한국 앞에 있을 뿐이다. 서유럽 복지국가의 동 수준은 95~100% 수준에 이른다.

2) 중도적 연대의 지표

한국사회에서는 입시를 인생의 과제로 설정할 수밖에 없는 청소년 인구를 제외한다면 기부와 자원봉사라는 자발성을 토대로 한 공동체 형성이 아직 갈 길이 먼 과제임을 알 수 있다.

통계청 사회조사 결과, 만 13세 이상 인구 중[3] 기부 경험이 있는 응답자 비율이 2011년을 정점으로 급격한 하락세를 보이고 있다. 2006년

도표 6.5 **지원 네트워크의 질 현황(2017년)**

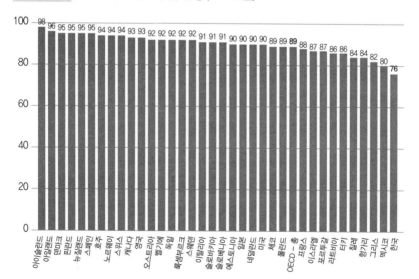

출처: OECD Data, https://stats.oecd.org/를 토대로 재구성.

기부 경험 응답자 비율은 31.6%이었으며 2011년 동 비율은 34.8%까지 올라갔다. 사회구성원 10명 중 3명 정도는 1년에 한번 현금 기부를 했다는 의미이다. 동 비율이 2013년 32.5%, 2015년 27.4%, 2017년에는 24.3%까지 하락하였다. 자발적으로 남을 돕는 사회적 분위기가 감소하는 현상 중 하나로서 해석이 가능하다.

연령 별로 볼 때 전반적으로 모든 연령에서 기부 경험자 비율이 감소하였다. 그중에서도 특히 60세 이상 인구 중 기부경험자 비율이 2006년 26.7%에서 2017년 15.8%로 급감하였다. 노후생활 불안과 높은 수준의 노인빈곤율로써 설명할 수 있는 현상이다.

특이한 점은 10대 청소년 인구 중 기부경험자 비율이 2006년 15.3%에서 2011년 40% 수준까지 올라갔으나 이후 급감하여 2017년에는 18.8%까지 내려갔다는 점이다. 2011년까지 청소년 중 기부경험자 비율이 급상승한 현상을 설명할 수 있는 이유는 아직 뚜렷하게 추론하기 어렵다. 그러나 2009년부터 입학사정관제를 본격적으로 시작하면서 학

도표 6.6 현금 기부 경험자 추이(2006~2017년)

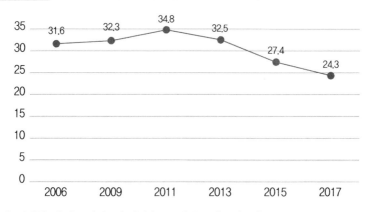

출처: 통계청, 각 연도 사회조사 결과 (2019.7)를 토대로 재구성.

생부 기록에 따른 입시가 확대된 배경이 무관하지 않음을 볼 수 있다. 이후 입학사정관제가 학생부 종합전형제도로 변화하면서 지나친 기부나 자원봉사 경력이 오히려 입시에 도움이 되지 않는다는 인식이 확산된 현실이 청소년 기부경험 인구의 급감을 설명할 수 있다고 본다. 대학 입학을 대가로 증가했다가 감소하는 현상이라는 차원에서 청소년 기부 인구의 급반등 현상을 설명할 수 있다는 차원에서 한국사회 중도적 연대의 척박한 현실을 볼 수도 있다.

1년에 한 번 이상 자원봉사를 한 경험이 있는 국민 비율도 20% 수준을 넘어서지 못하고 있다. 2009년 19.3%까지 상승하였으나 17~18% 수준을 유지하고 있다. 이는 경제개발협력기구 회원국 자원봉사 참여율 평균인 24%와 거리가 있는 현실을 보여주고 있다.[4]

대학 입학 전형에서 중요한 비중을 차지하고 있는 자원봉사 활동을

도표 6.7 현금 기부 경험자 추이(연령별, 2006~2017년)

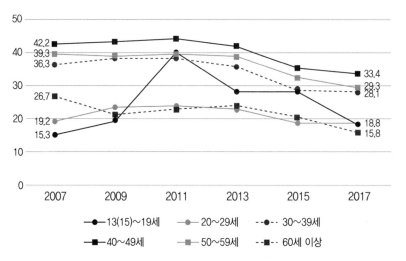

출처: 통계청, 각 연도 사회조사 결과 (2019.7)를 토대로 재구성.

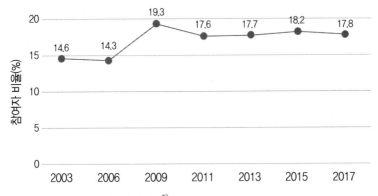

출처: 국민 삶의 지표, 자원봉사 참여율[5]을 토대로 재구성.

고려할 때 청소년의 자원봉사 참여율은 자발성이라는 요소와 관계없이 높을 수 있다. 하지만, 대학입시를 전제로 하지 않은 자발성을 반영할 수 있는 가능성이 높은 성인인구 중 자원봉사 참여율은 2007년 2% 수준에서 2017년 7% 수준까지 점진적으로 증가하였으나 2018년에는 5.2%로 감소하였다.[6]

3) 거시적 연대의 지표

국가와 사회가 의무와 강제를 전제로 조직하는 거시적 연대에 따른 공동체 형성은 한국사회에서 어떻게 구조화되었는가? 한국사회는 어느 정도 나누는 삶을 구조화하면서 살아왔는가? 이를 나타내는 지표로서 국민총생산 대비 사회복지비 지출 비율을 볼 수 있다. 특히 1인당 국민총생산 수준의 변화에 따른 사회복지비 지출 비율을 보면 경제성장의 결과를 사회구성원 사이에서 나누는 과정이 구조화되어 있는 현실이 드러난다.

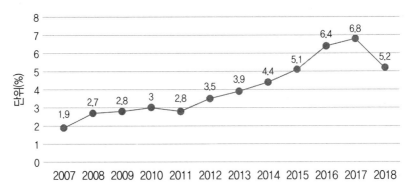

| 도표 6.9 | 20세 이상 성인인구 중 자원봉사 참여 추이(2007~2018년) |

출처: 행정자치부 (1365자원봉사포털 통계)[7]를 토대로 재구성.

　서유럽 복지국가의 경우 1인당 국민총생산이 1만 달러에 이르렀을 때 국민총생산 대비 공공사회복지비 지출 비율이 20% 내외 수준을 보였다. 성장하면서 나누는 구조가 정착되는 과정을 관찰할 수 있다. 반면 한국은 1인당 국민총생산이 1만 달러 수준에 근접한 1990년 공공사회복지지출 비율은 2.8%에 불과하였다. 1인당 국민총생산이 2만 달러 수준에 다가선 2000년에도 동 비율은 4.8%에 머물렀다. 10년 사이 두 배 정도 증가 수준을 보였지만 워낙 출발선 자체가 낮은 수준이었다. 즉 개발독재시대 성장 우선 이데올로기의 유산이 남아서 1997년 경제위기를 계기로 확대하기 시작한 사회보장제도의 비중이 여전히 낮은 수준에 머물게 되는 것이다. 1인당 국민총생산이 3만 달러를 넘어선 2010년에도 공공사회복지지출이 국내총생산에서 차지하는 비율은 9.2%에 불과하였다. 국내 부의 총량(국내총생산)은 증가하지만 나누는 기제는 여전히 미비함을 보여준다. 같은 3만 달러 수준에서 독일은 2005년 전후 27% 정도의 공공사회복지지출 비율을 보였다.

거시적 연대에 따른 공동체의 모습을 잘 표현하는 지표가 국민부담률이다. 국내총생산 중 조세와 사회보험료 부담이 차지하는 비율이다. 나누는 공동체로서 복지국가를 지향하자면 어느 정도 수준에서 조세와 사회보험 비용을 국민이 부담해야 한다. 경제개발협력기구 회원국 평균 국민부담율이 2017년 현재 34% 수준이다. 가장 높은 수준을 보이는 덴마크의 경우 국민부담률이 46.2%인 반면 국민부담률에서 사회보험 비용이 차지하는 비율은 2.1%에 불과하다. 사회보험 부담률이 0.1% 수준으로 매우 낮기 때문이다. 덴마크의 경우 사회보장비용 조달을 거의 전적으로 조세에 의존하고 있다는 의미이다. 독일과 프랑스의 경우에는 높은 수준의 국민부담률을 보이면서 동시에 국민부담률 중 사회보험 비용 비율이 36~37%에 이른다. 사회보험 중심 사회보장제도를 두 국가

도표 6.10   1인당 국민총생산과 국내총생산 대비 공공사회복지지출 비율 변화 추이

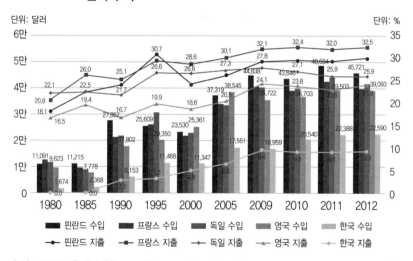

출처: OECD 홈페이지(https://data.oecd.org/gdp/gross-domestic-product-gdp.htm)를 토대로 재구성.

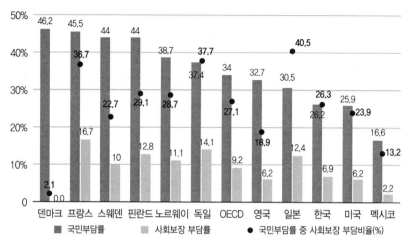

도표 6.11 국민부담률과 국민부담률 중 사회보험료 부담률 비율(2017년)

출처: Global Revenue Statistics Database[8]를 토대로 재구성.

에서는 구축하고 있다는 해석이 가능하다.

　반면 한국은 국민부담률이 26.2% 수준에 머무르고 있다. 성장하면서 나누는 구조가 정착하지 못한 결과이다. 국민부담률 중 사회보험 비용 부담이 차지하는 비중도 26.3%에 머무르고 있다. 조세 기반 복지공동체를 지향할 지 사회보험 기반 복지공동체를 지향할 지에 대한 사회적 합의를 이룰 과제도 남아 있다는 의미가 된다.

3. 결론

선한 사마리아인의 이야기를 듣던 율법학자는 예수에게 "그러면 내 이웃은 누구입니까?"라는 질문을 던진다 (누가복음 10장 29절). 이 물음에 대해 한국사회는 어떤 답을 할 수 있는지에 대한 논의의 단초를 이 글을 통해 찾아보았다. 그리고 가족·친족·이웃 등 친밀성을 바탕으로 할 때, 자원봉사나 기부·자선 등 자발성을 토대로 할 때, 마지막으로 의무와 강제를 토대로 하여 형성하는 연대 차원에서 한국사회의 모습을 살펴보았다.

한국사회가 미시적 연대에 기초한 공동체의 모습을 점차 잃어가고 있는 현상을 가족 형성의 전제로서 혼인 감소 및 혼인 관련 가치관 변화에서 볼 수 있다. 함께 하는 가족의 모습보다 혼자 살아가는 사회구성원의 증가를 1인가구의 주류화 현상에서 찾아보았다. 기부와 자원봉사 참여 현황은 자발성을 전제로 한 공동체 형성이 아직까지 갈 길이 먼 과제임을 보여주고 있다. 국가공동체로서 함께 성장하면서 나누는 역사적 경험을 하지 못한 상황에서 향후 어떤 모습을 지향해야 할지에 대해서는 아직 사회적 합의를 보지 못하고 있는 상황임도 보았다.

지금 우리는 가족을 잃어가고 있다. 이웃을 찾아가는 자발성도 사라져 가고 있다. 모르는 사람끼리 서로 돕고 살면서 어떤 공동체를 형성해야 할지에 대한 비전도 선거 때에만 잠깐식 나오는 수사에 불과한 상황이다. 누가 내 가족이며 이웃인가? 어떤 가족과 이웃을 만들어 가면서 살아가야 할 것인가? 그리고 어떤 공동체를 만들어 갈 것인가?

그렇다면 이제 공동체로서 한국사회를 향하여 어떤 제안을 할 수 있을까? 먼저 미시적 연대 형성의 토대로서 (법률혼) 가족 형성 양상이 감소하는 추세를 감안할 때 "가족이란 무엇인가?"에 대한 질문을 새롭게 하는 계기를 찾을 수 있다. 법률혼을 전제로 한 제도로서 가족이 아니라 좋아하는 사람들이 만나서 형성하는 관계로서의 가족을 한국사회가 서서히 인정할 때가 되지 않았나 하는 문제제기를 할 수 있는 것이다. 동거나 비혼 출산에 대한 사회적 낙인의 시선을 거둬드리고 사람들이 함께 사는 삶 그 자체를 인정하고 그러한 삶에 대한 법적·정책적 배제를 없애 나가는 과제를 한국사회가 안고가기 시작할 때라고 볼 수 있다.

자발성에 기초한 공동체를 형성하기 위해서는 종교의 역할이 결정적이다. "오른손이 하는 일을 왼손이 모르게 하라 (마태복음 6장 1-4)"는 성경 말씀을 한국의 기독교 공동체가 실천하고 있는지 성찰적으로 바라볼 때이다. 기부와 자원봉사를 하면서 교회와 담임목사의 이름을 앞장세우는 관행부터 없애기 시작하면서 한국사회에서 진정한 이웃으로서 살아가는 삶이 무엇인지 성찰하고 실천하는 작업을 종교가 앞장서서 해야 할 것이다.

국가공동체의 모습을 어떻게 만들어갈 지에 대해서도 선거 때가 되면 잠깐 나오는 식의 논의가 아니라 백년지대계 관점에서 관심을 가질 필요가 있다. 이른바 '고부담·고복지, 중부담·중복지, 저부담·저복지' 구도에서 시작하여 어떤 모습의 거시적 공동체가 한국사회의 모습이 될지에 대해 사회적 합의를 도출할 수 있는 과정이 시작되어야 할 것이다.

❖ 주

1) 정재훈, 『영화와 사회복지』, (서울: 신정출판사, 2012) 내용의 일부분을 재구성하였음.
2) A measure of perceived social network support. The indicator is based on the question: "If you were in trouble, do you have relatives or friends you can count on to help you whenever you need them, or not?" and it considers the respondents who respond positively.
3) 2009년까지는 만 15세 이상 인구 대상 조사 결과임.
4) OECD Family database, CO4.1: Participation in voluntary work and member-

ship of groups and organisations for young adults.

5) https://qol.kostat.go.kr/blife/result-idx.do?idctId=201304938.

6) 통계청 사회조사와 달리 중복참여 인구를 제외한 숫자이다.

7) http://www.index.go.kr/potal/stts/idxMain/selectPoSttsIdxSearch.do?idx_cd=2718.

8) http://www.oecd.org/tax/tax-policy/global-revenue-statistics-database.htm.

3부

미래를 위한
대안

7장

공동체 패러다임 전환을 위한 교육정책의 방향과 과제

김성천(한국교원대 교육정책전문대학원 교수)

1. 교육개혁은 왜 어려운가[1]

1) 아직도 지속되는 1995년도 교육체제

우리 교육 시스템에는 크게 국가, 시장, 공동체의 철학과 가치가 섞여 있다. 권위정부 시절에는 국가주도형 교육정책이 많았다. 이후 영미권의 영향을 받아 시장지향 정책들이 늘어났다. 하지만, 대체적으로 공동체의 가치와 철학은 매우 취약하다. 국가와 시장이 교육을 주도하는 방식에는 장단점이 있지만, 큰 정책 효과를 거두었다고 보기 어렵다. 특히 교육을 신분상승의 도구로 인식하는 경향이 강한 상황에서는 경쟁주의 문화가 삶의 핵심 원리로 작용하게 된다. 구별과 차별, 선별의 기제로서 교육이 작동하면서 학교는 더 이상 공동체를 경험하는 공간이 아닌 개인과 가족 단위의 생존 투쟁의 공간으로 자리매김하게 된다.

어떤 입학전형으로 대학에 들어갔느냐를 놓고, '00충', '00충'으로 구분하는 혐오와 멸시의 언어가 작동하는 현실을 우리는 어떻게 바라봐야 하는가? 그 사람이 어떤 고등학교와 대학을 나왔는가를 중시하면서 학벌의 후광을 따지는 메커니즘이 작동하는 한, 공동체적 가치는 사라진다. 그러한 방식은 국가경쟁력 차원에서도 도움이 되지 않는다. 학벌의 후광은 공정한 경쟁을 제한하기 때문이다.

명문학교를 만들기 위해서 각 학교는 강력한 생활지도 방법을 채택한다. 몇 번의 교칙 위반이 발생하면 권고 전학과 퇴학 등의 조치를 취한다. 엄격한 생활지도를 적용하는 학교라는 소문이 나야 소위 '노는 아이'들이 오지 않고, 지역 사회에서 좋은 평판을 얻을 수 있기 때문이다. 임대주택 가구 단지가 섞여있다는 이유로 기피 학교가 만들어지는 상황은 우리를 서글프게 만든다. 그러면 어떻게 할 것인가? 다시 공동체 회복을 우리는 꿈꾸어야 한다.

우리나라는 정권이 바뀔 때마다 야심차게 교육개혁안을 발표하였다. 헌정사를 보면 비교적 정치적 정당성이 취약했던 정권이었기 때문에 국민으로부터 지지를 얻기 위한 방편으로서 교육개혁안을 발표했으리라 짐작된다. 발표 내용을 보면 대체적으로 전인교육, 공교육 정상화, 사교육경감, 국가인재양성 등을 내세웠다. 다음에 제시한 1980년 전두환 정권이 발표한 7·30 과외금지 조치 발표문을 보면, 이 당시에도 교육정상화라든지 전인교육, 사회계층간 위화감 해소 등을 고려했음을 알 수 있다 (국정브리핑 특별기획팀, 2007). 그 당시 발표문을 발표 주체만 바꾸어서 지금 다시 사용해도 큰 문제는 없어 보인다.

국가보위비상대책위원회는 국가백년대계의 근본인 교육의 기틀을 바로 잡고, 우리 사회의 큰 병폐로 문제가 되고 있는 과열과외 현상을 근절하기 위하여 "교육정상화 및 과열과외 해소방안"을 만들어 금년부터 시행에 옮기기로 결정하였습니다. 아시는 바와 같이 이 과열과외 현상은 교육측면에서 뿐 아니라, 사회정책면에서도 시급히 해결하지 않으면 안 될 중요한 과제라 하지 않을 수 없습니다. 이에 국보위는 우리의 학교교육이 입시준비중심의 교육으로부터 탈피하여 건전한 사회구성원으로서의 인격형성을 위한 교육이 되도록 교육풍토를 조성하고, 또한 과열과외로 인한 사회계층간의 위화감을 해소하면서 범국민적 단합을 촉진시키고자 과감한 과외 해소방안을 마련하게 되었습니다.

〈1980년 국보위의 7·30 과외금지 조치 발표문〉

김영삼정부때 발표했던 5·31 교육개혁안은 현재까지도 영향력을 미치고 있다. 1995년도에 발표한 이 방안이 발표된 지 20년이 훨씬 지났지만, 우리 교육은 이 틀에서 아직까지 벗어나지 못하고 있다.

"지금까지의 산업화에 기여했던 우리의 양적 성장 중심의 교육을 가지고는 고도의 창의력과 높은 품격을 지닌 인간을 요구하는 미래 정보화 세계화 시대에 세계중심국가로 발돋움하게 할 신(新)한국인을 길러 낼 수가 없다. 그러면 무엇이 문제인가? 한마디로 '암기위주의 입시교육'이 문제이다. 교문을 나서자마자 잊어버릴 수밖에 없는 단편적 지식만을 암기하는, 현실로부터 유리된 교육이 문제다. 한국처럼 교육열이 높은 나라가 없으며, 한국의 학생들처럼 공부에 시달리는 나라가 없건만, 일터에서는 '불량품' 인력으로 판정받는 것이 우리 교육의 실상이다. 요컨대 우리 교육은 현실 속에서 살아 숨 쉬는 산교육이 되지 못하고 있다."

〈1995년 대통령자문 교육개혁위원회의
5·31 교육개혁안 일부 내용 발췌〉

5·31 교육개혁안에서 제시한 교육개혁의 정당성과 문제의식은 현재의 정책 논리 구조와 크게 다르지 않다. 이 당시에도 지식정보사회와 세계화의 시대 변화에 비추어볼 때, 산업화 시대의 패러다임에 공교육이 여전히 머물러 있음을 지적하였고, 이를 극복해야한다는 당위성을 제시하고 있다 (안병영·하연섭, 2015). 현재는 4차 산업 담론을 중심으로 우리 교육의 위기를 논하고 있다.

5·31 교육개혁안은 발표 당시 많은 논란을 촉발했지만, 공과를 지니고 있다 (이수광 외, 2015). 지금까지도 생명력을 유지하고 있다는 점에서 학술적, 정책적 분석이 앞으로 더욱 필요하다. 5·31 교육개혁안의 영향력이 지금까지도 미치고 있는 단적인 예를 생각해보자. 자립형사립고의 근거를 만들었고, 대학설립준칙주의라는 방향을 제시했다. 자립형사립고 정책은 현재 자율형사립고로 명명하고 있는데, 이는 보다 자율적이고 창의적인 고등학교를 많이 만들겠다는 정책 의도를 지녔지만, 결과적으로는 계층 간 양극화를 반영한 고교 체제의 양태를 보이게 만들었다.

대학설립 준칙주의는 대학설립 준칙주의는 대입과열 경쟁의 부작용을 해소하기 위한 조치였지만, 지나치게 많은 대학을 양산하면서 부실사학, 대졸자 실업 등의 문제를 야기시켰다. 이처럼 5·31 교육개혁안은 현재의 고등학교와 대학 정책에 적지 않은 부작용을 만들어 냈다는 비판이 존재하는데, 일종의 신자유주의 철학을 교육 정책에 적용했다는 분석이 지배적이다 (김용일, 2006). 물론 5·31 교육개혁안에서 제시한 학교운영위원회 도입 등은 신자유주의 정책이라기보다는 공동체주의의 관점이 반영된 정책이다.

분명한 점은 1995년도와 2019년도의 대한민국은 상당히 다른 시대적 맥락을 지니고 있다. 분권과 자치의 성숙, 혁신교육 추진, 양적 민주주의에서 질적 민주주의 전환, 경제와 정치 생태계의 변화, 교육 주체들의 인식과 문화의 변화 등을 감안한다면 이제는 5·31 교육개혁안을 뛰어 넘는 교육 비전과 체계를 구축해야 한다 (이수광 외, 2015).

2) 교육패러다임 전환의 어려움

그렇다면 이런 문제제기가 가능해진다. 우리 교육의 문제에 대해서는 대부분 공감하면서, 교육 패러다임 전환을 하지 못하고 있는가? 크게는 정책 요인과 인식(문화) 요인이 작동한다. 교육개혁을 기치로 다양한 정책을 시도했지만 목표와 과정, 결과와의 괴리가 나타났다고 볼 수 있다. 한마디로 정부의 정책실패를 탓할 수 있다. 이러한 실패 경험이 누적되면 특정 문제를 해소하기 위한 정부의 정책을 믿지 않게 되고, 학부모와 교원들은 스스로 자구책을 만들게 된다. 사교육을 경감하겠다는 차원에서 발표되는 정책에 대해서 특별한 기대를 대다수 국민들이 하지 않는 상황과 유사하다.

또 하나는 인식과 문화의 영역이다. 야구장에서 모든 사람들이 야구 관람을 서서하고 있다. 누군가가 서서 볼 때 나만 손해 볼 수 없기 때문에 결국 모든 사람들이 서서 본다. 누군가는 용기를 내어 앉아야 하는데, 소수의 사람들만 용기를 내고 있고, 대다수는 기존 방식대로 서서 구경한다. 죄수의 딜레마 이론처럼 서로가 신뢰하면 최선의 결과를 얻을 수 있지만, 서로 믿지 못할 때, 최악 내지는 차악의 결과를 선택하게 된다. "모든 사람들이 사교육을 시키는데 우리 아이만 안 시킬 수는 없지 않는가"하는 항변이 한국사회에서 작동하고 있다.

이러한 상황에서 우리의 교육이 바뀌어야 한다고 이야기는 하지만, 변화의 실마리를 찾지 못한 상태에서 모두가 공회전하고 있다. 이는 교육개혁의 목표를 여전히 달성하지 못한 측면도 있고, 정책을 아무리 발표해도 그것의 성공 여부에 대해서 대다수 국민들이 불신하고 있음을 시사한다. 또 하나의 문제는 기득권의 문제이다. 교육을 둘러싼 문제를 하나하나 살펴보면, 견고한 기득권의 저항이 숨어 있음을 알 수 있다. 공동체를 위하여 작은 이익을 내려놓고 큰 방향을 향해 나아가야하는데, 한 치의 양보를 하지 않는다. 학생과 현장을 중심에 놓고 정책을 디자인하면 해법은 있다. 엄밀히 말하면 우리 교육에 대안이 없는 것이 아니고 대안을 실행할 용기가 없기 때문이다. 대안을 알지만, 대안을 실행하려고 할 때, 엄청난 기득권의 저항에 부딪힐 가능성이 크기 때문이다.

3) 정부의 교육정책 실패 원인

그렇다면 우리의 교육개혁 정책은 왜 실패를 했을까? 역대 정권은 주로 대통령 직속기구를 활용하여 일정한 연구와 논의를 바탕으로 방안을 발표했다. 김영삼정부 때는 교육개혁위원회와 교육개혁추진위원회, 김대중정부 때는 새교육공동체위원회, 노무현정부 때는 교육혁신위원회, 이명박정부 때는 국가교육과학기술자문회의, 박근혜정부는 교육개혁 추진기구가 없었고, 문재인 정부는 국가교육회의를 세웠다. 향후, 국가교육위원회가 출범할 예정이다.

권위주의적 통치체제 하에서 발표된 정책방안은 정권 초기에는 힘을 발휘하지만 시간이 지나면서 그 힘은 약화되고 점차 흐지부지된다. 이러한 현상의 반복은 우리에게 일종의 학습 효과로 남아서 정권초기에 정책을 강력하게 밀어붙이지 않으면 나중에 레임덕 현상이 오게 되고, 이후 교육개혁안을 추진하기 어렵다는 인상을 남겼다.

정책은 연속성과 단절성의 속성을 함께 지닌다. 우리나라는 중장기적 비전을 가지고 정책을 세웠다기보다는 정권 차원에서 중단기적 계획을 수립했다. 김영삼정부때 만들었던 5·31 교육개혁안 정도가 오랫동안 유효했던 교육비전이었다고 볼 수 있다. 특히 진보와 보수 정권 교체가 이루어지면 기존 정책들은 폐기되고, 새로운 정책들이 만들어지면서 정책은 냉탕과 온탕을 오갔다. 이 과정에서 신뢰성과 지속가능성이 무너지게 된다. 정부의 말을 믿고 정책을 추진하다가 '바보'된 경험을 갖게 되면 불신이 쌓이고, 각 주체들은 형식적 대응을 하게 된다.

그렇다면 그동안 누가 정책을 만들었을까? 대체적으로 학자나 연구진으로 설명되는 전문가 그룹과 그들의 이론을 정책으로 뒷받침해주는 관료그룹의 연합체였다고 봐야 한다. 이 과정에서 '현장성'의 결여 내지는 결핍 양상을 보이게 되는데 결과적으로 이상과 현실, 정책과 실천의 괴리 현상을 심화시켰다.

역대 정부에서 교육정책을 디자인하는 과정에서 학부모나 교원, 학생과 시민들이 결합할 수 있는 공간은 매우 좁았다. 무엇보다 정책에 대한 공감대 형성이라든지 지지기반이 형성되지 않은 상태에서 '위로부터 아래로'의 개혁방안이 추진되는데 대통령 인기가 좋을 때와 그렇지 않을 때에 개혁 동력은 상당한 차이를 보인다.

동시에 그럴듯한 교육개혁방안을 제시해도 예산이 뒷받침되어야 하는데 교육 분야 예산이 상대적으로 우선순위에서 밀렸던 상황에서는 공교육의 '궁핍화'현상도 나타났다. 대표적인 예가 사립유치원이다. 유아교육의 공교육화를 말했지만 이를 지원할 수 있는 예산이 부족하니 사립 유치원을 대폭 확대할 수밖에 없었다. 사립 중고등학교가 많은 이유도 이런 맥락에서 해석할 수 있다. 결국 사립학교 의존도가 커질 수밖에 없었고, 이 과정에서 공공성과 책무성이 약화된 제도가 시행되면서 훗날 예산은 예산대로 들어가면서 두 가치를 제대로 구현하지 못하는 정책 실패 현상을 종종 만들어냈다.

2. 한국교육의 특성

1) 뜨거운 교육열의 이면

한국교육은 기본적으로 입시경쟁 양상과 표준화, 획일화의 성격을 지닌다. 산업화 시대에는 인적자본론에 기반한 교육 시스템을 구성하였다. 교육에 투자를 하면 생산성이 향상되고 이는 소득의 증대로 이어진다는 신념이 확보하게 자리 잡았다. 좋은 일자리를 위한 경쟁은 치열했고, 인력의 선별과 변별의 확실한 보증서로서 명문대 졸업장은 그 위력이 컸었다. 이른바 선별이론(Screening Theory)과 인적자본론이 함께 결합되면서 교육열은 뜨거워졌다.

이러한 양상은 조선시대 과거제도를 둘러싼 양반가의 경쟁이 근대화 시대로 넘어오면서 전 국민적 경쟁으로 이어졌다. 자녀가 경쟁에서 성공하기 위한 가족의 총력전 양상도 이루어졌다. 이러한 모습은 학창시절의 성적이 평생 살아가는 데 '삶의 질'을 결정하는 핵심 요소라는 확신에서 비롯된다. 조기교육, 선행학습, 사교육비 등 오늘날 교육 부작용으로 일컫는 여러 증상들은 압축 성장의 과정에서 나타난 역사적 산물이다.

이를 뜨거운 교육열로 설명할 수 있는데, 한국 경제발전에 기여했다는 장점도 있지만, 시대가 바뀌어 가고 있음에도 불구하고 근대화 과정에서 나타났던 문화적 양상은 그대로 이어지고 있다. 기존의 교육문법을 그대로 따를 것인지 아니면 교육문법을 바꾸어야할 것인지 그 기로에 우리는 서 있다. 신영복 선생님은[2] 『변방을 찾아서』라는 저서에서 역사를 중심부와 주변부의 교체과정으로 설명했다. 그는 변방을 창조와 변화의 공간으로 인식했다. 그가 제시한 변방은 단순히 공간을 넘어 인식과 철학의 문제로 이해할 필요가 있다. 우리나라 교육에서 중심의 가치는 무엇이었고, 변방의 가치는 무엇이었을까? 그동안의 중심 가치는 학벌주의와 학력주의, 경쟁과 입시가 아니었을까? 현재는 교육을 둘러싼 기존의 가치와 새로운 가치의 충돌 양상을 보이고 있다.

우리나라 교육개혁의 주된 특성 중 하나는 중앙집권적 성향이다. 강력한 중앙통치 시스템은 교육 영역에서도 예외는 아니었고, 이 과정에서 국가주의, 관료주의가 심화되었다. 권위주의적 문화 양상도 이런 맥락에서 나타났고, 학교는 하급기관, 교사는 하급공무원으로 규정되면서 창의성과 자율성이 거세된 모습을 보였다.

촘촘한 규정과 지침은 행정의 표준화와 통일성을 만들어내는 장점도 있으나 본질보다는 수단에 주목하게 만들기도 하고, 융통성을 떨어뜨린다. 이런 시스템에 오랫동안 젖어들면 생각하는 능력을 잃어버린 채 지시를 잘 따르는 능력만 커지게 된다. 이 과정에서 관료들의 힘은 점점 커지게 되는데, 우리나라는 고시 출신의 엘리트들이 교육정책이 상당히 많이 관여하고 있다. 특정 세력이 형성될 때는 특정 인맥을 밀어주거나, 지대추구행위가 이루어거나 특정세력에 포획되어 누군가를 봐주거나 비호하면서 훗날 자신의 이익을 도모하는 소위 '교육 마피아'현상이 나타날 수도 있다. 정권은 바뀌어도 관료는 영원한 시스템에서 관료의 정보 독점력을 일반 전문가나 국민들이 이기기 어려운 현실이다.

2) 대통령제의 한계

또 하나 주목해서 볼 시스템은 대통령제이다. 대통령제 하에서는 청와대의 위상이 커질 수 밖에 없다. 청와대 참모진들이 교육철학과 비전에 대한 이해를 제대로 가지고 있으면 국정 비전과 과제가 제대로 이행하고 있는가를 확인하면서 관료들을 견인할 수 있다. 그러나 교육철학과 비전을 대통령이나 참모진들이 가지지 못한다면 교육개혁은 표류할 가능성이 크다. 여기서 주목해야 할 점은 국회의 역할이다. 대통령제 하에서 국회의 역할은 사실 제한적인 측면이 있고, 무엇보다 전문성을 확보한 시스템이라고 보기 어렵다. 대의적 정당성을 갖춘 국회가 제 기능을 가지지 못한 현실은 장기적으로 볼 때 바람직하지 못하다 (박상훈, 2018).

교육은 특히 이해관계가 매우 복잡하다. 주체별로, 계층별로, 지역별로 하나의 사안을 바라보는 시각과 관점이 충돌한다. 이러한 상황에서 교육은 본질적 목적을 고려하기보다는 이해관계 중심으로 또는 정치권력의 문제로 들어가게 된다. 갈등이 첨예하게 나타날 때 교육은 교육의 영역이 아닌 정치의 영역으로 환원된다. 이 과정에서는 무엇이 교육적으로 바람직한가를 따지기보다는 정치적 손해가 덜 나는 판단이 무엇인가를 따질 가능성이 크다.

교육적으로 옳고 바람직한 일이라고 해도, 관련된 이해당사자들의 저항이 예상될 때 정치적 힘을 활용하면 변화를 만들어낼 수 있지만, 대부분의 경우에는 의제에서 제외시킬 가능성이 크다. 의사결정자들은 의

사결정과정에서 정책 추진의 결과에 대한 확신이 없거나, 논란과 혼란이 예상되거나, 자신의 이해관계에 도움이 되지 않는다고 판단할 때 의사결정을 하지 않는다. 결국 경로의존성을 강화시켜서 일상 업무만 하거나, 사태에 대해서 방관하거나 후임자에게 업무를 넘기거나 정책을 추진하지 않는다. 이를 '무의사결정론'이라고 말한다. 용기를 내야할 영역에서는 침묵하고, 이해관계에 포섭되지 않아야 할 영역과 주제가 입법화되면서 현장의 부담감을 가중시키는 상황이 종종 만들어진다. 용기있는 정치를 통해서 교육의 변화를 만들어가야 하는데 안타깝게도 그런 사례를 우리는 많이 접하지 못했다.

3. 혁신학교와 혁신교육에의 주목

1) 혁신학교의 의미

혁신학교와 혁신교육을 이야기하면 다소 불편하게 생각하는 이들도 있다. 이념의 프레임으로 보기 때문이다. 그럼에도 불구하고, 우리 교육의 패러다임 변화를 논의할 때, 다루지 않을 수 없다. 안데스 산맥에는 벌새 우화가 있다고 한다. 산에 불이 났을 때, 덩치가 큰 새들은 다 도망을 가고 없었는데, 작은 벌새 한 마리가 물을 입에 머금고 불을 끄고 있다는 우화이다.

혁신학교는 폐교 직전으로 몰렸던 학교를 살려보자는 교사와 학부모들의 노력에 의해 시작되었다. 이러한 실천 경험을 나누고 공유하는 과정이 자생적으로 나타났다. 일종의 네트워크 운동이 일어난 셈이다. 이러한 운동은 주민직선교육감제 도입 이후에 공약과 정책으로 반영되었다 (허봉규, 2011).

혁신학교 운동에 주목하는 이유는 다음과 같다. 우선은 힘의 방향이다. 청와대의 기획에 의해서 단위학교로 내려가는 방식이 아니라는 점에 주목해야 한다. 개별학교의 실천을 교육청에서 정책으로 포착했고, 이후, 교육청과 교육청간 수평적으로 정책이 확산되었다. 그리고 문재인 정부에서는 이를 공약과 국정과제로 채택했다. 위에서 아래로의 내리 먹임 방식이 아닌 아래에서 위로, 옆에서 옆으로 실천과 정책이 상호 교류했다는 점은 우리 교육의 실마리를 푸는 열쇠가 된다.

혁신학교는 교사의 자발성을 매우 중시한다. 교육과정과 수업, 평가 혁신을 통해서 학생들의 성장에 기여하고, 공교육 정상화를 도모하겠다는 취지의 학교로 보면 된다. 혁신학교는 동시에 학교 민주주의와 학습 공동체, 네트워크를 중시한다. 학교 본연의 모습을 잃어버린 지점을 성찰하고 반성하면서, 교사들의 자발적 노력에 의해서 변화를 만들어간다. 그런데, 이러한 노력을 추진하는 과정에서 학교를 지원하는 정책이 뒷받침되어야 한다. 그 힘은 교육청과 교육부 혁신 요구로 이어진다. 작게는 일하는 방식의 개선, 인사와 조직, 예산 혁신 등을 동시에 수반하게 된다 (김성천, 2018d).

혁신학교는 기존의 명문학교와는 결을 달리한다. 명문학교는 1류 학교와 2류, 3류 학교를 구분하는 비교 의식을 내포한다. 혁신학교는 실험학교로서 자신의 실천을 인근 학교에 공유하여 함께 성장하자는 의미를 갖는다. 혁신학교는 우수한 학생들을 많이 확보하는 데 에너지를 쏟지 않는다. 어떤 학생들이 들어오더라도 그들의 성장을 도모하는 과정을 중시한다. 이른바 선발효과가 아닌 교육효과를 중시한다.

혁신학교와 혁신교육은 경쟁에서 협력을, 성적에서 성장을, 개인단위의 노력을 학교 공동체 단위의 노력으로 전환하기 위해 노력한다. 기존 학교에서 교육이라는 이름으로 진행되었던 목표와 문화, 교육과정과 수업, 평가, 관계, 공간, 시간 등을 성찰하면서 총체적이면서 동시적으로, 자발적으로 변화를 만들기 위한 전방위적 운동이라고 평가할 수 있다 (김성천, 2018d).

2) 혁신학교의 과제

최근 들어서는 단위학교 교사만의 노력으로는 학생들의 다양한 수요를 감당하기 어렵다는 인식을 가지고, 마을 또는 지역과 학교가 함께 협력하려는 모습이 나타나고 있다. 혁신교육지구사업 내지는 마을교육공동체 사업이 대표적인 예이다. 그동안 교육 자치와 일반자치의 분리와 통합을 가지고 논쟁을 오랫동안 벌였는데, 최근 상호 협력을 통해 상생하자는 모습이 나타나고 있다. 혁신교육지구사업과 마을교육공동체 사업이 성공하기 위해서는 민관학 소통과 협력 체제를 구축해야 한다. 이러한 과정을 통해 지역 내 거버넌스 개념이 조금씩 형성되고 있다. 이는 교육을 둘러한 지역단위의 공동체 형성의 단초를 보여준다. 지역에 대한 애정과 정주의식, 공동의식 등을 발현할 수 있는 교육과정과 지원체제를 이제 본격적으로 모색해야 한다.

물론, 혁신학교와 혁신교육 역시 해결해야 할 과제가 적지 않다. 혁신학교가 양적으로 확산되었지만 질적으로 심화되고 있는 것인지 따져볼 부분이 있다. 입시 경쟁이 여전히 뜨거운 상황에서 혁신학교의 실험과 실천이 자녀들의 학업성취도에 불리하게 작용하는 것은 아닌가 하는 불안감 역시 상존한다. 초등학교나 중학교에는 비교적 혁신학교 모델이 많이 있지만 고등학교는 여전히 부족하다. 입시의 벽을 혁신학교가 넘는 데 어려움이 있기 때문이다 (김성천, 2018c). 그러나 혁신학교와 혁신교육은 완성형이 아니고 진행형의 성격을 지니고 있다. 동시에 끊임없는 성찰과 반성을 통해 운동과 정책의 진화가 필요하다. 특히, 기존의 제도 틀에서는 혁신학교가 공교육 정상화의 수준까지는 목표에 도달할 수 있으나, 미래형 학교 모델로서 충분한가는 고민해 볼 지점이 있다. 과감한 실험을 할 수 있도록 제도적 공간을 보다 많이 열어야 한다. 언제까지 선진국이 유수학교를 부러워만할 것인가? 혁신학교의 실천이 축적되면서 해외에서 부러워할만한 학교를 우리나라에서도 만들어야 하지 않을까?

혁신학교와 혁신교육은 궁극적으로 공동체를 강조한다. 학교구성원들의 참여와 소통을 통해 학교의 문제를 스스로 해결하려는 자치 역량을 구축한다. 학교폭력 문제가 발생할 때, 기존에는 응보적 패러다임으로 접근했다면, 공동체 구성원들의 공동체의 문제를 함께 대화하고 논의하면서 풀어가는 회복적 생활교육 패러다임을 적용하고 있다. 자율과 자치, 학교민주주의는 학생과 학부모, 교원들의 주체성을 복원시키며, 학교공동체를 구축하는 데 도움을 주게 된다. 학교는 상급기관의 지침과 지시를 기다리는 수동적 존재가 아닌 공동체의 문제를 스스로 논의하고, 해법을 찾는 자치공동체로 거듭나야 한다. 학교 교칙을 예로 들어보자. 과거에는 일방적으로 교칙이 주어졌다면 이제는 학생과 학부모, 교원이 함께 토의와 토론의 과정을 거쳐 학교의 생활규칙을 만들어간다. 이러한 과정은 민주주의를 교과서에서만 배우는 것이 아닌 삶과 문화의 원리를 통해서 배우게 만든다.

4. 패러다임 전환을 위한 방향과 과제[3]

1) 표준화가 아닌 탈표준화

4차 산업혁명을 언급하지 않아도, 주입식·암기식·경쟁식 교육에서 이제는 벗어나야 한다는 목소리는 매우 높다 (송기상, 김성천, 2019). 산업화 시대는 표준화와 획일화된 특성을 보이며, 지식의 양을 가지고 인재를 선발하는 경향이 강했다. 그러나 탈산업화 시대에서는 "무엇을 얼마나 아느냐"를 넘어 "무엇을 할 수 있느냐"를 확인하는 역량 중심의 인재 상을 요구하기 시작했다. 포드주의 내지는 테일러주의 방식의 교육 패러다임에서 벗어나지 않으면 공교육과 한국사회는 위기에 직면할 수밖에 없다.

미래교육은 표준화 체제에서 벗어나서 학생 개개인의 고유성을 중시하는 시스템을 의미한다. AI의 등장은 기존 교육과 학교, 교사에 대한 성찰을 요구한다. 단순 지식 과 정보의 전달은 AI가 더욱 잘할 수 있기 때문이다. 그렇다면 어떤 교육이어야 하는가? 협동력, 창의력, 문제해결력, 공감력, 문예 감수성, 시민역량이 아닐까? 우리 교육에 대한 반성을 토대로 중요하지만 입시를 이유로 놓쳤던 영역에 우리는 주목할 필요가 있다. 생각하고 비판하고 참여하고 협동할 수 있는 시민을 잘 길러낼 수 있는 교육 시스템을 어떻게 구축할 것인가는 핵심적 과제이다 (이영희 외, 2019, 송기상·김성천, 2019)

학령인구의 감소는 이러한 시대의 정신과도 맞물린다. 학령인구 감소는 공교육에 여러 문제와 어려움을 가중시키겠지만, 한편으로는 우리 교육의 패러다임을 바꾸는 계기이자 기회가 될 수 있다. 한 사람 한 사람이 소중한 시대가 왔고, 개인의 고유한 잠재력을 성장시키는 시스템을 구축할 수 있기 때문이다. 이러한 요구의 총체를 우리는 패러다임의 전환이라고 명명한다. 공동체는 전체주의를 의미하지 않는다. 한사람의 성장과 행복을 위하여 공동체가 존재한다.

표 7.1 패러다임 전환

변화 단위	구 패러다임	신 패러다임
주도단위 개혁전략	'국가수준의 위원회' 내지는 '중앙정부 주도' 위에서 아래 비전부터 세부전략까지 수립 분절적 방식	'단위학교 실천' '교육청과 학교연계' '지역단위 주도' 아래에서 위로 옆에서 옆으로 비전 수립은 중앙정부에서, 기획과 실천은 지역단위 광범위한 거버넌스 구축
교육목적	경쟁력 갖추어 생존하기	행복한 시민의 삶(공민/시민/호민) 공공의 가치를 실현하는 시민 공동체를 가꾸는 시민 개인의 고유성 신장
모델학교	자립형사립고 명문학교	혁신학교
핵심가치	선발효과 성적 경쟁	학교효과 성장 협력과 협동 나눔과 공유
대입 제도의 기준	선발의 편의성·효율성 공정성	공교육 정상화 미래사회의 인재 다양성을 담보한 공정성
교육비용	개인 부담	공부담 강화
교육과정 구성원리	전문가의 이해관계 지식	학생의 삶 역량

2) 패러다임 전환의 내용

그렇다면 어떤 패러다임의 전환인가? 몇 가지 요소를 기준으로 패러다임 전환을 생각해볼 수 있다.

(주도단위와 개혁전략) 우리나라의 교육개혁 주도단위는 국가수준의 위원회 내지는 중앙정부였었다. 그러나 학교의 경우, 기존의 관료체제 방식으로는 혁신을 담보하기 어렵다. 기존의 교육개혁방식은 '위에서 아래로 진행되는 방식'이었다. 국가 수준에서 위원회를 꾸려서 방안을 발표했는데 반면, 혁신교육은 앞서 언급한 대로 '아래에서 위로' '중간에서 위로, 아래로, 옆으로' 개혁의 가능성을 보여주었다. 혁신학교는 교사와 학부모의 자발성에 의해 시작되었고 교육청 수준에서 정책으로 추진되었다. 동시에 타시도교육청으로 확산되었다. 정책이 만들어지고 현장으로 적용되는 방식이 아니고 자발적 실천들을 모아서 정책으로 연결시키고 이것이 수평적 네트워크에 의해서 확산됐다. 현장 중심의 교육 정책 내지는 개혁의 가능성을 확인할 수 있다.

단위학교와 교육청 단위에서 자발적으로 혁신을 주도하고, 검증된 사례를 정책 비전과 국정 과제로 채택하는 방식이 바람직하다. 향후 국가교육위원회가 설립된다면 기존의 대통령 자문기구와 다른 방식의 위상과 역할이 필요하다. 전문가 중심의 위원회 구성도 필요하지만, 현장의 역동성과 민주성을 담보할 수 있는 플랫폼 위원회로서의 성격도 함께 고려해야 한다. 일부 전문가에 의존하는 위원회가 아니라 거버넌스가 결합된 위원회여야 한다 (김성천 외, 2018b).

교육문제는 이제 교육만으로 풀기 어렵다. 부처간 칸막이가 견고하게 존재하는 상황에서는 유초등교육, 고등교육, 평생직업교육은 현재의 수준을 넘기 어렵다. 교육부장관 겸 사회부총리로서 그 역할과 기능을 기대했지만, 충분하지 못하다. 국가교육위원회를 중심으로 중앙부처, 지자체, 교육청, 시민사회(교육주체), 대학 등을 포함한 거버넌스가 활성화되어야 한다. 대학 특성화 역시 광역 지자체와 함께 길을 찾아야 한다. 지자체와 대학이 함께 상생할 수 있는 길을 이제는 모색해야 한다.

중앙정부에서는 지역단위의 혁신을 지원하는 제도와 정책, 시스템을 구축해야 한다. 결국 '위에서 아래로'의 탑다운 방식을 탈피해야 한다. 현장의 실천과 요구가 중앙정부의 정책에 반영되는 방식이면서도, 학교와 학교, 교육청과 교육청, 지역과 지역 간 실천 사례가 수평적으로 확산되는 확산 모델을 채택해야 한다 (이수광 외, 2015). 그렇다고 해서, 자치와 분권은 '선'이고 중앙집권은 '악'이라는 이분법적 도식은 곤란하다. 중앙정부가 정책과 사업을 주도하고 일부를 지역으로 넘기는 방식이 아니라 교육주체 및 주민들의 생활공간에서 가깝고 밀접한 기관이 정책과 사업을 주도하되, 지역단위에서 감당하기 어려운 영역을 보충적으로 중앙정부가 감당해야 한다. 통일성을 기하거나 불평등 문제를 해소해야하는 영역은 지역보다는 중앙정부가 감당하는 것이 더욱 효율적이기 때문이다. 전반적으로 자치와 분권의 철학을 교육영역에서 보다 굳건히 세울 필요가 있다.

학교 교육의 피동성 역시 극복해야할 과제이다. 온갖 지침과 규제는 학교로 하여금 시키는 일만 하게 만든다. 이런 과정에 오랫동안 노출되면 교원들의 효능감은 바닥에 이르게 된다. 단위학교의 역동성을 어디서 어떻게 만들어가야 하는가? 궁극적으로 국가주도의 '지침교육'에서 지역주민주도의 '자치교육'으로 전환해야 한다. 이를 위해서는 교육부의 권한을 교육청으로, 교육청은 교육지원청으로, 교육지원청은 학교로 대폭 이양해야 한다. 교육자치의 핵심은 학교 자치이기 때문이다 (이수광 외, 2015; 서지연 외, 2018). 물론, 학교의 자율성 보장이 만병통치약은 아니다. 예컨대, 공동체와 거버넌스, 리더의 성숙, 상호 견제와 균형 시스템이 담보되지 않으면 오히려 교육의 공공성과 혁신을 담보하기 힘들어질 수도 있다. 비민주적인 학교라든지 일부 사학의 부정부패, 입시 위주의 학교 모델 등은 자율성만으로는 극복하기 어렵다. 그럼에도 불구하고 우리 교육의 역동성을 만들기 위해서는 자율과 자치가 필수적이다.

이제는 개혁 방식을 달리 접근해야 한다. 중앙정부 수준에서 학교를 개혁의 대상으로 바라보는 것이 아니라 학교에서 교육청과 중앙정부를 바라봐야 한다. 무엇이 학교를 힘들게 하고 옥죄고 있는가를 먼저 따져야 한다. 제도 개선과 실천의 확산이 함께 이루어질 때 변화를 빨리 올 수 있다.

3) 교육목적과 가치의 전환

(교육목적) 한국 교육은 한마디로 개인과 학교, 가정의 경쟁 체제로 볼 수 있다. 뜨거운 교육열은 곧 경쟁 양상으로 나타난다. 그러한 경쟁은 학습량과 학습속도, 투자비용과 연동된다. 이는 선망하는 학교에 들어가기 위한 경쟁 체제 가속화를 의미한다. 경쟁 체제는 한국 교육의 모든 것을 빨아들이는 블랙홀인데, 많은 이들이 한계점에 이른 듯하다. 고입과 대입 경쟁은 진로교육과 평생교육이 자리 잡을 공간을 축소시키고, 학생들이 살아갈 수 있는 삶의 힘을 위축시킨다. 명문대학 진입에 성공을 한 소수의 승자와 그렇지 못한 다수의 패자를 만들어내기 때문이다.

이러한 경쟁 시스템은 학교의 문화에도 지대한 영향을 미친다. 협력과 협동의 가치는 사라지고, 상대를 앞도하기 위한 학습량과 속도 경쟁이 나타난다. 우리의 교육목표는 민주시민 양성이지만, 추상적인 수준에서 제시된 문서의 구호일 뿐, 학교 일상과 문화에서 그 목표는 살아 숨 쉬지 못한다. 앎과 삶은 분리되고, 삶을 가꾸는 교육은 멀어진다. 학생과 청소년이 누려야할 행복도, 권리도, 경험도, 발달과업도 모두 고입과 대입 경쟁 이름하에 유보된다.

교육목적도 결국은 생존에서 행복으로 전환해야 한다. 오늘 행복한 아이가 내일도 행복할 수 있다는 신념으로 교육 프로그램을 구성해야 한다. 개천에서 용이 나오면 좋지만 용이 되지 않아도 행복한 세상을 꿈꾸어야 한다. 이를 위해서는 진로 교육의 가치를 중시해야 하고, 각 분야에서 인재 채용의 기준과 선발 방식에 변화가 나타나야 한다. 어찌 보면 노동 시장에서 이러한 변화가 이미 나타나고 있음에도 불구하고 여전히 교육 분야는 명문대 진학의 관점을 중시하면서 다른 가치를 희생시키고 있다.

4) 사사성을 넘어 공동체성의 가치 구현

5·31 교육개혁안에서 볼 수 있는 인간상은 분명하지는 않다. 시대의 변화에 맞추어 적응하는 인간 내지는 선택지를 보장받을 수 있는 수요자로서 상정한 듯 하다. 이제는 민주 공화국을 구성하는 시민으로서 비판적 사고와 사회 참여 의지와 실천 능력을 갖추어야 한다. 공공선과 공공성의 관점에서 세상을 바라보고 해석할 수 있는 시민이다. 자기 주체적인 생각을 가지고 세상을 해석하며 세상의 변화에 기여할 수 있는 역동적인 시민이다. 공동체의 가치는 단순히 국내만을 아우르지 않는다. 세

계시민교육으로서 환경, 다문화, 지속가능발전교육 등을 함께 품으면서, 개별 국가의 시각을 탈피하여 세계적 시각을 견지한다.

나아가 공공성과 개인의 고유성을 실현하는 시민을 어떻게 길러낼 것인가가 매우 중요한 교육의 목표로 작용해야 한다. 이러한 당위성에는 동의하지만 현실에서는 공정한 경쟁에서 승리한 이들이 부와 권력, 명예, 지위 등을 가져가는 '메리토크라시'의 원리가 작동하기 때문에 삶과 문화에서는 민주시민양성 내지는 행복 증진, 개인의 고유성 신장은 정부 문서 내지는 교육학 문서에 형식적으로 언급되는 수준에서 그쳤다 (장은주, 2017). 노동시장과 사회환경의 개선을 바탕으로 다양한 삶의 모델이 가능한 시스템 구축이 함께 동반될 때, 교육영역의 정상화 역시 가능해진다. 그럼에도 불구하고, 항상 사회 구조와 입시 구조를 탓하면서 기존의 교육을 반복할 수 없다. 아니, 교육이라는 이름으로 자행된 반교육 행태를 이제는 내몰아야 한다. 이를 위해서는 한국사회 나아가 우리 교육이 나아가야할 비전과 방향, 목표를 새롭게 정립해야 한다.

5) 선발효과가 아닌 학교효과

(모델학교) 5·31 교육개혁안은 자립형사립고(현행 자율형사립고)를 좋은 학교 모델로 생각했다. 이제는 선발효과가 아닌 학교효과를 강조해야 한다. 우수한 학생들을 많이 뽑아서 일류학교의 지위를 유지하는 데 교육의 가치를 두지 않는다. 어떤 수준의 학생이든 학교에 들어오면 학생을 성장시킬 수 있는 교육과정과 프로그램을 운영할 수 있어야 한다. 그것이 현실적으로 어렵다면 자신의 진로 특성에 맞추어 혹은 교육과정에 맞추어 학교를 선택할 수 있어야 한다. 그러한 학교 선택의 기준이

군이 입시 성적일 필요는 없다.

혁신학교가 주목받는 이유 중 하나는 선발권을 갖지 않으면서도 학생을 성장시키기 위한 여러 층위의 해법을 실현하기 때문이다. 좋은 학교에 대한 관점과 철학이 바뀔 때 변화는 찾아온다. 1류, 2류, 3류를 나누고 구분하는 방식에서 벗어나야 한다. 대신, 지역단위에서 교육과정을 함께 호환해야 한다. 예컨대, 우리지역에 영재학교와 과학고가 있고, 특정 분야의 교육과정이 좋은 학교가 있다고 가정해보자. 지역단위를 캠퍼스 체제로 전환하여 일부 과목은 지역단위 학생들이 학교를 넘나들며 배울 수는 없을까? 진로교과의 경우, 학교 밖에 있는 전문단체나 전문가를 얼마든지 활용할 수 있다. 네트워크와 플랫폼의 가치를 반영하는 학교시스템으로 전면 개편해야 한다. 학교와 학교, 학교와 마을간 협력과 연대, 개방과 공유는 우리 교육이 풀어가야 할 중요한 과제이다. 향후, 고교학점제가 보다 유연한 고교체제를 만들고, 교육과정을 통한 학생들의 성장스토리를 만드는 학교가 좋은 학교라는 인식을 바꾸는 데 기여하기를 바란다 (김성천 외, 2019).

(가치) 교육의 핵심 가치는 경쟁에서 협력과 협동으로 바뀌어야 한다. 이 원리가 제대로 작동한다면 평가의 원리가 바뀔 수 있다. 서열화를 위한 평가, 결과를 위한 평가에서 피드백과 과정 중심 평가로 전환이 가능해진다. 경쟁 상대는 타인이 아닌 자기 자신이다. 수업과 교육과정, 평가 역시 이러한 원리가 작동해야 한다. 내신 역시 상대평가가 아닌 절대평가 시스템으로 전환해야 한다. 성적이 아닌 학생의 성장을 중시해야 한다.

개인과 학교간 협력 모델을 어떻게 구현할 것인가는 학교의 작동 원리를 바꾸게 만든다. 일류학교와 이류, 삼류학교의 구분은 의미가 없어진다. 각 학교가 지닌 장점과 실천 사례를 함께 공유하며 동반 성장할 수 있다. 우리 교육은 평등성과 수월성의 긴장 상태에서 정책이 반복되는 양상을 보였다. 고교와 대학의 서열화는 곧 획일적 교육을 만들어냈다. 고교 체제는 다양했지만 내용은 획일화 상태에 머물러 있다. 다양한 학교를 만들었다고 해도, 그 학교는 선발효과에 기대어 입시위주의 교육을 진행하기 때문에 미래교육을 위한 새로운 시사점을 제시하지 못한다. 진로의 방향이 360도로 각자에게 다르게 펼쳐져야 하는데 한 가지 방향으로 모든 학생들을 몰고 갔다. 남들이 알아주는 20~30개 직업군에 들어가기 위한 총성 없는 전쟁 상태에 가족의 총력전이 벌어진다. 국가주의 모형과 시장주의 모형에서 공동체주의 모형으로 전환하기 위해서는 결국 교육 철학을 바로 세우는 과정이 중요하다.

6) 공정성의 재해석

(대입제도의 기준) 대입의 기조도 바뀌어야 한다. 대입 제도 혁신에서 가장 많이 고려하는 가치는 선발의 편의성과 객관성, 공정성이었다. 이러한 가치에서는 수능과 같은 국가 수준의 평가 시스템을 중시하게 된다. 그러나 수능이 공교육을 제대로 살렸는가? 오히려 교육과정과 수능의 이원화 현상이 심화되었다. 교과서와 교육과정만 충실하면 수능 고득점이 가능한 시스템인가? 예컨대, 교과서에 제시된 영어 단어 수준과 수학 문제를 충실히 풀면 수능 고득점이 가능한가? 별도의 준비 과정이 필요하다. 이 과정에서 사교육이 개입된다. 고등학교는 수능에 초점을 맞추어 교육과정을 운영한다. 그 과정에서 학생의 전인적 삶을 기획할 수 있는 여유를 사장시킨다.

대입 제도의 주도권을 누가 쥐고 있는가? 대학이다. 선발의 편의성과 효율성만 중시한 나머지 공교육 정상화의 가치는 고사된다. 단위학교의 교육과정과 수업, 평가를 혁신하면 대입에서 경쟁력을 확보할 수 있다는 확신을 현장이 갖게 만들어야 한다.

다만, 여전히 우리의 인식에는 수능이 가장 공정한 시험이라는 인식 체제가 자리 잡고 있다. 그러나 수능 역시 부모의 계층 배경이 많이 작동한다. 가난한 집의 아이들이 수능 고득점을 맞기 힘든 구조이다. 물론, 학생부종합전형 역시 문제가 많다. 수능도, 교과전형도, 학생부종합전형 모두 불안전성을 지니고 있다. 그렇다고 해서 현실적으로 수능의 비중을 절대적으로 늘리기는 어려워 보인다. 각 전형 요소를 단순화시키되, 미래사회의 변화에 맞는 대입 체제를 설계해야 한다. 그 기준은 공교육 정상화여야 한다. 미래사회의 인재에 맞는 대입 전형이 어떤 것인가를 치열하게 논의해야 한다. 문재인 정부에서 정시비율 확대를 결정한 점은 매우 아쉽다. 교육개혁의 시계를 되돌렸다는 비판을 받을 수밖에 없다. 공정성은 '획일화'된 한줄세우기가 아니라 다양성의 가치 내에서 실현되는 원리여야 한다. 공정성에 대한 재해석이 필요하다.

한국사회의 양극화는 매우 심각한 상황이다. 경제적으로 어려운 학생들이 공부를 잘하기 어려운 구조이다. 사회배려대상자를 고려한 정책을 다양하게 적용하고 있지만 역부족이다. 보다 과감한 정책이 필요하다. 사회적 약자를 포용할 수 있는 시스템을 전면적으로 설계해야 한다.

(교육비용) 교육비용도 사부담에서 공부담으로 전환해야 한다. 무상급식(교육급식)은 그 신호탄이었다. 자율형사립고의 경우, 전형적인 사부담 정책을 펴고 있다. 돈을 받지 않는 만큼 자율성을 보장해주는 시스템이 아니라 돈을 지원하고 자율성을 보장해야 한다. 단, 공공성과 책무성을 담보할 수 있는 시스템을 모색해야 한다. 교육비용의 공부담을 확

장하기 위해서는 마땅히 현행 교육 재정 시스템에 변화가 나타나야 한다. 개인부담에서 공부담 시스템을 강화해야 한다. 선별복지에서 보편복지 패러다임으로 전환해야 한다.

(교육과정 구성원리) 교육과정은 그럴듯한 목표와 명분을 가지고 수시로 개정되었지만, 본질은 그대로이다. 교육과정은 수능과 입시에 종속되기 때문이다. 교육과정을 다양하게 제시해도, 수능 반영교과를 중심으로 학교 교육과정은 설계될 수밖에 없다. 입시는 고등학교에 그치지 않고 중학교와 초등학교, 심지어는 유아 교육에까지 영향력을 미친다. sky 캐슬 안에서 학생도, 학부모도, 교사도 고통을 받을 뿐이다. 교육과정 역시 변화해야 한다. 현행 교육과정을 보면 지나치게 어려운 용어와 대학교 학문 편제와 논리 체계를 여전히 많이 따르고 있다. 학생의 삶과 무관한 지식 체계가 많다. 예컨대, 수학의 경우 적지 않은 학생들이 수학 포기자를 자처한다. 소수의 학생들의 대입 변별력을 위해 대다수 학생들로 하여금 수학에 공포감을 느끼게 만들고 있다. 많은 학부모들을 만나면 초등학교 교육과정이 너무 어려워졌다고 말한다. 교육과정의 주도권을 누가 쥐고 있는지, 누가 만들고 있는가를 심각하게 고민해야 한다. 학생의 삶을 중심에 놓고 교육과정의 구성원리와 운영 방식에 변화를 만들어야 한다. 교육과정에도 거버넌스가 필요하다. 즉, 교과전문가에게만 교육과정을 맡겨서는 안 된다. 새로운 질서가 필요하다.

앞으로 교육과정은 중앙정부에서는 교육과정에 관한 비전과 방향을 제시하고, 교육청과 단위학교에서 세부 내용을 만들어가는 구조로 전환해야 한다. 단위학교에서 필요한 교과목을 개설하는 권한을 부여해야 한다. 지역교육과정을 보다 많이 강화함으로써 지역과 학교간 연계를 강화해야한다. 교육 자치와 분권의 원리는 단순히 교육부와 교육청

간 권한 배분의 문제에 국한해서는 안 된다. 교육과정에 관한 권한을 단위학교에 보다 많이 주고, 좋은 교육과정을 위한 지원 시스템을 다양하게 구축해야 한다.

5. 공동체를 위한 제언

1) 공동체 모형으로의 전환

우리 교육의 패러다임은 국가와 시장모형에서 공동체 모형으로 전환해야 한다. 일방적 개혁, 경쟁 방식은 한계가 있다. 중앙정부 주도형, 시장 주도형 정책이 아니라면 어떤 공동체를 의미하는가? 우선은 교육 목표로서의 공동체이다. 민주시민양성은 우리 교육의 목표였지만, 실제로 작동하지 못했다. 승자독식구조 시스템에서 교육 역시 종속변수일 수밖에 없었다. 삶과 문화를 통해 민주주의를 배워야하는데, 학교 공간 자체가 그런 공간이라고 보기 어려웠다. 민주시민은 개인의 권리 신장을 넘어서 공공성의 가치를 자신의 삶에서 구현한다. 명문대학 진학 자체가 목적이 아니라 자신이 지닌 재능과 전문성을 가지고 공동체를 가꾸는 삶을 생각하는 존재로 길러내야 한다. 그것이 진로와 진학의 목적이 되어야 한다.

2) 교육목표와 비전 다시 세우기

우리 교육의 목표와 비전을 어디에 설정할 것인가를 먼저 따져봐야 한다. 물론, 각종 문서에는 공동체라든지 민주시민교육 등의 용어가 들어가 있지만 학교의 문화 원리로 작동하지 못하고 있다. 이러한 간극을 좁히기 위해서는 교육의 비전과 목표를 다시 세워야 한다. 학령인구 감소는 우리 교육의 인식 체계를 바꾸는 계기가 될 수 있다. 학생들을 줄 세우는 평가 방식이 아니라 주어진 성취 기준에 도달이 되지 않은 학생을 발견하여 그를 지원하고, 학생의 강점에 주목하는 개별화 교육을 위한 체질 개선이 필요하다. 기술의 발달은 온프라인 융합 교육을 가능케 하며, 학생들의 학습 부진 영역을 개별화 방식으로 지원할 수 있게 만든다. 기술은 결국 사람을 위해 존재하며, 이를 배척하기보다는 현행 교육체제의 한계를 보완하는 도구로서 활용할 필요가 있다. 그러나 우리는 과거의 산업화 시대의 인식와 문화, 제도 차원에 머물러있는 것은 아닌지 어른들부터 반성해야 한다. 자신들이 살아온 삶의 경험을 진리로 인식하고, 미래교육을 과거의 틀로 가두는 현상이 나타날 수 있기 때문이다.

3) 학교공동체와 학교자치 복원

학교공동체와 학교자치의 복원이 필요하다. 혁신학교는 3주체의 주체화를 통해 학교의 문제를 스스로 해결해가는 역동성을 보이고 있다. 자치와 분권은 단순히 교육부의 권한을 교육청으로 배분하는 차원의 문제를 넘어선다. 궁극적으로 상급기관의 지침에 의해서 움직이는 기관이 아닌 구성원들이 함께 비전과 철학을 논의하면서 학교의 운영원리를 만들어가고 책임을 공동으로 지는 문화와 시스템을 만들어가야 한다. 이는 민주주의가 매우 필요함을 의미한다. 이러한 민주주의는 학교의 삶을 통해서 학생들은 자연스럽게 익혀야 한다. 어른이 되어 체득하는 '유보된 권리'가 아니라 현재 '누려야할 권리'라는 점을 인식해야 한다. 학교운영위원회에 학생들은 왜 참여할 수 없는가? 학교의 방향에 대해서 구성원들이 함께 논의하는 과정의 일상화가 필요하다.

구성원들의 학습공동체 형성과 운영이 중요하다. AI 시대에 단순히 지식을 전달하는 모형은 효용성이 떨어진다. 학교는 학생과 학부모, 교원들의 학습공동체를 촉진해야 한다. 각 주체들의 성장을 도모하는 과정이 중요하다. 이를 위해서는 서로의 고민과 실천을 함께 나누고 공유하는 모습이 나타나야 한다. 최근 학습공동체를 강조하는 흐름이 현장에서 나타나고 있는데 매우 바람직한 현상이다. 학습공동체 구축은 평생학습 사회를 구축하는 힘인데, 학교에서부터 그 힘이 축적되어야 한다. 이를 위한 지원 체계를 앞으로 구축해야 한다. 돌봄공동체여야 한다. 이때의 돌봄은 학습 돌봄을 포함한다. 지금까지는 공부를 못한 학생에 대해 책임을 묻는 시스템이었다. 이제는 그 학생을 어떻게 도와줄 것인가를 공적으로 모색해야 한다. 기초학력부진지원 시스템이라든지 복지와 웰빙 개념이 작동하는 학교를 디자인해야 한다. 이를 위해서는 지자체와 교육청, 학교의 협력이 필수적이다. 어른들과 행정이 분리되었을 뿐, 아이들은 분리되지 않았다.

4) 폐쇄적 공동체가 아닌 네트워크 공동체

네트워크 공동체가 필요하다. 지금까지 주체와 주체, 학교와 학교, 기관과 기관은 서로의 칸막이를 고수하면서 교류하지 않았다. 교육은 서로 교류할 수 있는 매개체이다. 이제는 명문학교 패러다임에서 벗어나자. 지역 전체를 아우르는 학교를 상상할 수 없는가? 예컨대, 외국어고등학교와 과학고등학교의 좋은 프로그램을 지역 전체 학생들에게 공유할 수 없을까? 각 학교의 교육과정을 특성화시키고, 지역 내 서로 공유하는 시스템을 만들어보자 (김성천, 민일홍, 정미라, 2019).

지역공동체가 필요하다. 지금까지 학교는 지역사회에서 고립되었다. 이제 학교는 지역사회로, 학교는 지역사회로 나아가야 한다. 이른바 마을교육공동체는 학교와 지역의 상생 모델을 의미한다. 어떤 아이들을 길러야할 것인가? 어떤 교육과정이 필요한가? 예산을 어떻게 써야하는가? 어떻게 지역의 각 기관들은 상호 협력할 것인가? 거버넌스 구축을 통한 지역공동체 모델은 어떻게 만들 것인가? 자유학기제와 고교학점제는 단위학교 교육과정을 지역공동체와 함께 만들어나가는 계기가 될 수 있다. 학교 공간만 해도 학교시설복합화를 통해 학생과 주민의 복지 편의를 함께 도모할 수 있다. 이를 위해서는 일반자치와 교육자치의 상호 신뢰와 교류가 평소에 충분히 이루어져야 한다. 지자체에서도 명문 대학에 몇 명을 보냈느냐에 관심을 기울이기보다는 어떤 철학과 교육과정, 프로그램으로 학생들의 지역에 대한 애정과 정주의식, 시민의식을 강화할 것인가를 모색해야 한다. 그렇게 되면 학교 시설이 아닌 교육과정에 보다 주목할 필요가 있다. 특히, 평생교육을 활성화시키고, 전문성을 지닌 학부모나 시민을 마을교사 내지는 협력교사로 활용하는 방식을 모색해야 한다. 평생교육과 초중등교육의 선순환 구조를 지자체와 교육청 차원에서 만들어야한다. 이를 위한 중간지원조직을 구축할 필요가 있다.

세계시민 공동체가 필요하다. 한국사회도 다문화사회로 인식해야 한다. 국내의 수많은 현안과 문제들은 우리나라만의 노력으로 해소되지 않는다. 국사를 단독으로 배우기보다는 세계사의 흐름 속에서 한국사를 인식해야 한다. 폐쇄적 공동체가 아니라 세계시민의 관점에서 공동체를 바라볼 수 있도록 교육과정을 모색해야 한다. 향후, 세계시민역량을 설정하고, 이에 맞추어 차기 교육과정을 개편하는 작업 역시 고려할만하다.

❖ 주

1) 본 절은 2018년 11월 21일 경기도교육연구원 개원 5주년 심포지엄에서 발표자가 발제한 "미래 경기혁신교육 비전구현을 위한 정책환경 재구성 과제" pp. 75-78 원고를 재구성하였음을 밝힘.
2) 신영복, 『변방을 찾아서』 (서울: 돌베개, 2012).
3) 본 절은 2015년 4월 7일 경기도교육청과 경기도교육연구원이 주관한 「4·16 교육체제 수립을 위한 토론회」에서 발제자가 발표한 원고 "4·16교육체제에 관한 고민과 제언," pp. 18-35 원고의 일부를 발췌 및 재구성하였음.

❖ 참고문헌

국정브리핑 특별기획팀. 『대한민국 교육 40년』. 서울: 한스미디어, 2007.
김성천. "4·16교육체제에 관한 고민과 제언." 「4·16 교육체제 수립을 위한 토론회」 경기도교육청·경기도교육연구원 (2015).
_____. "미래 경기혁신교육 비전구현을 위한 정책환경 재구성 과제." 「혁명적 전환시대 혁신교육의 비전과 정책과제」 경기도교육연구원 개원 4주년 심포지엄 (2018a).
_____. "교육자치·분권화와 국가교육 거버넌스 구축." 국가교육회의 (2018b).
_____. "혁신학교 정책의 여섯 가지 차원의 딜레마." 교육문화연구 24(2) (2018c), pp. 33-55.
_____. "혁신교육 정책의 특성과 의미." 『교육정책연구』 5권 (2018d), pp. 113-137.
김성천, 민일홍, 정미라. 『고교학점제란 무엇인가』. 서울: 맘에드림, 2019.
김용일. "5.31 교육개혁의 현황과 전망." 『교육문제연구』 24 (2006), pp. 127-145.
박상훈. 『청와대 정부』. 서울: 후마니타스, 2018.
서지연 외. 『학교자치』. 서울: 테크빌교육, 2018.
송기상, 김성천. 『미래교육, 어떻게 만들어갈 것인가』. 서울: 살림터, 2019.

신영복. 『변방을 찾아서』. 서울: 돌베개, 2012.

안병영, 하연섭. 『5.31 교육개혁 그리고 20년』. 서울: 다산출판사, 2015.

이수광 외. 『4·16교육체제 비전과 전략 연구』. 경기도교육연구원, 2015.

이영희 외. "미래교육 관련 연구 메타분석을 통한 미래교육의 방향." 『교육문화연구』 24(5), (2019), pp. 127-153.

장은주. 『시민교육이희망이다: 한국민주시민교육의철학과실천모델』. 서울: 피어나, 2017.

허봉규. "혁신학교 운영모델 탐색: 경기도 혁신학교를 중심으로." 박사학위논문 성균관대학교 (2011).

8장

공동체의 경제적 조건

윤덕룡(대외경제정책연구원, KPI 원장)
정영식(대외경제정책연구원, KPI 연구위원)

1. 서론

공동체라는 개념은 학문분야마다 서로 강조점이 달라서 일관된 정의를 내리기가 어렵다. 경제적 측면에서 공동체에 대한 개념은 소극적으로는 시장의 경계선 내부에 있는 구성원들을 의미한다. 근대에 들어와 시장의 경계선이 국가의 국경과 동일해지면서 한 나라 안에 있는 경제주체들은 하나의 경제적 공동체로 간주될 수 있게 되었다. 경제공동체의 내부 구성원들 간에는 시장의 구별이 없어서 거래의 발생 시 관세를 매기거나 거래되는 상품에 대한 수량제한이나 품목제한이 없다.

국가로 대표되는 공동체는 시장적인 측면의 소극적 공동체외에 필요한 공공재를 함께 조성하고 활용하며 구성원 상호간의 경제생활을 지원하고 돕는 역할까지 담당하는 것이 일반적이다. 국가는 재정정책과 금융정책 등 정책수단을 활용하여 공동체 구성원들의 경제적 편익을 도모하게 된다. 대부분의 현대사회 국가들은 정도의 차이는 존재하지만 구성원들에게 생존과 인간다운 삶을 공동체적으로 보장하려는 목표를 설정하고 있다. 장애나 노령으로 경제활동을 수행하기 어려운 구성원들에게도 사회보험과 같은 사회안전망을 통하여 기본적인 생활을 보장하기 위한 노력을 기울이고 있다. 현실적으로 필요한 수준의 생산을 시현하지 못하는 개도국들은 공동체 구성원들 모두에게 이러한 보장을 제공하지는 못하고 있으나 지향점은 크게 다르지 않다.

우리나라는 1950년대 세계 최빈국의 경제 수준에서 일인당 GDP가 3만 달러를 넘는 수준에 이르는 괄목할 만한 경제발전을 이룩했다. 기본적으로 구성원들의 생활은 자기책임하에 이루어지지만 경제적 역량을 충분히 갖추지 못한 구성원들에게 공동체가 생존과 생활을 어느 수준까지 보장할 것인지에 대해서는 아직 사회적인 공감대가 형성되어 있지 않다. 공동체가 보장해야할 구성원들의 생활수준에 대해 상호 이견들이 존재하긴 하지만 소득수준의 증가와 더불어 우리나라의 사회보장 수준은 꾸준히 상승하여 왔다. 특히 최근 들어 사회정책 관련 지출은 급속한 증가추세를 보이고 있다.

사회정책적 지출이 증가하면서 경제적 지속가능성과 효율성에 대한 문제도 제기되고 있다. 특히 우리나라의 경제성장 추세가 둔화되고 고령화와 저출산이 심화되면서 사회보장 수준을 감당하기 어려울 정도로 재정부족이 도래할 수 있다는 우려 때문이다. 그러나 아직 한국의 사회정책적 지출이 OECD국가들 중 바닥에 가까운 수준에 불과하므로 더 빠른 확충이 필요하다는 주장도 여전히 제기되고 있다.

이 글에서는 첫째, 한국사회가 공동체성을 유지할 수 있기 위해 갖추어야할 경제적 조건이 무엇일지를 알아보고, 둘째, 이를 달성하기 위한 정책방향을 모색해보기로 한다. 먼저 2절에서는 공동체의 경제적 조건이 무엇이 되어야 할지를 알아보고자 한다. 그리고 3절에서 우리나라의 공동체적 수준을 평가해보고, 4절에서는 공동체적 조건을 달성하기 위한 기존 프로그램들로부터 한국의 정책방향을 위한 시사점을 모색한다.

끝으로 5절에서는 주요 내용을 요약하고 결론을 도출하고자 한다.

2. 공동체의 경제적 조건

공동체의 경제적 조건을 구체적으로 제시하는 곳은 없다. 시대마다 지역마다 공동체가 요구하는 경제적 조건이 다르기 때문이다. 그러나 공동체의 경제적 조건이 지향해야 하는 방향들은 어디나 유사할 수 있다. 사회내 구성원들의 기본적인 경제적 수요는 크게 다르지 않을 것이기 때문이다. 철학적 접근을 통해 간접적으로 공동체의 경제적 조건을 구해보면 다음과 같다.

"에치오니에 따르면 좋은 사회는 다음과 같은 모습을 지닌다. 우선, 좋은 사회란 사회적 질서와 개인의 자율을 균형 있게 유지할 수 있는 사회이다. 사회에는 사회적 질서(social order)를 통해 사회적 통합을 이루려는 구심력과, 개인의 자율성을 존중하는 가운데 개인으로서의 권리를 확보하려는 원심력이 동시에 작용하고 있다. 이런 사회를 이룩하려면 개인은 사회적 책임을 의식하고 이를 적극적으로 인정하고 주장하여야 한다. 책임이란 공동체가 구성원의 진정한 필요에 응답한다는 것을 의미한다. 책임 사회(responsive society)의 일차적 책무는 구성원의 필요에 응답하는 것이다." (김선욱, 2018)

공동체는 '구성원의 필요에 응답'할 수 있어야 한다. 이 조건을 적용한다면 구성원의 경제적 필요에 응답하는 것이 공동체의 경제적 조건으로 해석될 수 있다. 구성원의 경제적 필요란 우선적으로 생존의 보장이다. 선진국들에서는 여기에 더하여 인간의 존엄성보장까지를 구성원의 경제적 필요에 부응하는 것으로 간주한다. 이러한 필요에 대한 응답으로 선진국의 사회보장제도가 지속적으로 확대되어 왔다.

사회보장제도의 확대는 사회구성원의 경제적 필요에 부응하는 책임사회의 한 모습이다. 그러나 사회보장제도는 자신의 경제활동의 성과로 스스로 생존이나 인간존엄성을 지키지 못하는 구성원에게 다른 구성원의 경제적 성과를 이전하여야 가능하다. 공동체에서 유의해야할 또 다른 기준은 구성원의 필요에 응답하는 책임사회의 모습과 더불어 억지로 강요하지 말아야 하는 것이다.[1] 자기 책임에 대하여 스스로 결정할 수 있도록 하는 것이 공동체성을 보장할 수 있기 때문이다. 이러한 원칙적 기준이 지켜질 수 있어야 바람직하나 모든 구성원이 공동체에 대해 동일한 책임의식이나 기준을 가진 것은 아니므로 결국 정치적으로는 법률 제정 등의 제도화를 통해 현실적인 타협안을 만들 수밖에 없게 된다.

공동체의 경제적 조건으로 제기되는 또 다른 이슈는 지속가능성(sustainability) 문제이다. 공동체의 구성원은 오늘보다 내일의 생활이 경제적으로 조금씩이라도 성장하고 나아지길 원한다. 적어도 지금보다 더 어려워지거나 가난해 지는 것을 원하는 사람은 없다. 따라서 적어도 성장이 지속될 수 있기를 바라는 구성원들의 요구가 경제제도의 내재적 시스템에 반영될 필요가 있다. 이러한 구성원들의 기대나 요구도 공동체가 응답해야하는 '구성원의 필요'이기 때문이다.

지속성장의 필요는 사회적 필요에 대한 책임을 지속적으로 수행하기 위한 기반이기도 하다. 경제적 성과가 감소할 경우 사회적으로 지출해야할 비용을 감당할 수 있는 능력도 감소하기 때문이다. 따라서 성장을 위한 정책은 사회적 책임을 수행하기 위한 필요조건이다. 공동체의 경제적 측면을 고려할 때 성장 프로그램과 사회적 프로그램은 공동체를 유지하기 위한 두 개의 축이라고 할 수 있다.

공동체를 유지하기 위한 프로그램 못지않게 중요한 것이 공동체를 위협하는 요인을 제어하는 것이다. 최근 들어 주목을 받고 있는 공동체의 대표적 위협요인은 경제적 양극화이다. 양극화가 공동체를 위협할 수 있는 경제현상으로 인식되면서 이와 관련된 문제의 분석과 극복방안이 다양하게 제기되고 있다.

경제적 양극화는 소득의 양극화와 자산의 양극화로 나타난다. 근로소득이나 자산의 가치가 생산성의 상승으로 발생한다면 경제성장을 자극하여 사회전체의 부를 확대하는 데 기여할 수 있다. 그러나 특정 직업의 소득이나 자산가격의 상승이 기득권에서 유래한 지대(rent)에 기인하는 것이라면 공동체를 위협하는 요인이 된다. 생산성과 관련 없이 부동산가격이 상승하여 발생하는 경제적 양극화는 공동체에 유익이 되지 않는 대표적 사례로 지목되고 있다.

한 사회의 경제적 성과가 생산성의 개선에 의해 뒷받침되는 경우라도 그 과실이 일부계층에게만 집중되도록 제도가 허용하는 경우 그 사회는 지속되지 못한다는 것이 이론과 실제에서 확인되고 있다. 애스모글루와 로빈슨(Acemoglu & Robinson, 2012)은 소수의 집단이 사회내의 경제적 성과를 독점하는 경우 최선을 다할 인센티브를 상실하기 때문에 사회적 생산성이 감소하게 되며 종국적으로 국가가 망하게 되는 원인이 된다고 주장한다.

아무리 최선을 다해 노력해도 자신의 생활이 나아지지 않으면 근로의욕을 상실하기 마련이다. 열심히 일하면 저축할 수 있고 더 나은 내일을 기대할 수 있는 믿음이 있으면 오늘의 고통을 감내할 수 있다. 그러나 이러한 믿음을 보장할 만큼 충분한 보상이 주어지지 않으면 도전의욕이나 최선을 다할 유인을 감소시켜 경제전반의 생산성을 떨어뜨리는 요인이 된다. 결국 양극화의 문제는 한 공동체의 구성원들이 동일한 목표를 가지고 노력하지 못하게 만드는 저해요인이 되어 생산을 생산가능곡선 내부에서 이루어지게 하고 분배갈등으로 인한 사회불안까지 야기할 수 있다.

종합하면 공동체가 갖추어야할 경제적 조건은 다음과 같이 정리할 수 있다.

첫째, 모든 구성원의 생존과 생활을 보장하는 시스템의 구비,

둘째, 경제적으로 지속가능한 성장시스템 구축,

셋째, 경제적 성과의 효율적 배분 메커니즘 도입.

3. 우리나라 공동체의 경제적 조건 평가

1) 생존과 생활 보장

우리나라는 1999년 국민기초생활보호법을 도입하면서 모든 국민에게 최저생활을 보장하는 제도를 도입하였다. 이 제도의 도입으로 우리나라에서 굶주림으로 생존을 보장받지 못하는 사람은 없도록 제도적 장치가 마련되었다. 국민기초생활보호법은 기존의 생활보호법이 그 대상을 한정하고 있는 문제를 극복하여 소득수준이 최저생계비 이하인 사람들 가운데 부양의무자가 없거나 실질적으로 부양받지 못하는 여건에 처한 모든 사람을 보장대상에 포함시켰다. 2018년에는 사회적 변화를 반영하여 부양자에 관련된 사항을 제외하였고 중위소득 대비 인정소득의 수준

에 따라 기초생활 수급액이 결정되도록 개정하였다.

우리나라에서는 중앙생활보장위원회가 기초생활보장제도의 최종 결정을 담당하고 있으며 저소득가구의 기초생활보장을 위해 생계급여, 의료급여, 주거급여, 교육 급여 등을 제공하고 있다. 이러한 제도의 지속적인 도입과 개선으로 사회구성원들의 생존과 최저생활을 보장하는 장치들이 강화되어 왔다. 그러나 노인자살률 세계 1위의 오명을 벗지 못하고 있으며 구성원들의 생활에 대한 주관적 만족도가 OECD 국가들 중 최하위 수준에 머물고 있어서 생존과 생활여건에 대한 어려움이 해결되지 못하고 있음을 직간접적으로 보여주고 있다.

OECD는 단순한 경제적 지표로만 주민들의 실질적인 삶의 질을 측정하기 어렵다고 판단하여 Better Life Index(이하 BLI)를 따로 만들어서 각 국의 삶의 질을 판단하는 자료로 활용하고 있다. OECD에서는 이 지수로 구성원들의 행복(well-being)수준을 측정하여 "How is life?" 라는 보고서에 발표하고 있다. BLI 지수는 주거, 소득, 직업, 공동체, 교육, 환경, 시민참여, 건강, 삶의 만족, 안전, 일과 삶의 균형 등 11개 분야에 대해 24개의 세부지표로 구성되어 있다. 각 영역별 점수는 절대기준을 책정할 수 없으므로 국가별 상대분포를 통해 결정되며 이 점수를 환산하여 개별 국가의 삶의 질의 수준을 가늠할 수 있게 된다.

BLI(Better Life Index)지수는 개별영역에 대해서는 국가별 순위를 발표하지만 종합순위를 발표하지는 않는다. 국가마다 중요하게 생각하는 지수가 서로 다를 수 있기 때문이다. 국가별로 필요에 따라 더 중요한 지수에 더 많은 노력을 기울게 될 것이므로 지수들을 종합해서 발표하는 것에 의미를 두기 어렵다는 것이 공식입장이다. 그러나 11개 영역에 대하여 동일한 비중으로 단순 평균치를 계산하여 비교하면 2017년 한국의 BLI 지수 순위는 전체 38개국 가운데 29위에 해당한다. 이 지수는 2011년부터 작성되어 발표되었는데 한국의 순위는 비슷한 수준에 머물고 있기는 하나 오히려 2014년의 27위에서 2017년에는 29위까지 하락하였다.

BLI 지수는 앞장에서 논의한 공동체의 경제적 조건 가운데 첫 번째 조건인 생존과 생활의 보장을 넓게 평가하는 지수라고 볼 수 있다. 구체적으로 공동체성을 평가하는 지표도 BLI지수의 세부영역으로 포함되어 있지만 본고에서 다루고 있는 주제보다는 더 세부적인 사안들을 중심으로 평가하고 있어서 공동체를 평가하는 대표적인 지수로 활용하기에는 한계가 있다.[2]

한국은 도표 8.1에서 보이는 바와 같이 11개 영역 중 주거, 교육, 시민참여 등의 지표에서 비교적 우수한 것으로 나타났으나 공동체, 환경, 삶의 만족, 일과 삶의 균형 등은 최하위권의 수준을 보였다. 직접적인 경제생활과 관련해서는 우리나라 가계의 소득 및 순자산 보유 수준이 OECD 평균보다 낮았으며 장기실업률과 직업 안정성은 우수한 반면 업무압박감은 매우 높고 고용률도 낮은 것으로 조사되었다. 종합적으로 OECD는 한국의 삶의 질 수준이 개선할 여지(room for improvement)가 있는 것으로 평가했다.

2) 지속성장 가능성

공동체가 계속적으로 구성원들의 삶의 질을 개선할 수 있기 위해서는 지속적인 경제성장이 가능하여야 한다. 최근 한국경제는 고도성장기가 끝나고 성장세가 하락하고 있으며 이러한 추세는 상당기간 더 지속될

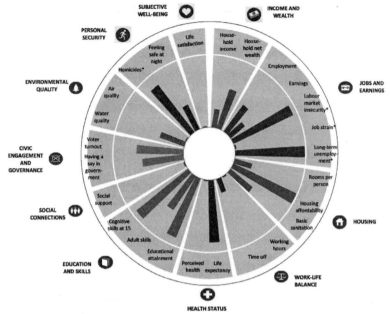

Note: This chart shows Korea's relative strengths and weaknesses in well-being when compared with other OECD countries. For both positive and negative indicators (such as homicides, marked with an "*"), longer bars always indicate better outcomes (i.e. higher well-being), whereas shorter bars always indicate worse outcomes (i.e. lower well-being).

출처: Figure 19. 『How's Life? 2017』, OECD 정책브리핑, 2017.

전망이다. 한국경제의 성장률 하락을 유발하고 있는 가장 확정적인 요소는 인구감소와 고령화이다. 한국은 2018년부터 경제활동인구가 이미 감소하기 시작하여 노동력 공급이 감소하고 있으며 노인인구의 증가로 노동력의 평균생산성이 지속적으로 하락하게 될 전망이다. 이러한 추세는 출산율의 감소추세에 따라 그 속도가 변하게 되는데 2018년 출산율이 0.98을 기록할 만큼 저출산이 심화되고 있어서 그 추세는 더욱 빠르게 진행될 전망이다. 도표 8.2는 한국의 인구구조를 도시한 것으로 2015년에 이미 고령화와 인구감소의 구도가 명확히 드러나고 있으며

한국의 인구구조와 향후 전망

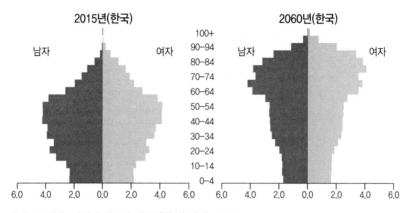

출처: 통계청, 세계와 한국의 인구현황 및 전망, 2015

2060년에는 절대적인 인구감소 국가로 전락할 것임을 보여주고 있다.

자본 축적은 한국의 과거 고성장을 추동한 가장 중요한 요인이었으나 자본의 한계생산성 감소로 생산성 개선속도가 지속적으로 저하되는 현상을 보이고 있다. 국내의 대표적 기업들이 투자를 꺼리고 저축을 늘리고 있는 현상은 투자가 생산성 개선과 이윤확대로 이어지지 못하고 있음을 시사한다. 이제 우리 경제는 더 이상 자본축적만으로는 생산성을 개선하기 어려운 상황을 맞고 있다. 이로 인해 잠재성장률도 하락하는 추세가 강화되는 실정이다.

한국경제의 지속적인 성장이 가능해지려면 기술발전과 총요소생산성 개선이 필요하다. 한국이 과거 고도성장을 달성할 수 있었던 것은 이미 개발된 선진국의 기술을 빨리 따라잡는 추격형(catch-up) 성장과정에 있었기 때문이다. 그러나 지금은 한국의 기술수준이 여러 분야에서 선진국과 경쟁하는 수준에 도달해 있기 때문에 이전과 같이 급속한 기술개선을 보장하기 어려운 상황이다. 뿐만 아니라 중국과 같은 거대 신흥국들이 국가의 자본력을 동원하여 기술을 개발하고 있어서 신흥국들에 대한 경쟁력우위가 급속히 축소되고 있다.

기술향상만이 아니라 시스템이나 제도적 개혁을 통한 생산성 개선도 필요하다. 우리나라 산업분야 가운데 생산성이 가장 낮은 영역은 서비스분야이다. 노동생산성을 기준으로 보면 제조업부문과 서비스업 부문 간 생산성 격차가 OECD 26개국 가운데 두 번째로 크다. 서비스부문의 생산성은 조직이나 제도의 영향을 많이 받는 분야이므로 서비스부문의 생산성을 높이려면 혁신을 통해 총요소생산성(TFP: total factor productivity)을 제고해야한다. 정부가 바뀔 때마다 규제개혁과 제도적혁신을 외치는 이유이다. 그러나 제도는 경제적인 요인만이 아니라 사회정치적 구조의 산물이어서 기존의 질서를 변화시키지 않으면 안될 만큼 위기가 도래하거나 사회적 충격이 있지 않는 한 혁신을 성공시키기는 용이치 않다. 우리 사회에서 혁신의 필요를 누구나 알고는 있지만 아직은 혁신이 생산성을 높이고 새로운 성장을 추동할 수 있는 수준으로 이루어지지는 못하고 있다. 따라서 당분간은 우리 경제의 잠재성장률이 지금의 추세를 유지할 수밖에 없을 것으로 전망된다.

표 8.1 KDI에서 우리 경제의 잠재성장률을 전망한 것으로 비관적이거나 낙관적인 시나리오가 아닌 중간적인 시나리오를 기반으로 작성한 것이다. 이에 따르면 2020년대에는 2%대 초반으로 성장률이 하락하고 2030년대에는 1%대 초반으로까지 하락할 것으로 전망하고 있으며 취업자 수의 감소와 더불어 저축감소에 따른 자본축적의 증가율 감소까지 초래될 것으로 내다보고 있다. 이러한 전망은 우리 경제가 지속성장을 보장하지 못하는 상황임을 시사하고 있다.

표 8.1 잠재성장률 전망치 시나리오(중위): 요인별 기여도

	GDP	물적자본	취업자 수	TFP
1981~1990	9.9	4.1	1.7	3.7
1991~2000	7.0	3.8	1.0	2.0
2001~2010	4.4	1.9	0.7	1.7
2011~2020	3.0	1.2	0.8	0.9
2021~2030	2.2	1.0	0.1	1.2
2031~2040	1.4	0.6	−0.4	1.2
2041~2050	1.1	0.5	−0.6	1.2
2051~2060	0.9	0.4	−0.7	1.2
2061~2070	0.7	0.3	−0.8	1.2
2071~2080	0.8	0.3	−0.7	1.2
2081~2090	0.9	0.4	−0.6	1.2
2091~2100	0.9	0.3	−0.6	1.2

출처: 국민연금 재정추계를 위한 거시경제 변수 전망, KDI, 2017. 4.
주: 1. 증가율 및 기여도는 10년 기간의 단순평균이므로, 요인별 기여도의 합과 조금 다를 수 있음.
    2. 2015년 이전은 실적치에 기반한 성장회계 결과임.

3) 경제성과의 효율적 배분과 양극화

(1) 소득의 양극화

경제성과의 효율적 배분에 배치되는 개념으로 경제적 불평등도를 제시한다. 경제적 불평등 수준을 측정하는 지표로는 지니계수, 상대적 빈곤율, 5분위배율 혹은 10분위배율 등을 이용하는 것이 가장 일반적이다.

지니계수는 대표적인 불평등도 측정지수로 0부터 1까지의 값을 가지며 높아질수록 불평등이 심화되는 것을 의미한다. 우리나라 가구소득을 기준으로한 지니계수는 1990년대에 지속적으로 감소하다가 1997년 외환위기 이후 증가추세로 전환되었다. 2008년 글로벌 금융위기 이후 하락세로 전환되었다가 최근 들어 다시 증가하는 양상을 보이고 있다. 통계청의 "2017년 가계금융·복지조사" 결과에 따르면 시장소득 기준으로 계산한 지니계수는 2015년 0.396에서 2016년 0.402로 0.006 증가한 것으로 나타났다. 경제활동을 통해 발생하는 우리나라 가계소득의 불평등 정도가 증가했음을 의미한다. 시장소득에서 세금 및 사회보험이나 복지급여 등을 고려한 처분가능소득 기준으로 계산한 지니계수도 0.354에서 0.357로 0.003이 증가한 것으로 나타났다. 불평등도 수준은 높아졌지만 상대적으로 그 악화정도는 낮아졌다. 도표 8.3은 이러한 내용을 보여주고 있다

다른 불평등 지표들도 악화되고 있는 것으로 나타났다. 5분위 배율은 상위 20% 소득 평균값을 하위 20% 소득의 평균으로 나눈 값으로 고소득

도표 8.3 **우리나라 가구소득 지니계수 추이**

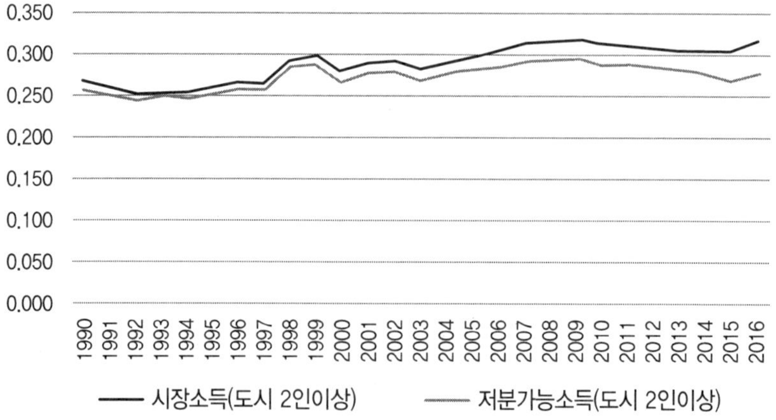

출처: 통계청.

층과 저소득층의 소득격차를 보이는 데 사용된다. 이 값은 시장소득 기준으로 2015년의 10.44에서 10.92로 증가하여 0.48이 상승하는 높은 변동을 보임으로 소득 양극화가 급속히 진행되고 있음을 시사하고 있다.

상대적 빈곤율(relative poverty rate)은 앞의 기준들과는 달리 소득 수준을 기준으로 소득의 전체분포 가운데서 중앙값(median)의 50%미만, 즉 소득기준 최하 4분위미만의 소득에 해당하는 인구비율을 의미한다. 값이 적을수록 소득이 더 균등하게 배분되고 있음을 시사한다. 시장소득을 기준으로 할 경우 상대적 빈곤율은 2015년 13.5에서 2016년 13.6으로 0.1% 증가했다. 세금과 사회보장 급여 등을 고려한 처분가능한 소득을 기준으로 계산하면 이 숫자는 13.2에서 13.1로 0.1% 감소하는 결과를 시현했다. 상대적 빈곤율을 66세 이상의 은퇴연령층 구성원들에게 적용하면 57.8에서 58.7로 그 수준도 높아지고 증가폭도 확대된다. 이는 은퇴연령층의 절반이상이 빈곤에 시달리고 있으며 빈곤층의 숫자가 급속히 증가하고 있음을 시사한다.

표 8.2 우리나라 상대적 빈곤율   (단위: %, %p)

	전체			근로연령층(18–65세)			은퇴연령층(66세 이상)		
	2015년	2016년	증감	2015년	2016년	증감	2015년	2016년	증감
시장소득	19.5	19.7	0.2	13.5	13.6	0.1	57.8	58.7	0.9
처분가능 소득	17.8	17.9	0.1	13.2	13.1	−0.1	44.5	45.1	0.6
개선효과	1.7	1.8	–	0.3	0.5	–	13.3	13.6	–

출처: 통계청.
주: 1. 상대적 빈곤율: 균등화 처분가능소득의 중위소득 50%이하에 속한 인구수를 전체 인구수로 나눈 비율
　　2. 개선효과=시장소득−처분가능소득

지금까지 살펴본 소득의 블평등도를 측정하는 대표적 지수들인 지니계수, 5분위배율, 상대적 빈곤율 등은 최근 계속하여 악화되고 있는 양상을 보이고 있어서 우리 경제의 공동체적 조건이 개선될 필요가 있음을 보이고 있다.

(2) 자산의 양극화

양극화와 관련하여 관심을 기울여야할 추가적인 이슈는 자산의 양극화이다. 여러 형태의 자산 가운데 사회적으로 가장 영향이 큰 것은 부동산이다. 모든 국민에게 부동산은 주거와 경제활동을 위해 사용이 필수적이기 때문이다. 부동산 가격상승은 글로벌 금융위기 이후 세계적인 현상이 되고 있으며 특히 신흥국들에서 더 가파른 상승을 나타내고 있다. 부동산 가격의 상승률은 전통적으로 경제성장률보다 낮은 수준을 유지해왔으나 최근에는 경제성장률을 앞지르는 속도로 증가하고 있어서 부동산 가격의 거품 가능성에 대한 우려까지 초래하고 있다. 도표 8.4과 도표 8.5는 최근 부동산 가격의 특징을 잘 보여주고 있다.

글로벌 금융위기 이후 세계적으로 나타나고 있는 부동산 가격의 급속한 상승은 자산의 양극화를 가속화시키는 주범이 되고 있다. 부동산을 상대적으로 많이 보유하고 있는 경제주체들은 부가가치 상승을 위해 추가적인 노력을 기울이지 않고도 자산의 증가와 높아진 자산 가격에 따라 추가적으로 유입되는 임대료 소득 등으로 부를 더욱 확대할 수 있다. 반면 부동산을 소유하지 못한 가구나 청년들은 부동산 가격이 상승할수록 주거와 경제활동에 필요한 부동산의 사용료도 증가하므로 주거비나 사업비 상승의 부담을 추가로 지게 된다. 부채로 부동산 구입자금을 조달하는 경우에도 이자 및 부채 상환 비용의 증가로 수익성 악화나 가처

도표 8.4 선진국 및 신흥국 주택가격 추이

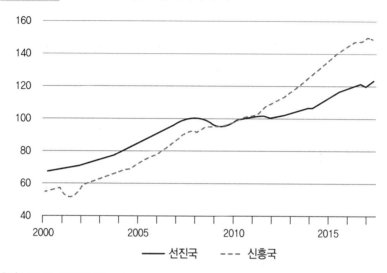

출처: OECD, BIS50, Bloomberg.
주: MSCI 기준 분류

도표 8.5 세계경제 및 부동산 가격지수 변동률

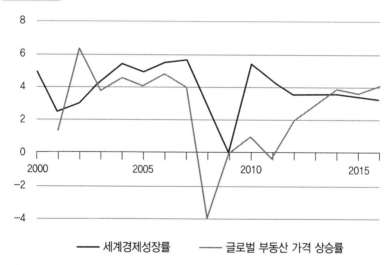

출처: OECD, BIS, Bloomberg.
주: MSCI 기준 분류

분 소득의 감소를 겪어야 한다. 그 결과 부동산 가격으로 대표되는 자산의 양극화는 소득의 양극화를 심화시키는 원인이 된다.

부동산 가격의 상승은 사회구성원들의 경제활동 출발선의 격차를 확대한다. 이 격차가 지나치게 클 경우 부동산을 보유하지 못한 구성원들은 좌절감을 겪게 되고 사회적 갈등의 원인을 제공한다. 부모에게 주택이나 부동산을 상속받거나 증여받는 계층은 가처분 소득이 상대적으로 많아서 저축으로 자산을 축적하기에 유리하며 경우에 따라 임대료수입으로 추가적인 자산의 확대가 가능하다. 반면 부동산을 보유하지 못한 구성원들은 임대료 부담으로 가처분 소득이 감소하여 자산축적이 상대적으로 어려우며 자신의 힘으로 부동산을 마련해야 하는 경우 부채부담으로 가처분소득의 감소를 피할 수 없다. 사회에서 경제활동을 처음 시작하는 청년들의 경우 부동산의 보유여부에 따라 자산축적 능력의 출발선이 달라지며 부동산 가격이 높아질수록 출발선의 위치는 더 큰 차이를 보이게 된다.

통계청, 한국은행, 금융감독원이 공동으로 실시한 "2018년 가계금융·복지조사"에 따르면 우리나라 자산의 불평등은 소득불평등보다 그 정도가 더 심하다. 표 8.3은 우리나라 10분위별 순자산 점유율에 대한 조사결과이다. 2018년 3월말 기준 순자산 10분위 가구의 점유율은 42.3%로 전년대비 0.5%p 증가하는 결과를 보였다. 순자산의 지니계수도 전년대비 0.004가 증가한 0.5888을 기록하여 자산의 분배도 양극화가 심화되는 방향으로 진행되고 있음을 보여준다. 자산의 양극화는 소득의 양극화를 심화시키고 다시 자산의 양극화를 확대하는 현상이 지속되고 있어서 자산의 양극화 경향을 변화시키기 위한 적극적인 대책이 요구되는 상황이다.

한 사회 내에서 경제성장과 발전이 지속되기 위해서는 부가가치를 위

표 8.3 10분위별 순자산 점유율 (단위: %, %p)

구분	순자산 지니 계수	순자산 점유율									
		1 분위	2 분위	3 분위	4 분위	5 분위	6 분위	7 분위	8 분위	9 분위	10 분위
2017년	0.584	−0.2	0.8	2.0	3.4	5.0	7.0	9.4	12.7	18.2	41.8
2018년	0.588	−0.2	0.8	1.9	3.4	5.0	6.9	9.2	12.6	18.2	42.3
전년차	0.004	0.0	0.0	0.0	0.0	−0.1	−0.1	−0.1	−0.1	0.0	0.5

출처: 통계청, 한국은행, 금융감독원.

한 적극적 기여를 하는 집단에 그 성과가 분배되는 제도가 필요하다. 그러나 부동산과 같은 자산의 보유만으로 획득하게 되는 소득이나 자산의 증가가 경제활동으로 얻는 소득보다 높을 경우 사회구성원들은 경제활동보다는 '지대추구(rent-seeking)'를 위한 투기적 활동에 더 관심을 기울이게 된다. 이는 필연적으로 부의 획득과정에 대한 정당성 약화와 경제의 성장동력 감소를 초래하게 된다. 뿐만 아니라 사회적 갈등을 유발하여 공동체적 결속을 약화시키는 문제도 야기한다. 한국의 자산양극화는 이미 이러한 사회경제적 문제를 노정하고 있다.

4. 경제적 공동체 개선방향과 정책대안

1) 양극화 해결과 정책대안: 단기적 접근

(1) 양극화의 원인

양극화 현상은 국가마다 정도의 차이는 있지만 경제발전이 일정수준 이상 진행된 거의 모든 국가에서 발견되고 있다. 영국, 미국, 호주, 뉴질랜드 등의 영미경제권에서는 1970년대부터, 네덜란드, 일본, 오스트리아 등의 선진국들에서는 1980년대 중반이후, 그리고 1990년대에는 스웨덴, 핀란드 등 북구국가들에서까지 부의 불평등이 확대되는 현상이 나타났다. 양극화 현상은 경제위기를 겪은 국가들에서는 더 빨리 진행되는 특징을 보이고 있으며 경기회복과 성장률 제고만으로는 해결되지 않는 다는 점에서 적극적 대책의 필요성이 제기된다.

양극화의 해소를 위해서는 먼저 그 원인에 대한 정확한 진단이 필요하다. 공통적으로 제기되는 양극화의 원인들은 다음과 같다.

첫째, 세계화와 글로벌 밸류체인의 확대이다. 세계화의 진전으로 관세가 인하되거나 사라지고 무역장벽이 철폐되면서 세계 어디에서 생산되건 가장 낮은 가격으로 필요한 물품을 공급하는 곳에서 구매하는 현상이 보편화되었다. 이러한 현상은 선진국들에서 노동집약적인 산업의 급속한 퇴조를 가져왔다. 세계화와 더불어 진행된 자본자유화는 단순제조업으로 생산 가능한 물품들의 생산기지를 개도국으로 이전하는 현상을 초래했다. 그 결과 선진국에서 단순 노동력을 제공하던 근로자들은 일자리를 잃거나 저소득 서비스업에 종사하게 되었고 숙련노동력은 수요가 증가하여 더 많은 소득을 얻게 되는 소득 양극화의 원인이 되었다.

둘째, 급격한 기술진보이다. 컴퓨터와 전자부문의 급속한 기술진보는 새로운 기술의 발전을 가속화시켜서 선진국과 개도국간의 기술격차를 벌리고 있을 뿐만 아니라 같은 국가 내에서도 사회계층간 기술격차를 확대하고 있다. 소득수준에 따라 고소득층은 상대적으로 신기술 습득이 용이하나 저소득층은 접근성이 떨어지기 때문이다. 특히 저소득 고령층은 급격한 기술진보에서 가장 소외되는 집단이어서 소득 면에서도 불리한 여건에 놓이게 된다.

셋째, 경제적 변동성의 확대이다. 경제의 글로벌화는 투자자금의 급속한 유입과 이탈을 가능하게 만들었고 세계경제의 연결성을 강화하였다. 그 결과 상대적으로 생산성이 높아지는 곳에서는 쉽게 투자자본을 획득할 수 있게 되는 이점을 누리지만 버블가능성도 높아졌다. 이전과 달리 지구 반대편의 경제불안에 의해서도 쉽게 금융시장과 무역시장이 영향을 받게 되는 현상도 나타났다. 그 결과 리스크와 위기에 대한 경제적 불안정성이 높아졌고 중산층이나 빈곤층이 위기 시 더 빨리 기존자산을 상실하는 현상을 초래했다.

(2) 주요 양극화 대책

양극화가 먼저 진행된 선진국들은 이미 오래전부터 다양한 대응책을 통해 개선노력을 시행해 왔다. 대표적인 대응책들은 다음과 같다.

첫째, 교육을 통한 대응이다. 빈곤층 단순 노동력에게 교육을 제공하여 고급화, 숙련화함으로 소득을 높여 중산층으로 편입되도록 지원하는 것이다. 미국은 선진국에서 가장 소득불평등도가 높은 국가로 저소득층의 빈곤퇴치를 위해 빈곤층 자녀의 교육환경을 지원하는 정책을 일찌감치 시작했다. 대표적인 프로그램으로 1960년대 중반의 "Head Start", 2002년의 "No Child Left Behind" 등이 있다.

영국은 학력별 임금격차가 선진국 중 가장 높은 국가로 학력격차가 임금격차로 이어지는 것에 착안하여 고등교육과 평생교육을 강화하여 숙련노동의 공급을 늘리는 방식으로 양극화문제를 개선하는 노력을 기울였다.[3] 이를 위해 영국정부는 교육예산의 지출을 적극적으로 늘리고 특히 교육기술부 예산의 비중을 높였다. 또한 청년실업자의 취업지원을 위해 시작한 뉴딜프로그램의 대상을 확대하여 실질적 평생교육 프로그램으로 전환하였다. 노동인구의 고학력화 정책으로 영국의 대학진학율이 1990년의 30%에서 2004년 64%로 확대되었고 중등교육 이수비율도 EU평균치를 상회하는 결과를 가져왔다.

독일은 전통적으로 사회적 약자에 대한 교육기회 확대를 위해 1960년대 말에 대학교육까지 무상교육으로 전환하는 정책을 시행하였다. 대학진학을 하지 않는 사람들은 각 분야의 숙련노동자로 지속적인 교육을 받을 수 있도록 각 직역별로 견습공 및 기술훈련생의 교육시스템을 제공하고 있다. 이러한 제도적 노력이 학력차에 따른 임금격차를 선진국들 가운데 상대적으로 가장 낮게 유지한 배경이 되었다.

둘째, 중소기업 지원정책이다. 대기업과 중소기업의 임금격차를 줄이고 중소기업이 시장에서 경쟁력을 유지하도록 중소기업 지원정책을 시행한 대표적인 국가는 독일이다. 특히 Mittelstand로 알려져 있는 중소기업은 독일의 제조업을 지탱하고 있는 핵심이다. 독일 기업들의 99.6%가 Mittelstand로 분류되고 있으며 전체 고용의 58.5%를 차지하고 있다. 또한 견습공 및 기술훈련생들의 81.8%를 중소기업이 교육하고 있다. 독일의 Mittelstand도 국제경쟁에 노출되어 있는 것은 마찬가지여서 끊임없이 경쟁력을 제고하기 위한 노력을 기울이고 있다. 독일 경제부는 industrie 4.0 프로그램을 통해 독일 교육부(BMBF)에서 시행하는 다양한 연구프로젝트를 지원하여 기술혁신을 도모하고 있다. 정부지원으로 개발된 기술은 특정기업이 독점적으로 이용하는 것을 방지하고 중소기업들이 활용하도록 제공하였으며 중소기업들의 ICT활용 및 사물인터넷 등을 생산에 이용할 수 있도록 지원하고 있다.

셋째, 지역정책이다. 독일은 독일의 전 지역에 동일한 삶의 환경을 제공하는 것을 "공동체과제(Gemeinshcaftsaufgabe)"라는 정책으로 시행해왔다. 이를 위해 생산과 생활에 필요한 인프라를 전국 모든 지역에 동일한 수준으로 제공하고 있을 뿐 아니라 문화나 교육환경까지 동일하게 보장하기 위한 정책을 시행하고 있다. 동서독 통일 후에는 이러한 지역정책을 통해 특히 구동독지역과 같이 인프라가 부족한 지역에 집중적 지원을 제공하였다. 그 결과 지금은 구동독지역에서도 라이프찌히나 드레스덴과 같은 지역이 제조업의 새로운 중심지로 부상하였고 소득수준도 전국평균치를 상회하는 수준으로 증가되고 있다. 독일의 지역정책은 소득수준만이 아니라 자산의 양극화를 완화시키는 데에도 기여하고 있다. 전국에 유사한 수준의 인프라와 생활환경의 제공으로 모든 지역이 서로 유사한 경쟁력을 가질 수 있게 하였고 지역별 부동산 가격도 일정한 수준이상 격차가 확대되지 않는 결과를 가져왔다.

이태리에서도 지역정책을 통해 남부지역과 북부 지역 간 소득 및 자산의 양극화를 개선하는 정책을 시행했다. 이태리는 주요 선진국 가운데 지역 간 소득격차가 가장 큰 국가로 알려져 있으며 지역격차가 경제발전을 저해하는 요인으로 간주되어 왔다. 이를 해소하기 위해 이태리는 유럽연합의 지원을 받아 남부지역 개발 정책을 시행했고 일부 성과를 거두기도 했으나 여전히 남부지역의 실업률은 전국 평균치의 두 배 이상 수준을 기록하고 있다.

세계적으로 채택하고 있는 상기 양극화 대책들은 한국에서도 잘 알려져 있을 뿐 아니라 이미 시행하고 있는 정책들이기도 하다. 저소득층 교육지원으로 저소득층 자녀의 대학진학을 지원하기 위해 국립대학들에서는 다양한 장학금을 제공하고 있으며 학자금 지원을 위한 금융상품들도 제공하고 있다. 반값등록금을 도입하고 대학등록금 인상률을 통제하는 등의 정책도 시행했다. 우리나라의 중소기업 지원은 비슷한 소득수준대비 세계에서 가장 높은 지원을 하는 국가에 속하며 현 정부에서는 중소기업부를 따로 도입하는 등 적극적인 지원정책을 시행하고 있다. 지역균형발전정책도 이미 노무현정부 이후 국가적 아젠다로 설정되었다. 행정수도를 세종시로 옮기고 지방마다 혁신도시를 지정하여 공공기관을 이전하는 등의 노력을 기울이고 있다. 그러나 이러한 정책들이 아직 뚜렷한 성과를 보이지는 못하고 있다.

2) 공동체의 비전과 장기 성장 정책: 장기적 접근

양극화에 대응하기 위한 정책내용을 보면 대부분의 국가에서 거의 같은 방향의 정책들이 시행되었다. 그러나 그 결과는 국가별로 큰 차이를 보이고 있다. 이러한 차이는 정책의 세부내용들이 사회내 관련된 다른 정책들과 얼마나 정합성을 가지고 수행되었는지에 의해 영향을 받은 것으로 추정된다. 따라서 공동체와 관련된 경제정책이 지속적으로 공동체에 기여하는 효과를 도출하기 위해서는 정책의 장기적 비전이나 철학적 배경이 중요한 의미를 가진다. 공동체와 관련된 비전이 결합된 대표적 정책사례로 미국 민주당의 해밀턴 프로젝트와 독일의 사회적 시장경제를 들 수 있다.

(1) 해밀턴 프로젝트

해밀턴 프로젝트(Hamilton Project)는 미국에서 양극화에 대한 우려가 확대되자 클린턴 정부 시절 재무장관을 역임한 로버트 루빈이 주축이 된 민주당 출신 전문가들이 양극화의 대안으로 제시한 경제운영의 새로운 틀이다.[4] 이 프로젝트는 미국사회가 장기적 번영을 지속하기 위해 필요한 새로운 비전과 경제전략을 제시하는 것을 목표로 추진되었다.

이 프로젝트가 미국사회의 장기번영을 위해 제시하고 있는 세 가지 기본원칙은 다음과 같다.

첫째, 모든 계층을 아우르는 넓은 바탕의(broad-based) 경제성장이 필수적이다. 1970년대 이후 미국경제의 소득편중 현상이 심화되고 경제성장이 중산층의 소득향상에 기여하는 비중이 현저히 감소하고 있는 것은 양극화를 심화하는 심각한 문제이므로 지속성장을 위해 모든 국민의 잠재능력이 최대한 발휘될 수 있는 환경을 제공해야 한다. 이를 위해 균등한 기회의 보장, 모든 계층에 대한 양질의 공교육제공, 자본에 대한 적절한 접근성 보장 등이 필요하다.

둘째, 적절한 사회안전망의 구축이 지속성장을 위한 필수적 요소이다. 사회안전망의 제공은 모든 구성원이 성과가 불확실한 미래투자에 적극적으로 나설 수 있는 환경을 제공하고 경제적 도전에 실패한 사람들이 다시 도전할 수 있는 기회를 만들어 주기 때문이다. 사회안전망은 외부의 경쟁에 대해서도 더 개방적인 대응을 가능하게 하므로 장기적인 성장에 기여한다.

셋째, 성장을 촉진하기 위해 정부의 투자자적 역할이 중요하며 이를 위해 재정규율의 강화와 균형재정 도모를 위한 노력이 필요하다. 특히 시장실패의 가능성이 높은 기초과학 및 R&D, 사회 인프라 투자 등의 분야에 대한 정부의 선도적 투자자 역할이 성장촉진을 위해 필수적이다. 그러나 재정불균형이 악화되지 않으면서 정부의 투자자 역할이 가능하도록 재정규율과 사회보장 제도의 효율화 등이 요구된다.

이 프로젝트에서는 앞에서 제시한 세 가지 기본원칙아래 4대 정책과제를 제시하였다. 첫째, 인적자원 투자, 둘째, 혁신과 인프라, 셋째, 저축과 보험, 넷째, 정부역할 제고 등이다. 특히 네 가지 정책과제 중 인적자원 투자와 관련하여 교육의 질 제고방안과 저축증진 방안에 대해 구체적 정책대안을 제시하였다.

이 프로젝트가 제시하고 있는 기본원칙은 기존의 자유시장경제적 입장을 기반으로한 미국의 전통과는 상당히 다른 입장을 보이고 있으며 장기적인 경제운영의 비전제시로 새로운 철학적 기반을 제시했다는 점에서 주목을 받았다. 이 프로젝트는 브루킹스 연구소(Brookings Institute)의 지속 프로젝트로 위임되어 지금까지 분야별로 관련 정책대안을 제시하고 있으며 그 성과를 검증하고 있다. 이 프로젝트는 미국에 새로운 비전을 제시한 통찰력 있는 프로젝트 였지만 민주당이 주축이 되어 작성한 보고서로 공화당과 이 비전을 공유하지 못하여 국가적 비전으로 승화되지 못하였고 지속적인 정책적 기반으로 활용되지 못하는 한계를 보였다.

브루킹스 연구소에서는 지금도 Hamilton Project 와 관련된 보고서가 작성되고 있으나 미국의 빈곤감소나 양극화 해소 등, 이 프로젝트가 추구했던 결과는 실현되지 못하고 있다. 도표 8.6은 최근 해밀턴 프로젝트 후속 보고서에서 작성한 미국의 빈곤현황을 보여주는 것으로 빈곤문제가 지금도 악화되는 양상이 나타나고 있다.

(2) 사회적 시장경제

'사회적 시장경제'라는 표현은 이 제도의 사상적 근거를 제공하고 실제적 도입을 주창한 대표적 인물들 가운데 한사람인 알프레드 뮐러-아르막(Alfred Müller-Armack)에 의해 처음 사용되었다.[5] 이 제도를 실

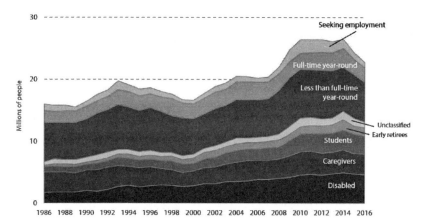

출처: Jay Shambaugh, Lauren Bauer, and Audrey Breitwieser (2017), p. 2.

제생활에 적용할 수 있도록 정치적으로 가능하게 한 사람은 전후 독일
의 초대 경제장관과 연방수상을 역임한 루드비히 에르하르트(Ludwig
Erhard)였다.

　독일이 운용하고 있는 '사회적 시장경제(Soziale Marktwirtschaft)'
제도 기본개념을 단순화해서 표현하자면 "사회적 책임을 지는 시장경
제"라고 할 수 있다. 이 개념은 시장경제가 이기적인 경쟁을 바탕으로
하는 것이므로 그 결과가 "반드시 국민의 생활여건과 자아구현을 위
해 사회적인 측면에서 가장 효율적인 결과를 도출하지 않을 수도 있음"
(Böhm-Bawerk, 1924; 480)을 지적하고 사회적으로 가장 합리적인
시장경제를 운용하는 데 그 목표를 두고 있다.

　독일의 사회적 시장경제 원리는 경제뿐만 아니라 정치 및 사회적 목
표와 그 실천원칙까지도 포괄하여 사회적 공공복지의 실현을 꾀하는
좀 더 넓은 질서원리이다. 즉, 인간의 자발성을 기초로 하는 시장적 질

서를 바탕으로 개인적 자유와 사회적 책임간의 조화를 꾀한 복합명제(Synthese)라고 할 수 있다. 사회적 시장경제라는 용어가 보여주는 바와 같이 시장의 기능을 최대한 보장하되 시장이 결정하는 구조가 '사회적인 균형'을 유지할 수 있도록 국가가 제도적 환경을 만들어 주어야 한다는 것이 이 제도의 기본개념이다.

따라서 독일의 '사회적 시장경제' 제도란 '시장경제'의 기초 위에서 시장경제의 성과들을 통해 사회적 진보를 이룰 수 있도록 조직된 경제적 규범체계라고 할 수 있다. 여기서 말하는 사회적 진보란 사회적 정의, 혹은 사회보장 등과도 바꾸어 쓸 수 있다. 경제적 규범체계라는 말은 독일식 표현으로 고치면 경제질서(Wirtschaftsordnung)라는 말로 표현된다. 이러한 경제질서가 필요한 이유는 생산활동이 분업화되고 전문화되어 경제전체의 과정에 대한 조망을 할 수 없음으로 인해 야기될 수 있는 혼란을 피하기 위해서이다. 경제질서는 한 사회내에서 "누가, 누구를 위해, 무엇을, 얼마나 생산할 것인가"에 대하여 유도하고, 성과유인을 제공하며, 통제하는 역할을 하게 된다. 그러나 공동사회의 다양한 정치적, 경제적, 사회적, 문화적 부분질서들은 서로 상호의존적이기 때문에 상호 조화로운 관계가 형성되지 않고는 경제질서의 성공을 보장할 수 없다. 사회적 시장경제는 이 '조화로운 관계'를 만들기 위해 국가의 적극적인 역할을 강조하고 있는 것에서 여타의 시장경제제도와 구별되고 있다. 독일에서 시작된 이 사회적 시장경제의 전통은 유럽전역에 확산되어 소위 '복지국가'의 모형이 되었고 아직도 이러한 경제질서의 '사회적 책임'이나 '조화로운 관계'를 상대적으로 덜 강조하고 있는 미국식 경제제도와는 뚜렷한 구별을 보이고 있다.

독일의 사회적 시장경제는 기본 방향에 있어서는 발터 오이켄

(Walter Eucken)의 질서자유주의적 프로그램의 영향을 받았으나 구체적인 실용방안은 뮐러-아르막(Müller-Armack)에 의해 마련되었다.

우선 뮐러-아르막은 '사회적 시장경제'라는 용어를 만들면서 그때까지 서로 대립적인 것으로 이해되던 두 개념의 통합을 시도하였다. 새로운 개념으로 등장한 사회적 시장경제는 사실상 이중적으로 해석될 수밖에 없는 개념의 양면성을 지니고 있었다. 뮐러-아르막은 오이켄을 비롯한 뵘(Böhm), 하이에크(Hayek), 뢰프케(Röpke), 뤼스토우(Rüstow)등과의 연관성을 강조하며 신자유주의 계열의 시장에 대한 개념을 받아들였을 뿐만 아니라 사회주의적 요소의 강화를 통해 전후 정치적 우위를 누리던 사민당세력이나 기민당내의 기독교적 사회주의자들의 중심세력이던 노동조합계파의 지지를 획득할 수 있었다.

뮐러-아르막에 의해 도입된 사회적 시장경제의 특징은 시장경제가 자유주의적 도구화가 되는 것을 지양한 것과 국가의 광범위한 개입주의를 들 수 있다. 그러나 뮐러-아르막은 이러한 개입주의를 '정확한 동기를 가진 개입주의' 혹은 '시장질서를 구축하기 위한 개입'으로 표현하며 개입은 반드시 시장경제의 총체적 관계를 고려하면서 이루어져야 한다고 강조했다. 그는 시장경제를 다양한 변화가 가능한 조직원칙으로 이해하여 자유주의가 아니면 통제라는 이분법적 사고의 틀 안에서 시장경제를 논하는 것을 경계하고 독일 경제에서의 사회적 시장경제 이념은 미래를 위한 열린 프로그램이 되어야 한다고 밝혔다. 전체적으로 현재 독일의 사회적 시장경제는 여전히 뮐러-아르막의 사상과 프로그램을 반영하고 있는 것이 대부분인데 이것은 사회적 시장경제가 가지고 있는 유연성 때문이라고도 할 수 있다. 사회적 시장경제의 유연성이란 정책이 추구하는 목표만 일치하면 서로 대치되는 경제 정책적 개념도 수용

할 수 있도록 실천적 방안을 제한하지 않은 데서 찾아볼 수 있다. 이차
세계대전 후 서로 대립하던 사회주의 계열의 사상과 시장자유주의자들
의 개념을 융합시킨 것이 바로 그 대표적인 예라고 할 수 있다.

독일의 사회적 시장경제는 경제의 운영방식은 시장경제, 그 성과는
사회적 목표에 부합되도록 분배한다는 두 가지 축을 기반으로 하고 있
다. 독일에서 사회적 시장경제는 당파를 초월하여 모든 정파의 합의하
에 도입되었고 경제운영의 기본원칙과 비전으로 독일 헌법에까지 명기
되었다. 그 결과 어떤 정당이 정권을 담당하더라도 기본적인 정책방향
과 경제운영방식은 사회적 시장경제체제하에 유지되어 왔으며 다른 모
든 제도들도 이 원칙과 철학에 부합하도록 만들어졌다. 그 결과 독일이
양극화에 대응하기 위해 도입한 교육정책이나 지역정책 등이 다른 국가
에 비해 더 높은 효과를 보인 것으로 나타났다.

독일은 동서독 통일과정에서도 사회적 시장경제를 경제운영의 기반
으로 확보하기 위해 1990년 7월 1일 정치통합보다 먼저 이루어진 "통
화·경제·사회통합을 위한 국가조약"의 제1조 기본원칙에서 '사회적 시
장경제에 의한 경제통합'을 시행하는 것을 명백히 하고 있다. 동서독의
통합과정에서 만들어진 새로운 제도적 변화들도 당연히 사회적 시장경
제의 원리와 철학을 바탕으로 만들어졌기 때문에 기존 서독의 제도들과
정합성을 가지는 데 어려움이 없었다.

3) 공동체의 경제적 조건과 한국의 정책방향

앞에서 살펴본 바와 같이 한국에서도 단기적 혹은 개별정책 차원에서
시행한 양극화극복을 위한 정책은 여타 선진국들이 시행한 정책들과 크

게 다르지 않다. 그러나 이 정책들이 기대한 효과를 보이지는 못하고 있다. 정책들 간의 정합성 결여와 세부정책들의 시행과정까지 일관성을 확보하지 못하는 것이 원인으로 추정된다.

미국의 해밀턴 프로젝트나 독일의 사회적 시장경제는 한 국가의 경제운영을 위한 비전과 철학적 배경을 제시하고 있다는 점에서 공통점을 보이고 있다. 그리고 모두 지속성장과 사회적 책임을 경제운영의 기본적인 두 축으로 설정하고 있다. 단지 해밀턴 프로젝트는 국가의 투자촉진자로서의 역할을 강조하고 있고 사회적 시장경제에서는 경쟁을 활성화하기 위한 제도관리자로서의 역할을 강조한다는 정도의 차이는 존재한다. 사회적 시장경제는 초당적인 합의를 통해 서독정부 수립부터 경제운영원칙으로 도입되었지만 해밀턴 프로젝트는 민주당에서만 정책방향으로 제시된 탓으로 실질적인 효과를 거두지는 못하였다.

앞에서 공동체의 경제적 조건으로 제시한 내용은 세 가지이다. 첫째로 제시한 모든 구성원의 생존과 생활을 보장하는 시스템의 구비는 사회적 책임으로 간주할 수 있고 두 번째 조건으로 제시한 지속가능한 성장시스템은 넓게 해석할 경우 세 번째 조건인 경제적 성과의 효율적 배분 메커니즘까지 포괄하는 것으로 볼 수 있다. 그러나 해밀턴 프로젝트나 사회적 시장경제의 사례가 보여주듯 경제적 성과를 최대한 많은 구성원들에게 분배되도록 한다는 경제운용의 방향을 구체적 원칙으로 제시하고 모든 제도에 이러한 원칙이 반영되도록 하는 것이 필요하다.

한국은 전통적으로 지속성장을 추구해왔고 최근에는 사회적 책임부문을 확대해오고 있다. 그러나 지속성장을 특정 산업정책이나 프로젝트를 통해 추구해온 측면이 크다. 반면 상기 사례들은 경제제도의 원칙이나 철학을 바탕으로 지속성장 메커니즘을 내재화하는 방안을 모색한 것이다. 특히 독일의 사회적 시장경제는 이러한 메커니즘을 헌법적 범위에서 제도화함으로 영속성을 보장하고 있다. 그 결과 제도적 일관성을 확보할 수 있게 되었으며 정권의 변화와 상관없이 경제적 성과를 누적시킬 수 있게 되었다.

결국 우리나라에서도 사회적 책임과 지속성장이라는 두 가지 목표를 충족시킬 수 있는 정책방안을 모색하는 것이 공동체의 경제적 과제라고 할 수 있으나 우선은 모든 구성원들이 함께 경제적 성과를 위해 노력할 수 있는 원칙과 철학을 제시하는 것이 필요하다. 이를 위해서는 공동체적 비전을 먼저 설정하고 이를 달성하기 위한 원칙과 철학을 바탕으로 관련된 제도들을 평가하여 정합성을 확보하도록 수정해나가야 한다. 공동체적 비전이나 원칙 및 철학에 대해서는 이데올로기나 당파적인 편향성을 벗어나 한국사회 모든 구성원들이 동의할 수 있는 실질적이고 객관적인 접근이 요구된다. 매우 어려운 과제일 수 있으나 독일의 사회적 시장경제 사례에서 보듯 객관적 근거를 바탕으로 이러한 작업을 지금이라도 시작할 필요가 있다.

5. 요약과 결론

우리나라는 정부수립이후 가난의 극복이 가장 큰 과제였으므로 경제성장을 통한 가난극복이 공동체의 과제였다. 세계에서 유례를 찾기 어려울 만큼 한국은 이러한 공동체의 경제적 과제를 잘 수행했고 이제 대부분의 국민들이 빈곤과 굶주림에서 자유로워지는 경제적 수준에 도달했다. 그러나 최근에는 경제성장률이 둔화되고 경제적 양극화의 진행이 사회적 결속을 해치고 성장을 해치는 상황에까지 이르렀다. 저출산과 고령화의 심화는 경제성장률을 더 낮은 수준으로 하락시킬 전망이고 자산과 소득의 양극화는 더 심화될 것으로 예상된다. 성장을 추동하기 위한 여러 정책과 양극화를 해소하기 위한 정책들이 시행되었지만 성과는 나타나지 않고 있다.

미국의 민주당에서 시행한 해밀턴 프로젝트와 독일의 사회적 시장경제 사례들은 우리나라가 다른 방향에서 대안을 찾아야할 필요성을 일깨워 주고 있다. 구체적으로는 다음과 같은 시사점을 제시한다.

첫째, 새로운 공동체적 경제비전의 설정이다. 한국은 1960년대의 빈곤극복이라는 경제비전 제시이후 새로운 공동체적 비전을 제시하지 않고 있다. 경제성장이 모두에게 이득이 되던 시기가 지나 지금은 산업별 혹은 집단별로 이해 상충이 발생하는 데도 아직 새로운 공동체적 경제목표가 없다. 독일과 미국의 두 사례는 경제성장과 사회적 책임을 연계한 비전을 제시하고 있다. 그래야 구성원 전체의 비전이 될 수 있기 때문이다.

둘째, 지속성장을 위한 메커니즘의 도입이 필요하다. 구체적인 산업정책이나 프로젝트가 아니라 '시장의 경쟁활성화와 인센티브의 사회화'와 같은 시스템적 접근으로 지속성장 동력을 모든 제도속에 내재화하는 방안을 모색해야 한다.

셋째, 시장의 성과가 사회구성원을 보호하고 최대한 많은 구성원에게 분배될 수 있도록 사회적 책임을 구체화할 필요가 있다. 이를 통해 공동체 구성원의 안전을 보장하고 개인의 노력에 대한 정당한 보상시스템을 구축할 뿐 아니라 생산역량을 가진 구성원 모두가 적극적으로 생산과정에 참여할 수 있도록 이끌 수 있기 때문이다.

한국경제와 한국사회는 이제 신흥경제(Emerging Economy)의 단계를 지나 일인당 소득이 3만 불을 넘어선 새로운 단계에 도달해 있다. 변화된 사회경제적 환경을 고려할 때 공동체의 경제적 조건을 충족시키기 위해 앞에서 모색한 시사점들을 실현하는 것은 정치적으로 어려운 과제이다. 그러나 이러한 과제를 성공적으로 수행하지 못할 경우 우리나라의 공동체성은 위협받을 수밖에 없다. 지금 우리 사회가 맞고 있는 도전을 성공적으로 극복해야 한국사회의 공동체성 강화만이 아니라 향후 남북한 간 통일과정에서도 순탄한 경제통합을 실현할 수 있는 기반을 확보하게 될 것이다.

❖ 주

1) 이 부분은 자유주의와 공동체주의가 충돌하는 지점으로 구성원들이 자발적으로 이 부담을 지려고 하는 수준까지로 이전지출의 부담을 제한해야 하는 것으로 상호 조화가 가능한 수준으로 제한 할 수 있는 역량을 제도의 운영주체인 국가가 가져야 함 (김선욱, 2018; 유시민, 2014).

2) BLI의 한 구성요소로 공동체(community)성에 관한 지수가 있으며 이 지수는 사회적 존재인 인간이 다른 구성원들과 얼마나 자주 연락을 하고 사적 관계의 질이 어떠한 지를 파악하여 행복의 중요한 결정요소로 반영하고 있음. 공동체성의 수준은 지원네트워크의 질(quality of support network), 성불평등(gender inequality), 사회적 불평등(social inequality)의 세 개 하부지수를 측정하여 결정함. 지원네트워크의 수준은 "도움이 필요할 때 의지할 수 있는 사람을 알고 있는 가"에 대한 질문에 긍정적인 답변을 한 사람들의 비중으로 측정하는데 한국인들은 답변자의 76%가 긍정적 답변을 하였음. 이것은 OECD 국가가운데 최하위 수준이며 평균치인 89%에 비하여 현저히 낮은 수준을 보이는 것이며 성불평등 지수도 38개국 중 36위를 차지하여 하위를 기록.

3) 김흥종 (2016)에 따르면 1999~2000년 영국의 중졸 대비 대졸자 임금 배수는 2.0, 프랑스는 1.80, 한국 1.80, 이탈리아 1.71, 독일 1.6, 스웨덴 1.51, 일본 1.23에 달하였음.

4) 이 보고서는 미국초대 재무장관을 역임한 알렉산더 해밀턴의 이름을 따서 명명되었고 보고서의 작성에는 클린턴 행정부 재무장관을 역임한 루빈(Robert

Rubin), 알트만(Roger Altman) 전재무차관, 오스잭(Peter R. Orszag) 전백악관 경제특보 등이 주도적으로 참여하였음 (Rubin, Altmann, Brookings, 2006).
5) Alfred Müller-Armack (1946) 참조.

❖ 참고문헌

김선욱. "공동체란 무엇인가?: 정치철학적 기초와 개념." 한반도평화연구원 주최 공개포럼 「한반도 평화를 위한 공동체적 접근: 우리 사회는 공동체인가?」 발표자료. 장소: 대한민국역사박물관 강의실, 2018년 10월 29일.
김원식. "한국사회 양극화와 다차원적 정의." 『사회와 철학』 (2013).
김흥종. "해외의 양극화 대응 사례와 성과−교육, 경제개혁, 지역개발, 中企육성 등으로 대응." 『나라경제』 2006년 03월호 (2006),
대런 애쓰모글루, 제임스 A. 로빈슨. 최완규 역. 『국가는 왜 실패하는가(Why Nations Fail)』. 서울: 시공사, 2012.
로저 알트만 외. KDI 역. 『해밀턴 프로젝트: 기회와 번영, 성장을 위한 경제전략(THE HAMILTON PROJECT: An Economic Strategy to Advance Opportunity, Prosperity, and Growth)』. 세종: KDI 경제정보센터, 2006.
유시민. 『국가란 무엇인가?』. 파주: 돌베개, 2011.
통계청. 『세계와 한국의 인구현황 및 전망』, 2015.
KDI. 『국민연금 재정추계를 위한 거시경제 변수 전망』, 2017. 4.

Böhm-Bawerk, Eugen v. "die klassische Nationalökonomie." in E. v. Böhm-Bawerk, Gesammelte Schriften, ed. F. X. Weiss, vol. I. Leipzig. Holder-Pichler Tempsky, 1924.
Müller-Armack. Alfred Wirtschaftslenkung und Marktwirtschaft. Hamburg, 1946.
OECD. 『How's Life? 2017』, OECD 정책브리핑, 2017.
Shambaugh, Jay, Lauren Bauer, and Audrey Breitwieser. Who Is Poor in the United States? A Hamilton Project Annual Report. Brooking Institute, 2017.

9장

새롭게 의미되어지는 공동체로서 가족의 소통과 관계

장혜경(한국여성정책연구원 선임연구위원, KPI부원장)

1. 서론: 한국 가족의 모습

한국 가족은 지난 20~30년간 그 형태에서 세대수 및 규모의 축소, 다양화의 증대라는 방향으로 변화해오고 있다 (통계청, "인구주택총조사" 각년도). 부부가족 및 1세대 가구처럼 핵가족보다 더 작은 초핵가족의 증가나 1인 가구 같은 비가족(non-family)형태,[1] 다양한 형태의 가족 모습들이 등장하고 이들 가족들에 대한 수용도도 높다. 이는 가족가치의 변화와 맞물리면서 가족의 의미와 관계를 특징짓는데 영향을 미치고 이러한 가족가치의 흐름은 다양한 삶의 방식(life style)들에서 나타나고 있다 (표 9.1). 비혼·이혼·졸혼, 결혼안식년, 동거, 따로 살기(LAT: Living Apart Together), 비혼부모·출산·무자녀가족, 한부모가족, 다문화가족, 동성애가족, 홈쉐어링과 공동체가족, 조각보(patchwork)가족, 사이버가족, 딩크(DINK: Double Income No Kids)족, 씽커(THINKERS: Two Heathy Income No Kids Early Retires)족, DINK+pet족, 듀크(DEWK: Dual Employed With Kids)족, 초국가적 가족(Transnational Family) 등 다양한 형태의 가족의 모습은 새로운 가족의 의미와 관계 형성을 보여주고 있다고 해도 과언이 아니다.

표 9.1 한국 가족가치의 흐름

구분＼년도	1960–1970년대	1980–1990년대	2000년–2010년대	–2030년
가족가치	• 남아선호사상 • 위계적·가족중심적 사고와 행위 • 가족원의 보호와 지원의 의무 • 권위주의적 가족	• 민주적, 자율적 관계 강조하는 '신가족주의' 등장 • 여성 경제활동 참여증가와 가정 내 역할 분담 재편 • 정상적 가족	• 혈연가족의 축소 • 가족원의 수평적, 공동체주의적 가치 확대 • 전통적으로 가족에게 전가되었던 돌봄 등 기능일부 사회이전 • 가족, 선택의 장 • 민주적, 비정형적 가족	• 개인중심 가치의 존중 • 가족 구성원 간 규범의 부담이 적고 관계의 친밀성 강조 • 느슨하지만 친밀한 가족 관계 • 네트워크가족

　또한 개인위주의 사고방식과 개인화라는 시대적 맥락은 젊은이들로 하여금 결혼과 가족, 출산을 훨씬 유연한 방식으로 인식하게 하고 있다. 한국인들은 결혼을 꺼리고, 결혼을 해도 자녀출산에 소극적이며 최소화하고, 가족 유지를 절대 규범으로 여기지 않아서 이혼을 반드시 기피하지도 않는다. 비제도적인 남녀관계와 이를 통한 자녀출산, 외국인과의 결혼에 대해서도 수용적으로 나타나 한국인에게 있어 탈전통적인 결혼의식이 점차로 높아지고 있는 추세가 가족형태에 영향을 미치고 있음을 알 수 있다.[2]

　더욱이 고도 정보화 사회는 가족의 개념 및 형태 변화에 영향을 미치고 있다. 온라인 속에서 자라고, 유튜브, 트위터, 페이스북으로 세계와 연결되어 있으며, 인터넷이 존재하지 않은 세계를 생각할 수 없는 디지털세대들의 기대 및 행동과 세상을 바라보는 방법에 따라, 가족은 그 개념과 형성에서 더욱더 새로운 양상을 나타낼 것이다. 생활로봇의 상용화와 가족구성원으로서의 로봇의 의미, 가족으로서의 애완동물의 위치 등은 인간 이외의 가족구성원에 대한 가능성을 열어주면서 혁명적 가족 개념을 나타내고 있는 것이다.

한국가족은 이제 더 이상 법적인 혼인이나 혈연에 기반한 것으로만 정의하기 어렵다. 나를 중심으로 하여 유대를 가진 사람들이 중심이 되고 이러한 가족은 법적 혼인여부에 개의치 않고 가능하며 경제적·요인이나 문화적 요인으로 혼인에 대하여 다양한 선택을 하고자 하는 경향이 증가하고 있다.

2. 한국 가족 개념에 대한 성찰과 시사점

가족의 이러한 변화 모습들은 가족의 개념이 시간이 지나면서 견고한 하나의 사람, 집단 중심이 아닌 외형이 없는 개인들의 점들이 연결되는 무수한 선들로 변화하고 있는 유연성을 가진 다양한 관계로 정의되고 있다는 것이다 (도표 9.1). 이는 가족의 형태가 지속적으로 다양화되고 있는 가운데 이렇게 형성되는 개인들의 관계를 국가와 사회는 그리고 교회는 어떻게 조명하고 대응해야하는가가 현재 가족의 문제에 대응하고 미래 가족을 맞이하는 것이 될 것임은 분명하다. 특히 기존 한국 교회의 가부장적 권위구조와 교회 문화에서 교회는 가족의 변화에 대한 이해와 그 안에 담겨있는 가족가치와 관계의 담론들을 개방적으로 풀어내려는 노력이 그 어느 때보다도 요구되고 있다고 하겠다.

다양한 가족들의 모습은 기존 가족의 해체로 우려하기보다는 가족구성원들이 상호 효과적인 연계와 쌍방향 소통을 통해 새로운 가족관계를

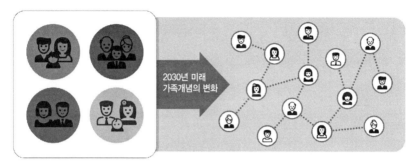

출처: 장혜경 외 2014:35.

형성함으로써 자신들의 삶을 영위해 가고 있음을 보여준다고 할 수 있다. 이러한 현상들은 혈연관계의 확장보다는 혈연관계 자체에 대한 확대를 기피하고 있다고 볼 수 있으며 이는 근본적으로 관계에 대한 가치관 자체가 변화하고 있음을 시사하고 있는 것이다. 그렇다면 이렇게 다양한 가족의 모습들에서 발견되는 관계에 대한 가치관의 출발은 무엇이며 소통과 관계의 형성에 어떻게 영향을 미치고 있는가를 알아볼 필요가 있다.

1) 다양한 삶의 방식과 관계에서의 출발, '나'

다양한 가족의 모습에서 모든 관계의 출발은 '나 자신'이 되고 있다는 것이다. 이것이 개인주의나 이기주의 영향으로 인한 것이든 다른 원인으로 인한 것이든 어쨌든 매우 현상적으로 나타나고 있다. 따라서 모든 관계의 출발을 '나'로부터 시작할 경우, 내가 선택한 관계는 그렇지 않은 관계보다 좀 더 큰 의미를 가질 수 있다. 혈연관계 중 조부모, 부모 등은 내가 선택하지 않은 것으로 나는 이들과 전통적 가족에서의 혈연관계가 부여하는 의무와 책임을 그대로 전승받기를 원하지는 않는 것이다.

더욱이 정보사회의 도래는 디지털 소통의 특징인 비대면성, 개별성, 확장성을 기반으로 자유롭고 가벼우면서도 느슨한 인간관계를 확산시키고 있다. 가족의 개념 및 형태의 변화, 다양한 가족으로 나타나는 삶의 스타일 등은 이를 반영하고 있고 과학기술 발전에 따른 가족개념의 확대와 가족기능의 변화는 그 예일 것이다 (예 1, 예 2 참조). 다양한 방식의 삶과 관계에서 출발지점이 '나 자신'이 된다는 것은 가족 속에 포함된 개인으로서의 사회적 의미는 약화되는 반면 개인이 만들어내는 다양한 관계 가운데의 하나가 바로 '가족'이 되어가고 있다고 할 수 있다. 새롭게 의미되어지는 가족의 소통과 관계가 형성되어 가고 있는 것이다. 비혼 공동체 가족으로 '공덕동하우스'나 '사이버팸'등은 가족 개념이 확장되고 있는 만큼 이에 따른 인식 및 사회 정책 재정비 등 노력이 중요해졌음을 단적으로 보여주고 있다.

[예 1: 애완동물에 대한 유산상속 사례] 가족의 구성원으로서 애완동물이 차지하는 비중이 점점 더 커지고 있는 가운데 혈연관계에 대한 대체 구성원으로서의 역할을 수행함. 애완동물이 실제 가족으로 인식됨으로써 상속의 대상이 되고 있는 가장 유명한 해외사례는 2007년 8월20일 숨진 미국의 부동산 거물 리오나 헴슬리가 애완견에게 1,200만 달러의 유산을 남긴 것임. 리오나는 유언을 통해 흰색 말티즈종인 '트러블'을 돌보는 기금으로 1,200만 달러를 물려주었고 애완견을 돌보는 조건으로 남동생과 손자에게는 애완견보다 적은 금액의 유산을 남김

[예 2: 가족 내 기능의 변화 사례] 부모는 자녀를 낳아 양육을 하고, 자녀는 부모의 노후를 책임지는 소위 '세대 간 양육 및 부양 관계'에 대한 세대 간 암묵적 약속이 해체됨으로 인해 양육 및 부양에 대한 국가적 책임의 요구가 증대함. 특별히 부모들의 자녀들의 인생 전반에 대한 소위 '라이프 컨설팅'의 역할을 수행의 약화가 부각됨. 인터넷을 통한 정보 확보 및 활용이 부모세대보다 자녀세대에게 훨씬 용이하므로 자녀들은 부모보다 오히려 많은 정보를 확보하고 있기 때문임. 이러한 상황에서 시대의 변화를 충분히 감안하지 못한 섣부른 부모의 개입은 자녀 세대와의 갈등을 증폭시키는 원인이 되고 있음. 자녀 세대는 자신의 인생에 대한 컨설팅을 인터넷을 통한 다양한 관계 속에서 찾고 있고 이러한 경향은 SNS(Social Networking Services)의 확대로 이어지고 있음.

2) '자기애' 특성이 강한 밀레니얼 세대

미국 타임지는 2013년 5월 표제로 다양한 가족관계를 형성하고 있는 세대층을 '자기애' 특성이 강한 밀레니얼 세대라고 명하면서 'Me Me Me Generation'이라고 표현하였다. 밀레니얼세대는 1981년부터 1996년까지 출생한 인구 집단을 일컫는데 이들 세대의 성장과정을 특징짓는 것은 자기애와 기술이다. 밀레니얼세대는 부모세대인 베이비부머의 보호 아래 많은 교육을 받으며 컴퓨터와 휴대폰, 인터넷 등 기술과 함께 성장하면서 새로운 방식으로 정보를 얻고 소통하고 있으며(우버와 에어비앤비, 넷플릭스, 클라우드 서비스 등) 한편으로는 미래에 대한 불안 속에서 결혼이나 출산은 뒤로 미루기도 하며 혼자 사는 삶으로 혼밥, 혼술, 혼행 등의 사회 현상을 낳고 있다.

이러한 밀레니얼세대가 결혼하여 21세기 부부 밀레니얼가족 트렌드를 만들어 내고 있는데 엄마들은 밥을 해주는 것이 아니라 '밥 잘 사주는 예쁜 엄마'가 되길 선호하고 자기계발에 대한 투자를 아낌없이 하고 탈며느리, 탈시부모를 선언하고, 전통적인 고부 갈등은 장서갈등으로 모습을 바꾸고 있다. 집안일을 가성비 있게 처리하고 부부사이에 동반자적 의식을 지니면서도, 개인의 취미와 성취를 중시해 자기계발에 열심히 하며 가정이 절대적인 희생을 해야 하는 곳이 되지 않고 있는 것이다 (김난도 외, 2018)

3) 가족보다 '내'가 소중: 리본(Re-born) 세대

서울대 소비트렌드분석센터는 인생 1막(태어나고 자라고 결혼하고 자식을 낳고 그 자식이 자라 결혼해 출가시키기까지를 인생의 한 사이클)을 끝낼 나이의 전국 50~64세 성인 남녀 1,070명을 설문조사한 결과 인생 2막에 가장 소중한 것으로 배우자나 자식보다 '나'를 택한 사람이 가장 많았는데 센터는 이런 인생 2막 시대에 '리본(re-born) 세대'라는 말을 붙였다. '리본세대'는 인생2막에 삶의 우선순위를 '나 자신'에 충실하려는 50~60세대를 의미하였다. 중장년층, '리본 세대'로 불리는 이유에 대해 SBS가 통계자료를 바탕으로 가상의 인물인 두 주인공의 삶을 그려보았다. "김도전 씨는 삶의 1순위를 '나 자신'이라고 생각합니다. 가장으로 오랜 시간 가족을 위한 삶을 살아오면서 스스로를 위해 시간을 쓴 적이 거의 없기 때문입니다. 김 씨에게 2순위는 아내이고 사위에 대한 애정은 높지 않습니다. 오히려 집에서 기다리며 언제나 반겨주는 반려견 '똘이'가 김씨에게는 더 소중한 존재입니다. 이열정 씨는 매달 2~3개모임에 참석합니다. 친구들과 맛집을 찾아다니는 것을 좋아하는 이 씨는 시간 날 때마다 스마트폰으로 유명한 음식점을 검색하고 TV 맛집 소개 프로그램도 챙겨봅니다. 특히 먼저 음식점에 다녀온 친구들의 추천은 신뢰할 수 있어 적어두고 있습니다."

소비트렌드분석센터는 김 씨와 같이 자신의 라이프 스타일을 찾아가고 있으며 카페 등을 즐기는 중장년층 여성들은 스마트폰을 통해 정보를 얻고 있는데 5060 세대의 91.2%가 스마트폰으로 인터넷 검색을 하고, 90.5%는 카카오톡을 사용하고 인터넷 쇼핑은 60.1%, 유튜브 등의 동영상을 시청하는 경우도 57.7%에 달했음을 보고하였다. 이들은 모두 새로운 삶을 도전하며 즐기는 것으로 나타나는데 전문가들은 중장년층이 살아온 시대를 조명함에 있어 서울대 김난도 교수는 "1960~1970년대는 지금처럼 워라밸(Work and Life Balance)를 중시하지도 않았다"며 "지금의 5060세대는 회사 일이나 가정 일에 의무를 다하느라 나 자신에 소홀했는데, 각종 의무에서 자유로워지면서 나를 다시 찾기 시작한 것"이라고 설명하고 있다.

밀레니얼세대 만이 아니라 이들의 부모인 베이비붐세대 또한 '가족보다 내가 소중'하다고 인식하여 인생 2막에 열정을 쏟는 5060 리본세대로 등장하고 있으며 부모와 자녀의 부양 의무에 지친 '낀 세대'로 여겨졌던 50, 60대 한국인들이 자신의 삶에 충실하려는 의지가 강해진 것으로 나타나고 있는 것이다. 5060 리본 세대들의 결혼에 대한 인식에서 이혼을 고민하는 친구에게 해주는 조언으로 "졸혼(卒婚)"과 "이혼"을 선택한 응답이 각각 20.9%였으며 33.0%는 "간섭하지 말고 각자 생활을 즐기라"고 대답해 이전 세대처럼 "참고 살라"는 응답은 4명 중 1명에 그친 결과를 보여준다 (dongA.com 2018. 06. 20).

이러한 추세는 이미 2000년대 초기부터 나타나고 있는 현상이다. 전반적으로 가족은 사적인 공간으로서 고단한 몸과 마음을 편히 쉴 수 있는 아름다운 휴식처로서 가부장적 가족중심의 공동운명체의 의미보다는 개개인의 행복과 보람을 실현하고 느끼는 곳이라고 생각하는 사람이 늘어가고 있다. 가족의미와 형태의 통계적 현상들, 그리고 실제 나타나는 다양한 가족의 등장과 삶의 모습들은 이를 뒷받침해주고 있고 이러한 추세는 앞으로 더 가속화될 수 있다 (함인희, 2008: 11; 장혜경 외 2013:3).

특히 한국과 같이 초고속 정보화사회에서 형성된 디지털 자아는 더욱 유동적이 되기 쉬워 그 결과 나이를 불문하고 자신의 삶의 준거를 전통이나 제도가 아닌, 자기 자신에게서 찾고자 하는 개인화 경향은 증가할 수밖에 없는 추세로 (김혜경, 2017), 나-나-나세대와 가족보다 내가 중심인 리본세대의 등장은 이를 잘 나타내주고 있다. 작가 홍주현(2019)은 『환장할 우리가족』에서 '우리'라는 집단으로서의 가족이 아닌 '나'와 '너'의 가족, 그 의미와 개인의 의식전환 이야기들을 조명하면서 디지털 글로벌 시대와 함께 가족은 더욱 그 관계가 환장할 수 있다고 하였다. 고도정보화사회에서 다양한 가족유형들은 새롭게 의미되어지는 관계를 요구하고 있다고 해도 과언이 아닐 것이다.

4) 디지털·글로벌 사회와 가족

IT 혁명은 "우리는 지식정보화의 공기로 숨을 쉰다"라는 표현으로 일축될 수 있을 만큼 우리 사회의 모든 분야에 영향을 끼치고 있다. 정보기술의 발전이 사회, 문화, 경제 전반에 걸쳐 근본적인 변화를 일으키고 있으며 가족 또한 예외가 아니다. 우리나라는 대부분의 국민이 인터넷과 디지털 문화를 향유하고 있다. 디지털 트랜드는 디지털화 시기에 태어나 성장한 '디지털 원주민 혹은 디지털 세대(digitalnative or generation)'와 아날로그 시대에 자랐지만 디지털화에 적응하고자 노력하는 '디지털 이민자(digital immigrant)'구분하여 이들을 공존하게 하면서 밀레니얼세대, 리본세대 등을 탄생시켰다. 특별히 디지털 세대는 온라인 속에서 자라고, 세계와 연결되어 있으며, 인터넷이 존재하지 않은 세계를 생각할 수 없는 세대로 인터넷은 그들의 기대 및 행동과 세상을 바라보는 방법에 영향을 미치며 이러한 모습은 과학기술의 발전과 함께 가족 내에서 더욱 가속화되고 있다.

한국사회는 전통사회에서 산업사회를 거쳐 정보화 사회를 경험하면서 가족모습과 생활의 다양한 양상을 드러내고 있다. 가족형태의 다양성과 함께 더욱 확대되는 다양한 가치관 표출, IT의 발전으로 유비쿼터스 사회의 진전과 전 지구적 소통의 생활화 측면들은 가족에 대한 개념 및 가족관계 등에서 지금까지의 가족역할이라고 간주되어 온 측면들을 변화시키고 있는 것이다.

고도정보화 사회에서 정보통신 기술의 발달과 이로 인한 네트워크의 확장이 가족에게 던져주는 변화의 의미와 향방은 매우 다층적이고 다중적으로 드러나고 있다. 일례로 그러한 기술발달을 이용하여 가족구성원들의 의사소통을 증진시킴으로써 가족유대에 기여하기도 하지만 동시에 가족 내 개별화를 더욱 촉진함으로써 가족에 대한 개인의 의존성과 통합성의 약화를 초래하기도 한다. 이는 인간이외의 대상에 대한 가족 개념의 확대와도 관련한다. 현재는 아직 미미할 수 있지만 차후 사회를 관통하는 커다란 트렌드로 자리 잡을 수 있는 과학기술 발전에 따른 가족개념의 확대에 우리는 주목할 필요가 있다. 생활 로봇의 상용화와 가족구성원으로서의 로봇의 의미, 애완동물의 상속권, 그리고 동물의 의사를 읽고 이해할 수 있는 기술들의 개발에 따른 가족으로서의 애완동물의 위치 등은 인간 이외의 가족 구성원에 대한 가능성을 열어 주고 있기 때문이다 (장혜경 외, 2012). 앞서 살펴본 가족의 다양한 형태와 관계의 중심이 '나'로부터 출발하는 가족가치와 무관하지 않을 것이다.

우리는 이미 가족개념 자체가 견고한 하나의 사람, 집단중심이 아니외형이 없는 개인들의 점들이 연결되는 무수한 선들로 변화하고 있는 유연성을 가진 다양한 관계로 정의되고 있는 것을 파악했다. 가족의 변화가 가족의 해체를 가져오는 것이 아니라 가족 자체가 자기보존을 위해 변화의 요구를 적절히 수용하고 재구조화함으로써 사회적 도전에 유연하게 대처해나간다고 할 수 있는 것이다. 가족이 다양한 형태를 나타내면서 여전히 소통과 관계를 하고 있는 모습은 사회변화(기술변화, 정보화 등) 가운데 정상가족, 표준가족에 대한 재구성을 요구하고 있는 것이며 이에 따른 새로운 가족소통방식이 출현하고 있는 것이라고 할 수있다. n개의 가족과 가족관계가 형성되어 삶이 진행되어 가고 있는 것이다. 한 예로 '사이버팸'은 무엇인가가 결손된 사람들이 서로 연계하여 쌍방향 소통을 통해 사이버팸이라는 가족형태를 통해 친밀감과 자신들의 정체성을 형성해 나가고 있다고 할 수 있다.

3. 새롭게 의미되어지는 공동체로서의 가족, 소통과 관계의 방향

새롭게 의미되어지는 가족에서 관계는 기본적으로 관계의 본질이 변하고 있다고 하기보다는 사람들이 관계로부터 기대하고 있는 것이 변화하고 있는 것으로 분석될 수 있다. 밀레니얼 세대나 리본세대 모두에게 가족구성원 간 기본적인 관계를 형성하고 있지만 '나' 중심으로의 가치관의 변화는 사회구조의 변화 등의 영향과 함께 관계로부터 기대하고 있는 것을 달라지게 하고 있음을 말해준다. IT와 같은 정보화 기술의 변화가 이를 더욱 촉진하거나 보완적으로 작용하게 되는 것이라고 할 수 있다.

한국의 가족모습은 가족구성원 간 평등하고 각 개인들의 관심과 개인화가 존중되기를 원하면서 유연한 관계를 형성하려고 하고 있다. 미래가족연구에서 장혜경 외(2014)는 이를 '느슨하면서도 친밀한 가족관계'로 명명한바 있다. 이는 단독적 개체가 아니라 가족이라는 이름으로 관계 맺기를 지속하는 것을 말하는 것이다. 앞으로 현실과 가상, 온라인과 오프라인을 막론하고 확장된 공간은 가족들로 하여금 '위로-절대적인 믿음, 사랑-정신적 가치, 배려-개인책임의 감소'라는 느슨하면서도 친밀한 가치를 더욱 추구하게 될 것이며 청소년 및 청년세대들의 경우는 더욱 그러할 것이다. 가족의 의미를 둘러싼 다양한 정보, SNS를 통해 유통되는 기쁨과 슬픔의 집합적 정서들이 더욱 부각될 것이다.

결국 새로운 소통과 관계의 증진은 삶의 현장에서 나타나는 다양한 가족들과 그 구성원들이 갖는 가치관에 대한 인정과 공존의 삶일 것이다. 가족의 변화는 부모세대, 자녀세대 등 모두에게 가족에 대한 다른 개념과 사유체계를 갖도록 하고 있다. 현상적으로 드러나는 n개의 가족형태들이 다양한 소통방식과 관계를 요구하면서 개인들의 연대를 통한 소통가능성을 열어두고 있는 것이다. 따라서 소통과 관계 중심의 새로운 가족관계와 문화를 창출해 가는 노력이 무엇보다 중요하게 다루어져야할 것이다. 디지털화의 세상에서 보다 따뜻한 디지털 세상(Digital Inclusion)이 구현되도록 하는 것은 매우 중요한 과제이다. 어떠한 가족도 디지털의 세계에서 소외되지 않으며 의사소통이 가능하도록 함으로서 기존 가족질서의 회복이 아닌 새롭게 의미되어지는 공동체로서의 가족을 그려 나가야할 것이다. 가족관련 조사들은 가족구성원 간 소통방식에 있어서 가족 간 면대면 커뮤니케이션이 가족 구성원들 간 가장 중요한 소통의 채널이 되고 있지만 모바일을 통한 가족 간의 커뮤니케이션이 활발하게 일어나고 있으며, 가정생활 및 관계 전반에 모바일로 수렴되는 현실은 모바일 커뮤니케이션의 영향력의 폭과 깊이의 영향력이 더욱 높아질 것으로 전망하고 있다. 밀레니얼 세대들이 자기애와 기술로 특징지고 디지털 이주민으로서 리본세대들이 제2의 인생으로 나를 중심으로 찾아가려는 노력들은 이를 구체적으로 보여주고 있다. 가족들은 다양화·개별화되는 통신커뮤니케이션 수단들을 활용하여 쌍방향 소통과 관계 중심의 새로운 가족관계와 문화를 창출하려는 모습들을 보여주고 있는 것이다. 매우 희망적이다. 정보화교육과 대상별 컨텐츠 개발을 통해 의사소통 기술과 방법들을 보다 활성화시키는 것도 좋은 전략이 될 것이다.

우리는 하나님 나라가 이미 시작되었다는 믿음과 소망에 입각하여 살아가고 있다. 어떠한 가치관이든 어떠한 가족의 모습을 이루고 있던 우리의 판단은 복음의 소망과 능력에 뿌리내리고 있는 것이어야 한다. 많은 교회가 가족변화의 흐름을 직시함이 없이 기존 질서의 해체로 의식

하고 남녀관계에서 결혼만을 하나님의 뜻으로 여기는 문화를 유지하고
자 한다면 성별, 세대 간 소통은 어려워질 수밖에 없다. 가족변화의 양
상들이 시간을 달리며 가고 있는 가운데 사람들이 이러한 변화 속에서
어떠한 형태의 가족을 이루어 살든지 그 구성원들 간에 각각의 색상들
을 자유롭게 표현하면서 아름다운 그림을 그려내며 살아갈 수 있다면
가족은 공동체로서 기능하는 것이다. 교회는 다른 사람의 삶의 맥락을
이해하고 존중하며 복음 안에서 때로는 뒤에서 업어주면서 휴식과 여유
를 주고, 때로는 앞에서 이끌어주면서 배려해주는 역할을 해야 한다. 우
리 안에서의 평화공존이 한반도평화공동체 형성의 바로미터가 될 수 있
음은 분명하다. 통일은 남북주민들이 새로운 문화와 가치관을 직접 경
험하기도 하지만 그 속도와 방향에 있어서 젠더, 세대 등에 따른 이해와
수용성의 격차로 인한 사회갈등으로 귀결될 수 있어(장혜경 외 2015)
사람, 사람 간 관계의 시작인 가족이 그 출발점이 될 수 있을 것이다.

❖ 주

1) 통계청의 장래가구추계를 보면 2035년에는 1인가구가 34.3%, 부부가구가
   22.7%로 증가할 것으로 전망하고 있다 (통계청, 2012, 장래가구추계). 이러한 1
   세대 부부가족 및 1인가구수의 증가 등의 모습은 고령인구와도 밀접하게 연계되
   어 평균기대수명이 지속적으로 연장되는 시점에서 노령기 뿐 아니라 다양한 생애
   단계에서의 가족형성, 확대, 해체 등이 반영되는 사회체계의 필요성을 시사한다.
2) 여성가족부와 한국여성정책연구원의 가족다양성에 대한 국민여론조사(2019. 5.
   16-20, 만19세 이상 79세 이하의 성인남녀 1,009명 참여)결과에서도 뒷받침
   된다. 동조사결과에서 응답자의 66.3%는 "혼인, 혈연관계가 아니더라도 함께
   거주하고 생계를 공유하는 관계이면 가족이 될 수 있다"는 질문에 그렇다고 답
   했다. 20대의 동의율이 75.2%로 가장 높게 나타나 (40대 74.2%, 30대 67.6%,
   50대 62.6%, 60대 55.2% 순) 연령이 젊을수록 법률혼 이외의 가족에 대한 수

용도가 높게 나타났다. 다양한 가족 수용도에서는 외국인과 결혼하는 다문화가족 수용도가 89.2%. 이혼이나 재혼가정의 수용도는 86.7%, 1인 가구 79.3%, 비혼동거가구 67.0%, 무자녀 결혼가구 64.1% 등이었다. 결혼을 하지 않고 아이를 낳아 기르는 미혼(부)모 가족에 대해서는 50.6%가 가족으로 동의한다고 밝혔다.

❖ 참고문헌

SBS, https://news.sbs.co.kr/news/endPage.do?news_id=N1004822101&plink=COPYPASTE&cooper=SBSNEWSEND

김난도 외. 『트랜드 코리아 2019』. 서울: 마음의 창, 2018.

김혜경. "스위트홈의 꿈을 넘어서: 새로운 가족구성의 회로 찾기." 『한국사회학회 심포지움 논문집』 11, pp .87-102, 2017.

여성가족부·한국여성정책연구원. "가족다양성에 대한 국민여론조사(2019.5. 16-20) 결과," 2019.

장혜경 외. 『가족의 미래와 여성가족정책 전망 (I-IV)』, 한국여성정책연구원, 2011-2014.

장혜경 외. 『통일 대비 여성·가족정책 추진전략과 통일한국 사회통합 전망 연구 (1)』, 한국여성정책연구원, 2015.

통계청. 『인구주택총조사』 각년도.

통계청. 『2018 통계로 보는 여성의 삶』보도자료, 2018.

통계청. 『장래가구추계 시도편 2015~2045』, 2017.

함인희. "가족제도의 다원화와 미완의 양성평등." 대한민국 건국60주년 기념 특별 심포지움(2) 자료집. 『한국인의 삶과 생활변화』 5-31, 한국사회학회, 2008.

홍주현. 『환장할 우리 가족』. 서울: 문예출판사, 2019.

저자 소개

김선욱 (swk@ssu.ac.kr)

숭실대학교 철학과 졸업
숭실대학교 철학과 석사
뉴욕주립대 버펄로대학교 철학박사

현 숭실대학교 철학과 교수
　　숭실대학교 인문대학 학장
　　숭실대학교 부설 인문과학연구소 소장
　　한국아렌트학회 회장
　　한반도평화연구원 연구위원

뉴스쿨(New School) 및 캘리포니아 주립대 어바인대학 풀브라이트 초빙교수
한국철학회 사무총장, 세계철학대회 한국조직위원회 사무총장,
　　한국정치사상학회 이사 역임

주요 논저
『정치와 진리』(책세상)
『한나 아렌트의 정치판단이론』(푸른숲)
『아모르 문디에서 레스 푸블리카로: 한나 아렌트의 공화주의』(아포리아)
『한나 아렌트의 생각』(한길사)
『예루살렘의 아이히만』(역서, 한길사)
『도덕과 정치를 말하다』(역서, 와이즈베리) 외 다수

김성천(skc22@hanmail.net)

성균관대 교육학 박사

현 한국교원대 교육정책전문대학원 조교수
　　한국교원대 교육정책연구소장
　　교육정책디자인연구소장

경기도교육청 정책기획관 장학사
경기도교육연구원 연구위원
좋은교사운동 정책위원장
사교육걱정없는세상 정책대안연구소 부소장 역임

주요 논저
『혁신학교란 무엇인가』(맘에드림)
『고교학점제란 무엇인가』(공저, 맘에드림)
『미래교육 어떻게 만들어갈 것인가』(공저, 살림터)

박치현 (chihyun7@daum.net)

서울대학교 역사교육과 졸업
서울대학교 사회학 석사
서울대학교 사회학 박사

현 서울대, 서울시립대, 성균관대 강사
　　한반도평화연구원 연구위원

주요 논저
『지금 우리가 누리는 자유: 존 로크의 통치론』(대한교과서)
『예수는 괴물이다』(공역, 슬라보예 지젝& 존 밀뱅크, 마티)

"탈콧 파슨스 초기 사회학에서 '사회' 개념 –『사회적 행위의 구조(1937)』이전 저작들을 중심으로" (사회와 이론)
"강사법과 '연구안전망'을 향하여: 강사법, 국가박사제, 기초 사회과학원 검토" (대학:담론과 쟁점 7호)

백소영 (christa03@naver.com)

이화여자대학교 기독교학과 졸업
이화여자대학교 기독교사회윤리학 석사
보스턴대학교 기독교사회윤리학/비교신학 박사

현 강남대학교 기독교학과 초빙교수
　한반도평화연구원 연구위원

이화여자대학교 이화인문과학원
HK연구교수, 기독교학과 초빙교수 역임

주요 논저
『기독교와 페미니즘의 맥락들』(뉴스앤조이)
『세상을 욕망하는 경건한 신자들』(그린비)
『엄마되기, 힐링과 킬링 사이』(대한기독교서회)
『우리의 사랑이 의롭기 위하여』(대한기독교서회)
『적당맘, 재능맘: 4차산업혁명 시대 4세대 엄마되기』(대한기독교서회) 외
　다수

오준근 (jungenoh@khu.ac.kr)

성균관대학교 법학과 졸업
성균관대학교 법학과 석사
독일 콘스탄츠대학교 법학박사 (Dr. jur) (공법전공)

현 경희대학교 법학전문대학원 교수,
    한국과학기술법학회 회장
    한반도평화연구원 연구위원

경희대학교 법학전문대학원장, 법과대학장
국민권익위원회 부위원장 겸 중앙행정심판위원회 위원장
한국 지방자치법학회 회장
한국법제연구원 연구위원 역임

주요 논저
Vertrauensschutz im Raum-und Stadtplanungsrecht (Duncker & Humblot)
Konrad-Adenauer-Stiftung, Seoul
『행정절차법』(삼지원)
『통일에 대한 기독교적 성찰』(공저, 새물결플러스)
『21세기 민족화해와 번영의 길』(공저, 크리스챤서적) 외 다수

윤덕룡 (dryoon@kiep.go.kr)

독일 Kiel 대학교 경제학과 졸업
독일 Kiel 대학교 경제학 석사
독일 Kiel 대학교 경제학 박사

현 대외경제정책연구원 선임연구위원
    한국국제금융학회 회장
    북한정책포럼(前북한경제전문가100인포럼) 운영위원

중장기발전위원회 위원(기획재정부)
한반도평화연구원 원장

기획재정부 장관자문관
대외경제정책연구원 G20연구단장
통일부 정책자문위원 역임

주요 논저

『고령화시대 주요국 금융시장 구조변화 분석과 정책적 시사점』(공저, 대외
　　경제정책연구원, 연구보고서)

『환율변화가 한국기업에 미치는 영향분석과 정책적 시사점: 기업데이터 분
　　석을 중심으로』(공저, 대외경제정책연구원, 연구보고서)

『통화정책이 환율에 미치는 영향분석과 정책적 시사점: 기축통화 보유여부
　　를 중심으로』(공저, 대외경제정책연구원, 연구보고서)

"우리나라 경상수지 흑자구조 분석 및 정책적 시사점"(오늘의 세계경제, 대
　　외경제정책연구원)

*The Impact of Population Aging on Financial Market Structures and
　　Policy Implications* (World Economy Brief)

"통일시대 기반 조성을 위한 통일 경제분야 한—독 국제공동연구"(수탁용역
　　연구) 외 다수

이기홍 (gihong@gmail.com)

서울대학교 사회학과 졸업
UCLA 사회학 석박사

현 한림대학교 사회학과 교수
　　한반도평화연구원 연구위원

한국사회학회, 한국조사연구학회 운영위원 및 편집위원
한국복잡계학회 운영위원 역임

주요 논저

Role of social determinants and lifestyle on women's metabolic risk during the perimenopausal transition results from a cohort study. (공저, Menopause)

"청소년의 사회관계, 스트레스 및 일탈이 생활만족에 미치는 영향에 대한 탐색적 연구: 복합적 요인들에 의한 설명을 제안하며" (공저, 한국인구학)

"한국인의 죽음 수용과 종교" (조사연구)

『정보사회의 이해』. (공저, 미래인) 외 다수

장혜경 (hkchang58@gmail.com)

이화여자대학교 정치외교학과 졸업
이화여자대학교 국제정치학 석사
UCLA 사회학 석사 및 박사

현 한국여성정책연구원 선임연구위원
　　한반도평화연구원 연구위원 및 부원장
　　(사)역사·여성·미래 이사
　　서울지방경찰청 사회적약자보호 치안정책 자문위원
　　남북하나재단 생활안정부 자문위원
　　폭력예방통합교육 전문강사

한국여성정책연구원 기획조정본부장 및 선임연구위원
민주평화통일자문회의 상임위원, 한국사회정책학회 부회장 등 역임

주요 논저

『가족의 미래와 여성·가족정책 전망(I-IV)』 (공저, 한국여성정책연구원)
『통일대비 여성·가족정책 추진전략과 통일한국 사회통합 전망 연구(I)』 (공저, 한국여성정책연구원)
『사회서비스정책론』 (공저, 나눔의 집),

『가족정책론』(공저, 교육과학사),
『당당하게 재혼합시다』(공저, 조선일보사) 외 다수

정영식 (ysjeong@kiep.go.kr)

서강대학교 경영학과 졸업
서강대학교 경영학 석사
서강대학교 경영학 박사(재무관리)

현 대외경제정책연구원 신남방경제실 실장
　　한국국제금융학회 이사
　　한반도평화연구원 연구위원

대외경제정책연구원 국제거시금융실 국제금융팀장
삼성경제연구소 수석연구원
방송통신발전기금 위험관리위원회 자문위원 역임

주요 논저
『한국 외환시스템의 중장기 발전방안』(공저, KAIST 금융공학연구센터)
『미국의 중국 환율조작국 지정 전개와 영향』(공저, 대외경제정책연구원)
『글로벌 부동산 버블 위험 진단 및 영향 분석』(공저, 대외경제정책연구원)
『남북한 통일시나리오』(공저, 삼성경제연구소)
Analysis of the Effectiveness of Existing Capital Controls and Alternative Policies for Mitigating Volatility of Capital Flows (공저, Review of International Money and Finance) 외 다수

정재훈 (jung4202@swu.ac.kr)

서울대학교 사회복지학과 졸업
서울대학교 사회복지학과 석사
독일 트리어대학교 사회정책학 박사

현 서울여자대학교 사회복지학과 교수
　　강남구 지역사회보장협의체 자문 위원장
　　한반도평화연구원 연구위원
　　산림청 산림복지심의위원회 자문위원
　　여성가족부 정책자문위원
　　국무총리실 양성평등위원회 정책 자문
　　저출산고령사회 자문 위원
　　보건복지부 사회보장위원회, 제도조정전문위원회 자문

주요 논저
『저출산·고령사회와 그 적들』(EM실천)
『양성평등의 불편한 진실』(EM실천)
『독일복지국가론』(EM실천)
『산림복지의 이해; 생애주기별 산림복지』(공저, 한국산림복지진흥원)
『사회복지발달사』(공저, 청목출판사)
"독일 성매매 합법화 이후 실태와 정책 효과"(이화 젠더법학 제5권 제1호)
"보편적 복지로서 돌봄의 제도화"(여성이 살리는 세상 2014년 제 2호)
"탈성매매 여성의 자활지원에 대한 여성주의적 함의 – 탈성매매 여성을 위한
　　사회적 사례연구를 중심으로"(공저, 페미니즘 연구 제14권 제 1호)
"가족정책으로서 활성화정책(activation policy)연구 – 독일사례연구를 중심
　　으로"(여성연구) 외 다수